WÖRTERBUCH DER SOZIALEN ARBEIT A-Z

Mark Richard

In der Welt der Sozialarbeit, die so reich an Begriffen, Praktiken und Konzepten ist, ist ein zuverlässiges Nachschlagewerk von wichtiger Bedeutung. Dieses Buch wurde geschaffen, um genau diese Lücke zu füllen.

Die Soziale Arbeit, ein dynamisches und vielschichtiges Feld, berührt zahlreiche Aspekte des menschlichen Lebens. Von der Unterstützung von Familien in Krisensituationen über die Förderung der sozialen Teilhabe bis hin zur Rehabilitation und Integration von Menschen mit besonderen Bedürfnissen - die Soziale Arbeit ist ein essentieller Bestandteil unserer Gesellschaft.

Dieses Wörterbuch bietet einen umfassenden Überblick über die Schlüsselbegriffe, Konzepte und Praktiken der Sozialen Arbeit. Von den grundlegenden Prinzipien bis hin zu den aktuellen Entwicklungen und Herausforderungen, deckt es ein breites Spektrum ab, das sowohl Studierende als auch Fachkräfte anspricht.

Unser Ziel ist es, ein wertvolles Werkzeug zu schaffen, das nicht nur dazu dient, Begriffe zu erklären, sondern auch dazu beiträgt, ein tieferes Verständnis für die Komplexität und Bedeutung der Sozialen Arbeit zu entwickeln.

Wir hoffen, dass dieses Buch nicht nur ein Nachschlagewerk ist, sondern auch eine Inspirationsquelle für alle, die in diesem wichtigen Bereich tätig sind.

Inhaltsverzeichnis

Allgemeine Förderung der Erziehung in der Familie

Die "Allgemeine Förderung der Erziehung in der Familie" bezieht sich auf Maßnahmen und Unterstützungen, die darauf abzielen, Eltern in ihrer Erziehungsaufgabe zu stärken und die positive Entwicklung von Kindern zu fördern. Diese Unterstützung kann auf verschiedenen Ebenen stattfinden, sowohl auf staatlicher als auch auf kommunaler Ebene.

Elternbildungsprogramme:
- Diese Programme bieten Eltern Informationen und Schulungen zu verschiedenen Themen im Zusammenhang mit der Kindererziehung, wie zum Beispiel Entwicklungsphasen, Kommunikation mit Kindern, Konfliktlösung und positive Disziplin.

Familienberatung:
- Professionelle Beratungsdienste stehen Familien zur Verfügung, um ihnen bei der Bewältigung von Herausforderungen und Konflikten zu helfen. Dies kann von geschulten Therapeuten, Psychologen oder Sozialarbeitern durchgeführt werden.

Frühförderung:
- Programme, die auf die frühkindliche Entwicklung abzielen, bieten Unterstützung und Ressourcen für Eltern von Kleinkindern. Das kann Informationen über die Bedürfnisse von Säuglingen und Kleinkindern sowie Anregungen für Spiele und Aktivitäten umfassen, die ihre Entwicklung fördern.

Finanzielle Unterstützung:
- Staatliche Leistungen wie Familienbeihilfen oder steuerliche Erleichterungen können Familien finanziell unterstützen und ihnen helfen, die Bedürfnisse ihrer Kinder zu erfüllen.

Gemeinschaftszentren:

- Einrichtungen, die Familien einen Ort bieten, um sich zu treffen, Ressourcen zu teilen und Unterstützung von anderen Eltern zu erhalten. Hier können auch Bildungsveranstaltungen, Workshops und Aktivitäten für Kinder angeboten werden.

Eltern-Kind-Programme:

- Programme, die die Interaktion zwischen Eltern und Kindern fördern, um eine positive Bindung aufzubauen. Dazu gehören gemeinsame Aktivitäten, Spiele und Lernmöglichkeiten.

Informationsmaterialien:

- Bereitstellung von leicht verständlichen Materialien zu relevanten Themen wie Gesundheit, Ernährung, Sicherheit und Erziehung, um Eltern mit wichtigen Informationen zu versorgen.

Flexibilität in der Arbeitswelt:

- Maßnahmen, die es Eltern erleichtern, Arbeit und Familienleben zu vereinbaren, wie flexible Arbeitszeiten, Heimarbeit oder Elternurlaub.

Die Förderung der Erziehung in der Familie ist entscheidend für das Wohlergehen der Kinder und die Entwicklung einer stabilen Gesellschaft. Eine umfassende Unterstützung der Eltern trägt dazu bei, dass Kinder in einem liebevollen und förderlichen Umfeld aufwachsen können.

Ambulant Psychiatrische Pflege (APP)

Die Ambulante Psychiatrische Pflege (APP) ist ein Versorgungsangebot im Bereich der psychischen

Gesundheit. Sie richtet sich an Menschen mit psychischen Erkrankungen, die zu Hause leben und Unterstützung benötigen.

Ziele der Ambulanten Psychiatrischen Pflege:
- Stabilisierung und Verbesserung des psychischen Gesundheitszustands.
- Förderung der Eigenständigkeit und Selbstbestimmung.
- Vermeidung oder Verringerung von Krankenhausaufenthalten.
- Unterstützung bei der Bewältigung des Alltags und sozialer Integration.

Leistungen der Ambulanten Psychiatrischen Pflege:
- **Psychosoziale Unterstützung:** Die Pflegefachkräfte bieten Gespräche und Begleitung an, um psychosoziale Belastungen zu reduzieren und die Lebensqualität zu verbessern.
- **Medikamentenmanagement:** Unterstützung bei der Einnahme von Medikamenten und Überwachung möglicher Nebenwirkungen.
- **Hilfe bei der Alltagsbewältigung:** Unterstützung im Haushalt, bei Einkäufen und anderen alltäglichen Aufgaben.
- **Krisenintervention:** Schnelle Hilfe in akuten Krisensituationen, um stationäre Aufenthalte zu vermeiden.
- **Förderung sozialer Kontakte:** Unterstützung bei der Teilnahme an sozialen Aktivitäten und beim Aufbau sozialer Netzwerke.

Zielgruppen:
- Menschen mit schweren psychischen Erkrankungen wie Schizophrenie, affektiven Störungen, Angststörungen oder Persönlichkeitsstörungen.

- Personen, die nach stationärem Aufenthalt wieder in ihre häusliche Umgebung zurückkehren und dort Unterstützung benötigen.

Team und Zusammenarbeit:
- Ambulante Psychiatrische Pflege wird in der Regel von qualifizierten Pflegefachkräften wie Psychiatrischen Fachkrankenpflegern durchgeführt.
- Zusammenarbeit mit anderen Akteuren im Gesundheitswesen, wie Ärzten, Therapeuten und Sozialarbeitern, um eine umfassende Versorgung sicherzustellen.

Finanzierung:
- Die Kosten für Ambulante Psychiatrische Pflege können ggf. durch die Kranken- oder Pflegeversicherung übernommen werden.

Die Ambulante Psychiatrische Pflege spielt eine wichtige Rolle in der Community-basierten Versorgung von Menschen mit psychischen Erkrankungen. Sie ermöglicht eine individuell angepasste Unterstützung im gewohnten Umfeld der Betroffenen.

Anamnese

Die Anamnese ist die systematische Erhebung von Informationen über die Vorgeschichte und den aktuellen Zustand eines Patienten durch einen Angehörigen der Gesundheitsberufe. Sie ist ein wesentlicher Bestandteil des Diagnoseprozesses und dient dazu, relevante Informationen zu sammeln, um eine genaue Beurteilung des Gesundheitszustandes zu ermöglichen.

Anamnese-Erhebung:
- Die Anamnese umfasst die systematische Befragung des Patienten zu verschiedenen Aspekten seiner Gesundheitsgeschichte, einschließlich Symptomen, Vorerkrankungen, Medikamenteneinnahme, familiärer Anamnese, Lebensstil, psychosozialen Faktoren und anderer relevanter Informationen.

Ziele der Anamnese:
- **Symptome verstehen:** Ermitteln der Art und Dauer der aktuellen Beschwerden oder Symptome, um mögliche Ursachen zu identifizieren.
- **Vorhandene Erkrankungen:** Feststellen von bereits diagnostizierten Erkrankungen oder chronischen Gesundheitsproblemen.
- **Risikofaktoren:** Identifizieren von Risikofaktoren, die die Gesundheit beeinflussen könnten, wie beispielsweise genetische Veranlagungen, Lebensstilfaktoren oder berufliche Expositionen.
- **Medikamentenanamnese:** Erfassen der aktuell eingenommenen Medikamente sowie eventueller Allergien oder Unverträglichkeiten.

Durchführung der Anamnese:
- Die Anamnese erfolgt in der Regel in Form eines strukturierten Gesprächs zwischen dem Patienten und dem Gesundheitsdienstleister, sei es einem Arzt, Krankenpfleger oder Therapeuten.
- Es können standardisierte Fragebögen, körperliche Untersuchungen und Laboruntersuchungen einbezogen werden, um zusätzliche Informationen zu sammeln.

Zeitlicher Verlauf:
- Die Anamnese erstreckt sich über verschiedene Zeitpunkte, beginnend mit der Vorgeschichte des Patienten bis hin zu den aktuellen Beschwerden. Der

zeitliche Verlauf kann helfen, Veränderungen im Gesundheitszustand zu verstehen.

Dokumentation:

- Alle gesammelten Informationen während der Anamnese werden sorgfältig dokumentiert. Diese Dokumentation dient als Grundlage für die Diagnosestellung, Behandlungsplanung und die Überwachung des Patienten im Verlauf der Zeit.

Durch eine umfassende Anamnese können Gesundheitsdienstleister die bestmögliche Versorgung bieten, indem sie die individuellen Bedürfnisse und Umstände des Patienten verstehen und berücksichtigen.

Arbeitsassistenz

Arbeitsassistenz bezeichnet Unterstützungsleistungen, die Menschen mit Behinderung am Arbeitsplatz erhalten, um ihre Integration in den Arbeitsmarkt zu fördern und ihre berufliche Teilhabe zu ermöglichen. Diese Unterstützung kann sowohl während des Bewerbungsprozesses als auch während der Beschäftigung selbst erfolgen.

Berufliche Integration:

- Arbeitsassistenz zielt darauf ab, Menschen mit Behinderungen den Zugang zum Arbeitsmarkt zu erleichtern. Das umfasst Unterstützung bei der Jobsuche, der Bewerbung und dem Einstellungsprozess.

Individuelle Bedarfsanalyse:

- Arbeitsassistenten führen oft eine individuelle Bedarfsanalyse durch, um die spezifischen

Unterstützungsbedürfnisse einer Person mit Behinderungen zu identifizieren. Dies kann physische, sensorische, kognitive oder psychosoziale Aspekte umfassen.

Arbeitsplatzanpassungen:

- Unterstützung bei der Anpassung des Arbeitsplatzes, um die individuellen Fähigkeiten und Bedürfnisse des Arbeitnehmers mit Behinderungen zu berücksichtigen. Dies kann die Bereitstellung von speziellen Arbeitsmitteln, Anpassungen an Arbeitszeiten oder ergonomische Veränderungen umfassen.

Training und Coaching:

- Schulungen und Coachings können angeboten werden, um die Fähigkeiten und Selbstständigkeit des Arbeitnehmers mit Behinderungen zu stärken. Dies kann sowohl technische als auch soziale Fertigkeiten umfassen.

Unterstützung im Arbeitsalltag:

- Hilfe bei der Bewältigung der täglichen Herausforderungen am Arbeitsplatz, sei es durch persönliche Assistenz, Kommunikationsunterstützung oder andere benötigte Hilfestellungen.

Förderung von Barrierefreiheit:

- Arbeitsassistenz zielt auch darauf ab, Barrieren am Arbeitsplatz abzubauen und eine barrierefreie Umgebung zu schaffen. Dies kann die physische Zugänglichkeit, aber auch die Zugänglichkeit von Informationen und Kommunikation einschließen.

Förderung der Selbstbestimmung:

- Ein wichtiger Aspekt der Arbeitsassistenz besteht darin, die Selbstbestimmung und Autonomie der Menschen mit Behinderungen zu fördern. Dies beinhaltet, dass sie aktiv in Entscheidungen

bezüglich ihrer beruflichen Teilhabe einbezogen
werden.

Zusammenarbeit mit Arbeitgebern:

- Arbeitsassistenten arbeiten eng mit Arbeitgebern
  zusammen, um sicherzustellen, dass die Bedürfnisse
  und Fähigkeiten der Menschen mit Behinderungen
  optimal berücksichtigt werden. Dies kann eine
  Sensibilisierung für Inklusion und Diversität am
  Arbeitsplatz beinhalten.

Arbeitsassistenz ist für die gleichberechtigte Teilhabe von
Menschen mit Behinderungen am Arbeitsleben
unverzichtbar. Sie fördert die Chancengleichheit und trägt
dazu bei, dass individuelle Fähigkeiten und Potenziale
bestmöglich genutzt werden können.

Arbeitsintegration

Arbeitsintegration bezeichnet den Prozess der
erfolgreichen Eingliederung von Menschen in den
Arbeitsmarkt, insbesondere von Personen, die aufgrund
verschiedener Barrieren Schwierigkeiten haben, einen
Arbeitsplatz zu finden oder zu behalten. Dieser integrative
Ansatz zielt darauf ab, die individuellen Fähigkeiten zu
fördern, Hindernisse zu überwinden und eine nachhaltige
berufliche Teilhabe zu ermöglichen.

Individuelle Bedarfsanalyse:

- Eine gründliche Analyse der Fähigkeiten,
  Qualifikationen und Bedürfnisse jedes Einzelnen ist
  entscheidend. Dies ermöglicht es, gezielte
  Unterstützung und Schulungen anzubieten.

Berufliche Orientierung und Beratung:

- Unterstützung bei der Identifizierung von beruflichen Zielen, Interessen und Stärken. Berufliche Beratung hilft dabei, realistische und erreichbare berufliche Ziele zu setzen.

Qualifizierungsmaßnahmen:

- Bereitstellung von Schulungen, Weiterbildungen oder Qualifizierungsmaßnahmen, um die Fähigkeiten und Kenntnisse der Arbeitssuchenden zu verbessern und ihre Beschäftigungsfähigkeit zu steigern.

Vermittlung in Arbeit:

- Unterstützung bei der Jobsuche und dem Bewerbungsprozess, einschließlich der Erstellung von Lebensläufen und Bewerbungsschreiben. Arbeitsintegrationsdienste können auch bei der Kontaktaufnahme mit potenziellen Arbeitgebern behilflich sein.

Arbeitsplatzanpassungen und Unterstützung am Arbeitsplatz:

- Bei Bedarf werden Anpassungen am Arbeitsplatz vorgenommen, um die individuellen Bedürfnisse zu berücksichtigen. Arbeitsplatzunterstützung kann auch Schulungen für Arbeitgeber und Kollegen einschließen, um ein inklusives Arbeitsumfeld zu fördern.

Soziale Integration:

- Arbeitsintegration beinhaltet nicht nur die berufliche, sondern auch die soziale Integration. Dies kann die Förderung von Teamarbeit, Kommunikationsfähigkeiten und die Schaffung eines unterstützenden Arbeitsumfelds umfassen.

Langfristige Unterstützung:

- Die Unterstützung endet nicht mit der Einstellung. Langfristige Betreuung und Nachverfolgung sind oft

notwendig, um sicherzustellen, dass die Integration
stabil und nachhaltig ist.

2. **Zusammenarbeit mit Arbeitgebern und Unternehmen:**
   - Eine enge Zusammenarbeit mit Arbeitgebern ist
     entscheidend, um Barrieren abzubauen, Vorurteile
     zu überwinden und ein inklusives Arbeitsumfeld zu
     schaffen.

Die Integration in den Arbeitsmarkt ist relevant,
insbesondere für Gruppen, die auf dem Arbeitsmarkt
benachteiligt sein können, wie Menschen mit
Behinderungen, Langzeitarbeitslose oder Migranten. Ein
integrativer Ansatz trägt nicht nur zur Lebensqualität des
Einzelnen bei, sondern auch zur Schaffung einer
inklusiveren und vielfältigeren Arbeitswelt.

ARGE

Die Abkürzung "ARGE" steht für "Arbeitsgemeinschaft" und
wird im deutschen Sprachraum häufig im Zusammenhang
mit dem Sozial- und Arbeitsrecht verwendet. Nachfolgend
sind einige häufige Verwendungen des Begriffs aufgeführt:

ARGE im Kontext des Arbeitsmarktes:

   - Die Arbeitsgemeinschaften (ARGEn) waren in
     Deutschland bis Ende 2010 gemeinsame
     Einrichtungen von Agentur für Arbeit und den
     kommunalen Trägern der Grundsicherung für
     Arbeitsuchende (Sozialamt) zur Umsetzung von
     Hartz-IV-Leistungen. Diese ARGEn waren für die
     Betreuung und Vermittlung von Arbeitslosen
     zuständig.

ARGE im Kontext von Leistungen nach dem SGB II:

- Die ARGEn wurden im Rahmen der Hartz-IV-Reformen durch die Jobcenter abgelöst. Jobcenter sind Kooperationen zwischen der Bundesagentur für Arbeit und den Kommunen, die für die Umsetzung von Leistungen nach dem Sozialgesetzbuch Zweites Buch (SGB II) zuständig sind, auch bekannt als Grundsicherung für Arbeitsuchende.

In vielen Fällen wird der Begriff „ARGE" im Zusammenhang mit der Arbeitsvermittlung und der Grundsicherung für Arbeitsuchende in Deutschland verwendet.

Armut und soziale Arbeit

Armut und Soziale Arbeit sind eng miteinander verbundene Themenbereiche, da Soziale Arbeit oft darauf abzielt, Menschen in prekären Lebenssituationen, einschließlich Armut, zu unterstützen und ihre Lebensqualität zu verbessern.

Armut:

- Armut ist ein komplexes soziales Phänomen, das nicht nur den Mangel an finanziellen Ressourcen, sondern auch den Mangel an Zugang zu Bildung, Gesundheitsversorgung, angemessener Wohnsituation und sozialer Teilhabe umfasst. Armut kann individuelle, familiäre und gesellschaftliche Dimensionen haben.

Ursachen von Armut:
- Armut kann durch verschiedene Faktoren verursacht werden, darunter Arbeitslosigkeit, unzureichende Bildung, gesundheitliche Probleme, Diskriminierung, soziale Ungerechtigkeit und strukturelle Probleme in der Gesellschaft.

Soziale Arbeit gegen Armut:
- Die Soziale Arbeit spielt eine entscheidende Rolle bei der Unterstützung von Menschen, die von Armut betroffen sind. Sie zielt darauf ab, individuelle und strukturelle Ursachen von Armut anzugehen und soziale Gerechtigkeit zu fördern.

Sozialarbeit im Bereich der Armutsprävention:
- Präventive Maßnahmen der Sozialen Arbeit können darauf abzielen, die Ursachen von Armut zu minimieren, indem sie beispielsweise Bildungsförderung, berufliche Qualifikationen und Unterstützung bei der Arbeitsplatzsuche bieten.

Sozialarbeit in der Armutsbewältigung:
- In Fällen, in denen Menschen bereits von Armut betroffen sind, bietet die Soziale Arbeit Unterstützung bei der Bewältigung akuter Probleme. Dazu gehören die Bereitstellung von finanziellen Hilfen, Unterkunft, Lebensmittelhilfen und Beratungsdienste.

Empowerment und Partizipation:
- Soziale Arbeit strebt auch danach, die Selbstbestimmung und Partizipation von Menschen in prekären Lebenssituationen zu stärken. Das bedeutet, ihnen die Werkzeuge und Ressourcen zu geben, um ihre Lebensumstände aktiv zu verbessern.

Gesellschaftliche Veränderung und Advocacy:
- Soziale Arbeit engagiert sich oft für gesellschaftliche Veränderungen und Advocacy, um strukturelle

Probleme zu identifizieren und zu beeinflussen, die
zur Entstehung und Aufrechterhaltung von Armut
beitragen.

Netzwerkarbeit:

- Die Soziale Arbeit arbeitet oft mit anderen
  Organisationen, staatlichen Stellen und
  Gemeinschaften zusammen, um gemeinsam eine
  umfassende und nachhaltige Unterstützung für
  Menschen in prekären Lebenssituationen
  sicherzustellen.

Der Zusammenhang zwischen Armut und Sozialer Arbeit
verdeutlicht die Bedeutung eines ganzheitlichen Ansatzes
bei der Bewältigung sozialer Herausforderungen. Soziale
Arbeit versucht nicht nur die Symptome von Armut zu
lindern, sondern auch die Ursachen zu bekämpfen, um
langfristige Veränderungen zu fördern.

Assistenzleistungen

Assistenzleistungen beziehen sich auf unterstützende
Maßnahmen, die Menschen mit unterschiedlichen
Bedürfnissen helfen, ihre Selbständigkeit zu erhalten, ihre
Lebensqualität zu verbessern und in vollem Umfang am
gesellschaftlichen Leben teilzuhaben. Assistenzleistungen
können in verschiedenen Lebensbereichen erforderlich sein
und unterschiedliche Formen annehmen. Einige Beispiele:

Persönliche Assistenz:

- Unterstützung bei persönlichen Aktivitäten des
  täglichen Lebens, wie Ankleiden, Waschen, Essen,

und Mobilität. Dies ist besonders relevant für Menschen mit körperlichen Beeinträchtigungen.

Begleitende Assistenz:

- Begleitung und Unterstützung bei Aktivitäten außerhalb des Hauses, wie Einkaufen, Arztbesuchen, sozialen Veranstaltungen oder Freizeitaktivitäten.

Technische Assistenz:

- Einsatz von technologischen Hilfsmitteln, um die Selbstständigkeit zu fördern. Dies kann beispielsweise die Nutzung von Rollstühlen, Gehhilfen, Hörgeräten, oder anderen technischen Geräten umfassen.

Arbeitsassistenz:

- Unterstützung am Arbeitsplatz, um Menschen mit Behinderungen oder besonderen Bedürfnissen in ihrer beruflichen Tätigkeit zu unterstützen. Dies kann die Anpassung des Arbeitsplatzes, spezielle Ausbildungsmaßnahmen oder individuelle Betreuung umfassen.

Pflegerische Assistenz:

- Pflegerische Unterstützung, die über die Aktivitäten des täglichen Lebens hinausgeht, wie die Verabreichung von Medikamenten, Wundversorgung oder andere pflegerische Maßnahmen.

Kommunikative Assistenz:

- Hilfestellung für Menschen mit Kommunikationsbeeinträchtigungen, sei es durch Unterstützung bei der Verständigung, Gebärdensprache oder Nutzung von Kommunikationshilfen.

Soziale Assistenz:

- Unterstützung bei der Pflege sozialer Kontakte und Teilnahme an sozialen Aktivitäten. Dies kann besonders wichtig sein für Menschen, die aufgrund von Einschränkungen Schwierigkeiten bei der sozialen Interaktion haben.

Finanzielle Assistenz:
- Beratung und Unterstützung im Umgang mit finanziellen Angelegenheiten, einschließlich der Beantragung von Finanzleistungen oder Unterstützung bei der Budgetplanung.

Beratende Assistenz:
- Beratungsdienste, um Menschen bei der Bewältigung von Herausforderungen zu unterstützen, sei es in Bezug auf persönliche Belange, psychische Gesundheit, Bildung oder berufliche Entwicklung.

Familienassistenz:
- Unterstützung von Familienangehörigen, die die Pflege und Betreuung von Menschen mit besonderen Bedürfnissen übernehmen. Dies kann Schulungen, psychosoziale Unterstützung und Entlastungsdienste umfassen.

Assistenzleistungen werden individuell auf die Bedürfnisse der betroffenen Person zugeschnitten und können vorübergehend oder dauerhaft erforderlich sein. Sie tragen dazu bei, dass Menschen trotz besonderer Herausforderungen ein selbstbestimmtes Leben führen können.

Ausbildungsbegleitende Hilfen (abH)

Die ausbildungsbegleitenden Hilfen (abH) sind eine Maßnahme zur Unterstützung von Auszubildenden während der Berufsausbildung. Sie richtet sich insbesondere an Jugendliche und junge Erwachsene, die aufgrund individueller Beeinträchtigungen oder besonderer sozialer Schwierigkeiten Unterstützung im Ausbildungsprozess benötigen. Die ausbildungsbegleitenden Hilfen umfassen folgende Eckpunkte:

Zielgruppe:

- Die Zielgruppe der ausbildungsbegleitenden Hilfen sind Auszubildende, die aufgrund von individuellen Beeinträchtigungen oder sozialen Schwierigkeiten besondere Unterstützung benötigen. Dazu gehören beispielsweise Jugendliche mit Lernschwierigkeiten, Migrationshintergrund oder sozialen Benachteiligungen.

Individuelle Unterstützung:

- Die abH bieten individuelle Unterstützung, die auf die Bedürfnisse und Herausforderungen des einzelnen Auszubildenden zugeschnitten ist. Dies kann die Förderung von fachlichen, sozialen oder persönlichen Kompetenzen umfassen.

Lernunterstützung:

- Ein zentraler Aspekt der ausbildungsbegleitenden Hilfen ist die Unterstützung bei Lerninhalten der Berufsschule und im Betrieb. Dies kann Nachhilfe, zusätzlichen Unterricht oder andere Formen der Lernunterstützung umfassen.

Sozialpädagogische Betreuung:

- Neben der fachlichen Unterstützung bieten die abH auch sozialpädagogische Betreuung an. Dies beinhaltet die Begleitung der Auszubildenden bei persönlichen und sozialen Fragestellungen sowie die Förderung von sozialen Kompetenzen.

Förderung von Schlüsselqualifikationen:

- Die abH fördern Schlüsselqualifikationen, die für den erfolgreichen Abschluss der Ausbildung und den Einstieg in das Arbeitsleben wichtig sind. Dazu gehören beispielsweise Kommunikationsfähigkeiten, Teamarbeit und Selbstorganisation.

Praktische Unterstützung im Betrieb:

- In vielen Fällen umfassen die ausbildungsbegleitenden Hilfen auch praktische Unterstützung im Betrieb. Dies kann die Anpassung von Arbeitsbedingungen, die Vermittlung von Arbeitstechniken oder die Unterstützung bei der Integration in das Betriebsumfeld umfassen.

Beratung und Coaching:

- Die abH bieten Beratung und Coaching an, um die Auszubildenden bei der Karriereplanung, der Bewältigung von Konflikten und anderen beruflichen Herausforderungen zu unterstützen.

Kooperation mit Ausbildungsbetrieben und Berufsschulen:

- Die erfolgreiche Umsetzung der ausbildungsbegleitenden Hilfen erfordert eine enge Zusammenarbeit mit den Ausbildungsbetrieben und den Berufsschulen. Dies kann die Abstimmung von Unterrichtsinhalten, die Organisation von Praktika oder die Integration in das betriebliche Umfeld umfassen.

Integration in den Arbeitsmarkt:

- Das übergeordnete Ziel der ausbildungsbegleitenden Hilfen ist die erfolgreiche Integration der Auszubildenden in den Arbeitsmarkt. Dazu gehört auch die Unterstützung bei der Suche nach einem geeigneten Arbeitsplatz nach Abschluss der Ausbildung.

Die ausbildungsbegleitenden Hilfen tragen dazu bei, die
Chancengleichheit der Auszubildenden zu verbessern und
ihre erfolgreiche Teilnahme am Ausbildungsprozess zu
sichern, insbesondere dann, wenn eine individuelle
Förderung erforderlich ist.

Bedarfsermittlungsinstrument (BEI)

Bedarfsermittlungsinstrumente in der Sozialen Arbeit sind
Instrumente und Methoden, die dazu dienen, die
individuellen Bedürfnisse, Ressourcen und
Herausforderungen von Klienten zu ermitteln. Diese
Instrumente helfen Sozialarbeitern, umfassende
Bewertungen vorzunehmen, individuelle Pläne zu
entwickeln und geeignete Interventionen zu planen.
Beispiele für Instrumente zur Bedarfsermittlung sind:

Sozialanamnese:
- Die Sozialanamnese ist eine standardisierte
  Methode zur Erfassung von biografischen
  Informationen, sozialen Beziehungen,
  Wohnverhältnissen, beruflichen Hintergründen und
  anderen relevanten Aspekten im Leben einer
  Person. Sie bietet einen ganzheitlichen Blick auf die
  Lebensgeschichte und die aktuellen
  Lebensumstände.

Lebensweltorientierte Bedarfsanalyse:
- Diese Methode konzentriert sich darauf, die
  Lebenswelt und die Perspektive des Klienten zu
  verstehen. Sie bezieht die individuellen Erfahrungen,
  Wünsche, Ziele und sozialen Kontexte mit ein.

Bedarfsanalyse im Gesundheitswesen:

- In der Gesundheitssozialarbeit werden spezifische Bedarfsermittlungsinstrumente verwendet, um die Gesundheitsbedürfnisse von Klienten zu identifizieren. Dies kann die Erfassung von körperlichen, psychischen und sozialen Gesundheitsaspekten umfassen.

Ressourcenanalyse:

- Dieser Ansatz konzentriert sich nicht nur auf die Bedürfnisse, sondern auch auf die vorhandenen Ressourcen und Stärken des Klienten. Die Analyse umfasst finanzielle, soziale, persönliche und institutionelle Ressourcen.

2. **Assessment-Instrumente in der Kinder- und Jugendhilfe:**

- In der Arbeit mit Kindern und Jugendlichen werden spezielle Assessment-Instrumente verwendet, um ihre Entwicklung, schulische Situation, familiäre Verhältnisse und emotionales Wohlbefinden zu bewerten.

3. **Behinderungsbezogene Bedarfsermittlung:**

- Bei der Arbeit mit Menschen mit Behinderungen werden Instrumente eingesetzt, um die spezifischen Bedarfe in Bezug auf Barrierefreiheit, assistive Technologien, Bildung und Beschäftigung zu ermitteln.

4. **Standardisierte Fragebögen:**

- Fragebögen können standardisierte Fragen enthalten, um bestimmte Aspekte wie psychische Gesundheit, Lebensqualität oder soziale Unterstützung zu bewerten. Diese können quantifizierbare Daten liefern.

5. **Beteiligungsorientierte Bedarfsermittlung:**

- Dieser Ansatz betont die Beteiligung der Klienten an der Bedarfsermittlung. Es ermöglicht den Klienten,

ihre eigenen Bedürfnisse, Ziele und Präferenzen zu
identifizieren und aktiv in den Planungsprozess
einzubeziehen.

6. **Kriseninterventionsgespräche:**
    * Bei akuten Krisensituationen werden spezifische
      Gesprächstechniken verwendet, um die
      unmittelbaren Bedürfnisse und Sicherheitsaspekte
      zu ermitteln.

7. **Stärken- und ressourcenorientierte Assessments:**
    * Diese Assessments konzentrieren sich darauf, die
      Stärken und Ressourcen einer Person zu
      identifizieren, um auf dieser Basis positive
      Veränderungen zu fördern.

Die Wahl des geeigneten Bedarfsermittlungsinstruments
hängt von den spezifischen Anforderungen der Praxis der
Sozialen Arbeit und den Bedürfnissen der Klienten ab.

Behindertenrecht

Das Behindertenrecht umfasst Rechtsnormen und
Regelungen, die darauf abzielen, die Rechte von Menschen
mit Behinderungen zu schützen, ihre Teilhabe an der
Gesellschaft zu fördern und Diskriminierungen zu
verhindern. Es gibt nationale und internationale
Rechtsinstrumente, die das Behindertenrecht gestalten.

Internationale Ebene:
    * **UN-Behindertenrechtskonvention (UN-BRK):**
      Dies ist ein internationales
      Menschenrechtsabkommen der Vereinten Nationen,
      das die Rechte von Menschen mit Behinderungen

schützt und ihre gleichberechtigte Teilhabe in allen Lebensbereichen fördert. Die UN-BRK betont die Grundsätze der Nichtdiskriminierung, Inklusion und Selbstbestimmung.

Nationale Umsetzung:

- In vielen Ländern werden die Prinzipien der UN-BRK in nationales Recht überführt. Dies kann durch spezielle Behindertengleichstellungsgesetze oder allgemeinere Antidiskriminierungsgesetze erfolgen.

2. **Gleichstellung und Nichtdiskriminierung:**

- Das Behindertenrecht strebt die Gleichstellung von Menschen mit Behinderungen an. Dies bedeutet, dass sie die gleichen Rechte und Möglichkeiten haben sollten wie Menschen ohne Behinderungen. Zudem soll Diskriminierung aufgrund von Behinderungen verhindert werden.

3. **Barrierefreiheit:**

- Behindertenrecht betont die Bedeutung von Barrierefreiheit in verschiedenen Lebensbereichen, darunter im öffentlichen Raum, bei Gebäuden, im Verkehr, in der Kommunikation und im digitalen Umfeld. Barrierefreiheit soll sicherstellen, dass Menschen mit Behinderungen uneingeschränkt am gesellschaftlichen Leben teilnehmen können.

4. **Teilhabe am Arbeitsmarkt:**

- Menschen mit Behinderungen haben das Recht auf Arbeit und sollen gleichberechtigten Zugang zum Arbeitsmarkt haben. Arbeitsplatzanpassungen und Unterstützungsleistungen sind in vielen Ländern durch das Behindertenrecht geregelt.

5. **Bildung:**

- Das Recht auf Bildung für Menschen mit Behinderungen wird im Behindertenrecht betont. Dies schließt den Zugang zu inklusiver Bildung und angemessenen Unterstützungsmaßnahmen ein.

6. **Gesundheitsversorgung:**
   - Behindertenrecht befasst sich auch mit dem Zugang zu Gesundheitsversorgung und unterstützenden Therapien für Menschen mit Behinderungen.
7. **Selbstbestimmung und Autonomie:**
   - Das Recht auf Selbstbestimmung und Autonomie ist ein zentraler Grundsatz des Behindertenrechts. Dies bedeutet, dass Menschen mit Behinderungen ihre eigenen Entscheidungen treffen und ihr Leben nach ihren eigenen Vorstellungen führen können.
8. **Besondere Schutzmaßnahmen:**
   - In einigen Fällen sieht das Behindertenrecht besondere Schutzmaßnahmen vor, um sicherzustellen, dass Menschen mit schweren oder komplexen Behinderungen angemessen unterstützt werden.
9. **Beschwerderecht und Durchsetzung:**
   - Behindertenrecht sollte Mechanismen für Beschwerden und Durchsetzung beinhalten, damit Menschen mit Behinderungen ihre Rechte geltend machen können.

Das Behindertenrecht dient dazu, die Teilhabe und Würde von Menschen mit Behinderungen in der Gesellschaft zu gewährleisten und sicherzustellen, dass ihre Bedürfnisse angemessen berücksichtigt werden. Es entwickelt sich ständig weiter, um den sich ändernden Bedürfnissen und Erkenntnissen Rechnung zu tragen.

Beratung

Beratung ist ein Prozess, bei dem eine qualifizierte Einzelperson oder eine Gruppe von Fachleuten Informationen, Unterstützung und Anleitung bietet, um Menschen zu helfen, Herausforderungen zu bewältigen, Probleme zu lösen oder Ziele zu erreichen. Beratung kann in verschiedenen Kontexten angeboten werden, einschließlich persönlicher, beruflicher, sozialer oder gesundheitlicher Bereiche.

Ziel der Beratung:

- Das Hauptziel der Beratung ist es, Menschen dabei zu helfen, ihre Probleme zu verstehen, positive Veränderungen herbeizuführen, Entscheidungen zu treffen und ihre Lebensqualität zu verbessern.

Vertraulichkeit:

- Beratung basiert auf Vertraulichkeit. Beraterinnen und Berater sind dazu verpflichtet, die Privatsphäre ihrer Klienten zu wahren und Informationen nicht ohne Zustimmung weiterzugeben.

Empathie und Akzeptanz:

- Beraterinnen und Berater sollen empathisch sein und eine akzeptierende Haltung gegenüber ihren Klienten einnehmen. Das bedeutet, die Gefühle und Perspektiven der Klienten zu verstehen und zu respektieren.

Beratungsmethoden:

- Es gibt verschiedene Beratungsmethoden und Ansätze, je nach den Bedürfnissen der Klienten und dem Kontext der Beratung. Dazu gehören kognitive Verhaltenstherapie, Gesprächstherapie, lösungsorientierte Beratung und andere.

Beratungsfelder:

- Beratung kann in vielen verschiedenen Bereichen angeboten werden, darunter psychologische Beratung, schulische Beratung, Ehe- und Familienberatung, Berufsberatung, Suchtberatung, Finanzberatung und mehr.

Präventive Beratung:

- Neben der Unterstützung bei bestehenden Problemen kann Beratung auch präventiv eingesetzt werden, um Krisen zu verhindern, Ressourcen zu stärken und Resilienz aufzubauen.

Krisenintervention:

- In akuten Krisensituationen bietet Beratung schnelle Unterstützung und Intervention, um die Sicherheit und das Wohlbefinden der Klienten zu gewährleisten.

Beratung im Gruppenkontext:

- Beratung kann individuell oder in Gruppen stattfinden. Gruppenberatung bietet die Möglichkeit, von den Erfahrungen anderer zu lernen und Unterstützung in einem gemeinschaftlichen Umfeld zu erhalten.

Kulturelle Sensibilität:

- Beraterinnen und Berater müssen kulturell sensibel sein und die Vielfalt ihrer Klientel berücksichtigen. Dies beinhaltet die Anerkennung unterschiedlicher kultureller Hintergründe, Werte und Normen.

Beratungsethik:

- Beraterinnen und Berater folgen einem Ethikkodex, der ihre Professionalität und Integrität sicherstellen soll. Dies umfasst klare Grenzen, den Verzicht auf persönliche Werturteile und die Verpflichtung zur fortlaufenden beruflichen Weiterentwicklung.

Beratung spielt eine wichtige Rolle bei der Unterstützung von Menschen in unterschiedlichen Lebenssituationen. Sie bietet einen sicheren Raum für Reflexion, persönliche Entwicklung und die Suche nach Lösungen für persönliche oder berufliche Herausforderungen.

Berliner Modell

Das Berliner Modell bezeichnet ein Verfahren zur Integration schwerbehinderter Menschen in den allgemeinen Arbeitsmarkt. Es ist Teil der Bemühungen, die Teilhabe von Menschen mit Behinderungen zu fördern und ihre Integration in den Arbeitsmarkt zu erleichtern.

Hintergrund:
- Das Berliner Modell wurde ursprünglich in Berlin entwickelt, um Menschen mit Behinderungen den Zugang zum Arbeitsmarkt zu erleichtern. Es ist Teil der Bemühungen, die Beschäftigungsquote von Menschen mit Behinderungen zu erhöhen.

Zusammenarbeit von Integrationsämtern und Arbeitgebern:
- Im Rahmen des Berliner Modells arbeiten Integrationsämter eng mit Arbeitgebern zusammen, um die Beschäftigung von schwerbehinderten Menschen zu fördern. Integrationsämter sind spezielle Institutionen, die in Deutschland für die Integration von Menschen mit Behinderungen am Arbeitsplatz zuständig sind.

Einführung von Arbeitsplätzen für Menschen mit Behinderungen:

- Das Berliner Modell sieht vor, dass Arbeitgeber verpflichtet sind, einen bestimmten Prozentsatz ihrer Arbeitsplätze für Menschen mit Behinderungen zu reservieren. Diese Quote kann je nach Größe des Unternehmens variieren.

Ausgleichsabgabe als Alternative:

- Wenn Arbeitgeber die festgelegte Quote nicht erfüllen können, haben sie die Möglichkeit, eine Ausgleichsabgabe zu zahlen. Die Einnahmen aus dieser Abgabe werden dann für die Finanzierung von Maßnahmen zur Integration von Menschen mit Behinderungen verwendet.

Individuelle Arbeitsplatzgestaltung:

- Das Berliner Modell betont die Bedeutung der individuellen Arbeitsplatzgestaltung. Arbeitgeber werden ermutigt, die spezifischen Bedürfnisse und Fähigkeiten der schwerbehinderten Mitarbeiter zu berücksichtigen und gegebenenfalls Anpassungen vorzunehmen.

Beratung und Unterstützung:

- Integrationsämter bieten Beratung und Unterstützung für Arbeitgeber und Arbeitnehmer mit Behinderungen. Dies kann die Klärung rechtlicher Fragen, die Beratung zu finanziellen Anreizen oder die Unterstützung bei der Anpassung von Arbeitsplätzen umfassen.

Flexibilität in der Umsetzung:

- Das Berliner Modell erlaubt eine gewisse Flexibilität in der Umsetzung, um den unterschiedlichen Bedingungen und Anforderungen verschiedener Branchen und Unternehmen gerecht zu werden.

Zu beachten ist, dass die konkreten Regelungen und Umsetzungen des Berliner Modells in den einzelnen Bundesländern unterschiedlich sein können. Das Modell spiegelt jedoch den allgemeinen Trend wider, die Integration von Menschen mit Behinderungen in den Arbeitsmarkt zu fördern und Barrieren abzubauen.

Berufsbildungswerk (BBW)

Ein Berufsbildungswerk (BBW) ist eine Einrichtung, die sich auf die berufliche Bildung und Qualifizierung von jungen Menschen mit besonderem Förderbedarf konzentriert. Zielgruppe sind in der Regel Jugendliche und junge Erwachsene mit gesundheitlichen Beeinträchtigungen, Lernschwierigkeiten oder anderen individuellen Schwierigkeiten, die den Zugang zum regulären Ausbildungssystem erschweren.

Zielgruppe:
- Berufsbildungswerke richten sich an junge Menschen, die aufgrund von gesundheitlichen Beeinträchtigungen oder anderen individuellen Herausforderungen Schwierigkeiten beim Übergang von der Schule in den Beruf haben.

Berufliche Bildung und Ausbildung:
- Das Hauptziel eines BBW ist die berufliche Bildung und Ausbildung. Die Einrichtungen bieten eine breite Palette von Ausbildungsberufen an, um den individuellen Interessen und Fähigkeiten der Teilnehmer gerecht zu werden.

Individuelle Förderung:

- Jeder Teilnehmer wird individuell gefördert, wobei besondere Aufmerksamkeit auf die individuellen Bedürfnisse, Fähigkeiten und Lernstile gelegt wird. Dies kann auch spezielle pädagogische und therapeutische Unterstützung einschließen.

Praktische Ausbildung:

- Die Ausbildung in einem Berufsbildungswerk beinhaltet oft eine intensive praktische Ausbildung. Die Teilnehmer haben die Möglichkeit, ihre Fähigkeiten in realen Arbeitsumgebungen zu entwickeln und zu erproben.

Sozialpädagogische Begleitung:

- Neben der fachlichen Ausbildung bieten Berufsbildungswerke sozialpädagogische Begleitung an. Dies kann Unterstützung bei persönlichen Herausforderungen, sozialen Kompetenzen und der Entwicklung von Selbstständigkeit umfassen.

Vermittlung von Arbeitstechniken:

- Die Teilnehmer lernen nicht nur fachliche Fertigkeiten, sondern werden auch in Arbeitstechniken, Arbeitsorganisation und anderen Schlüsselkompetenzen geschult, die für die erfolgreiche Integration in den Arbeitsmarkt wichtig sind.

Übergang Schule-Beruf:

- Berufsbildungswerke spielen eine entscheidende Rolle beim Übergang von der schulischen Ausbildung zum Arbeitsleben. Sie bieten Unterstützung bei der Berufswahl und bereiten die Teilnehmer darauf vor, eigenverantwortlich im Beruf zu agieren.
-

Kooperation mit Unternehmen:

- Viele Berufsbildungswerke kooperieren mit Unternehmen, um den Teilnehmern Praktika und Ausbildungsplätze zu vermitteln. Dies fördert die Integration in den regulären Arbeitsmarkt.

Nachbetreuung:

- Nach Abschluss der Ausbildung bieten einige Berufsbildungswerke Nachbetreuungsdienste an, um die ehemaligen Teilnehmer bei der beruflichen Integration zu unterstützen und ihren weiteren Werdegang zu begleiten.

Beratung und Unterstützung:

- Berufsbildungswerke bieten auch Beratung und Unterstützung bei persönlichen, sozialen und beruflichen Anliegen an, um die bestmöglichen Rahmenbedingungen für die Entwicklung der Teilnehmer zu schaffen.

Berufsbildungswerke sind Einrichtungen, die dazu beitragen, die beruflichen Perspektiven junger Menschen mit besonderem Förderbedarf zu verbessern und ihre Teilhabe am Arbeitsleben zu fördern.

Berufsförderungswerk (BFW)

Ein Berufsförderungswerk (BFW) ist eine Einrichtung, die Menschen mit gesundheitlichen Einschränkungen oder Behinderungen bei der beruflichen (Neu-)Orientierung und Qualifizierung unterstützt. Diese Einrichtungen bieten verschiedene Maßnahmen und Dienstleistungen an, um die Teilnehmer auf eine berufliche Tätigkeit vorzubereiten.

Nachfolgend sind einige Informationen im Zusammenhang mit Berufsförderungswerken aufgeführt:

Zielgruppe:
- Berufsförderungswerke richten sich an Menschen mit gesundheitlichen Beeinträchtigungen, die aufgrund dieser Einschränkungen Schwierigkeiten beim Zugang zum Arbeitsmarkt haben.

Individuelle Beratung und Förderplan:
- Teilnehmer werden individuell beraten, und es wird ein Förderplan erstellt, der auf die persönlichen Voraussetzungen, Fähigkeiten und beruflichen Ziele zugeschnitten ist.

Berufliche Qualifizierung und Umschulung:
- Berufsförderungswerke bieten berufliche Qualifizierungsmaßnahmen und Umschulungen an, um die Teilnehmer auf konkrete Berufsfelder vorzubereiten. Dies kann sowohl theoretischen Unterricht als auch praktische Schulungen umfassen.

Praxisnahe Ausbildung:
- Die Ausbildung in Berufsförderungswerken ist praxisorientiert. Die Teilnehmer haben die Möglichkeit, ihre erworbenen Fähigkeiten in realen Arbeitsumgebungen zu erproben.

Assistenzleistungen:
- Je nach Bedarf können Berufsförderungswerke Assistenzleistungen anbieten, um den Teilnehmern den Zugang zur Ausbildung zu erleichtern. Dies kann beispielsweise Unterstützung bei der Mobilität oder bei der Bewältigung von besonderen gesundheitlichen Herausforderungen umfassen.

Soziale Integration:

- Berufsförderungswerke fördern die soziale Integration der Teilnehmer, indem sie Möglichkeiten für den Austausch, soziale Aktivitäten und Netzwerkbildung schaffen.

Arbeitsplatznahe Erprobung:

- Teilnehmer haben oft die Gelegenheit, ihre Fähigkeiten in arbeitsplatznahen Umgebungen zu erproben. Dies kann in Kooperation mit Unternehmen erfolgen.

Rehabilitation:

- Einige Berufsförderungswerke haben einen rehabilitativen Ansatz und unterstützen Menschen dabei, ihre Arbeitsfähigkeit wiederherzustellen oder zu verbessern.

Berufsorientierung und Coaching:

- Berufsförderungswerke bieten auch Berufsorientierung und Coaching an, um den Teilnehmern bei der Auswahl eines passenden Berufsfelds und der Entwicklung beruflicher Perspektiven zu helfen.

Nachbetreuung:

- Nach Abschluss der Qualifizierungsmaßnahme bieten viele Berufsförderungswerke Nachbetreuungsdienste an, um die Integration der Teilnehmer in den Arbeitsmarkt zu unterstützen und ihren beruflichen Werdegang zu begleiten.

Die genaue Ausgestaltung der Angebote und Leistungen kann je nach Einrichtung und regionalen Gegebenheiten variieren. Berufsförderungswerke sind von großer Relevanz bei der Förderung der beruflichen Teilhabe von Menschen mit gesundheitlichen Beeinträchtigungen.

Berufsvorbereitende Bildungsmaßnahme (BvB)

Die Berufsvorbereitende Bildungsmaßnahme (BvB) ist eine
Maßnahme, die Jugendliche bei der Vorbereitung auf eine
Berufsausbildung unterstützt. Sie richtet sich an junge
Menschen, die besondere Unterstützung und Förderung
benötigen, um die für den Einstieg in die Arbeitswelt
notwendigen Kenntnisse, Fähigkeiten und persönlichen
Kompetenzen zu entwickeln. Im Folgenden werden einige
zentrale Elemente im Zusammenhang mit
berufsvorbereitenden Bildungsmaßnahmen dargestellt:

Zielgruppe:
- Die Zielgruppe der BvB sind Jugendliche, die
  Schwierigkeiten beim Übergang von der Schule in
  die berufliche Ausbildung haben. Dazu gehören
  beispielsweise Schulabgänger ohne
  Schulabschluss, Jugendliche mit
  Lernschwierigkeiten oder sozialen Problemen.

Individuelle Förderung:
- Die BvB zeichnet sich durch eine individuelle
  Förderung der Teilnehmer aus. Die Maßnahmen
  werden an die spezifischen Bedürfnisse,
  Fähigkeiten und Entwicklungspotenziale der
  Jugendlichen angepasst.

Berufliche Orientierung:
- Ein wichtiger Bestandteil der BvB ist die berufliche
  Orientierung. Jugendliche erhalten Einblicke in
  verschiedene Berufsfelder, um ihre Interessen und
  Neigungen besser zu verstehen.

Vermittlung von Schlüsselqualifikationen:
- Neben fachlichen Inhalten legt die BvB großen
  Wert auf die Vermittlung von
  Schlüsselqualifikationen, wie etwa Teamarbeit,

Kommunikationsfähigkeiten, Selbstorganisation und Konfliktmanagement.

Praktische Erfahrungen:

- Die BvB ermöglicht den Jugendlichen praktische Erfahrungen durch Praktika in Unternehmen. Dies gibt ihnen die Gelegenheit, ihre Fähigkeiten in realen Arbeitsumgebungen zu erproben und zu vertiefen.

Schulische Weiterbildung:

- Je nach Bedarf können schulische Weiterbildungsmaßnahmen Teil der BvB sein. Dies kann sowohl die Verbesserung von Basisqualifikationen als auch die Vorbereitung auf eine bestimmte Ausbildung umfassen.

Sozialpädagogische Begleitung:

- Die BvB beinhaltet oft eine sozialpädagogische Begleitung, um Jugendliche bei persönlichen und sozialen Herausforderungen zu unterstützen. Dies kann auch die Förderung von Selbstbewusstsein und Eigenverantwortung einschließen.

Beratung und Coaching:

- Jugendliche erhalten Beratung und Coaching, um ihre beruflichen Ziele zu klären, individuelle Perspektiven zu entwickeln und ihre Potenziale zu entfalten.

Vorbereitung auf Bewerbungen und Vorstellungsgespräche:

- Ein weiterer wichtiger Aspekt der BvB ist die Vorbereitung auf den Bewerbungsprozess. Dies umfasst das Verfassen von Bewerbungen, Training für Vorstellungsgespräche und generell die Vermittlung von Bewerbungskompetenzen.

Integration in den Arbeitsmarkt:

- Das Hauptziel der BvB ist die Integration der Jugendlichen in den Arbeitsmarkt oder den

Übergang in eine qualifizierte berufliche
Ausbildung.

Die genaue Ausgestaltung der BvB kann je nach
regionalen Gegebenheiten, Maßnahmeträgern und
individuellen Bedarfen variieren. Sie spielt jedoch eine
wichtige Rolle, um Jugendlichen mit besonderem
Förderbedarf einen erfolgreichen Einstieg in die
Arbeitswelt zu ermöglichen.

Berufsinformationszentrum (BIZ)

Das Berufsinformationszentrum (BIZ) ist eine Einrichtung,
die Informationen und Beratung zu verschiedenen
berufsbezogenen Themen anbietet. Diese Zentren sind
Anlaufstellen für Menschen, die Orientierung und
Informationen über Berufe, Ausbildungen, Studiengänge
und Karrieremöglichkeiten suchen.

Berufsorientierung:
- BIZ bieten Ressourcen und Unterstützung für
  Personen, die ihre beruflichen Interessen und
  Fähigkeiten besser verstehen möchten. Dies kann
  Tests, Fragebögen oder persönliche Beratung
  beinhalten.

Ausbildungs- und Studienberatung:
- Informationen zu verschiedenen Ausbildungs- und
  Studienmöglichkeiten werden bereitgestellt. Das
  BIZ kann über die Voraussetzungen, Inhalte und
  Perspektiven verschiedener Ausbildungen und
  Studiengänge informieren.

Berufsbilder und Arbeitsmarktinformationen:
- BIZ bieten umfassende Informationen zu verschiedenen Berufsbildern, einschließlich Beschreibungen von Tätigkeiten, Qualifikationen und Karriereaussichten. Sie informieren auch über den aktuellen Arbeitsmarkt und Trends in bestimmten Branchen.

Bewerbung und Karriereplanung:
- Beratung zu Bewerbungsprozessen, Erstellung von Lebensläufen und Vorstellungsgesprächen gehört oft zu den Dienstleistungen eines BIZ. Zudem können sie bei der langfristigen Karriereplanung und -entwicklung unterstützen.

Weiterbildungsangebote:
- Informationen zu Weiterbildungs- und Fortbildungsmöglichkeiten werden bereitgestellt. Dies kann sowohl formale Bildungseinrichtungen als auch informelle Weiterbildungsprogramme umfassen.

Arbeits- und Auslandserfahrung:
- BIZ können auch Informationen über Arbeitsmöglichkeiten im Ausland, internationale Austauschprogramme und Praktika anbieten, um den Horizont der Berufserfahrungen zu erweitern.

Digitale Ressourcen:
- Viele BIZ bieten auch digitale Ressourcen an, darunter Online-Plattformen, umfassende Websites und interaktive Tools, um den Zugang zu Informationen zu erleichtern.

Veranstaltungen und Workshops:
- BIZ organisieren oft Veranstaltungen, Seminare und Workshops zu verschiedenen berufsbezogenen Themen. Diese können Vorträge von Fachleuten, Jobmessen oder praktische Schulungen umfassen.

Berufsinformationszentren sind in der Regel kostenlos
oder kostengünstig und sollen Menschen bei der
Karriereplanung und -entwicklung unterstützen. Sie sind
besonders relevant für Schüler, Studierende, junge
Berufstätige und Personen, die eine berufliche
Neuorientierung planen.

Bundesversorgungsgesetz (BVG)

Das Bundesversorgungsgesetz (BVG) ist ein deutsches Gesetz, das die Versorgung und Unterstützung von Personen regelt, die durch Dienstunfälle, Wehrdienstbeschädigungen, Berufskrankheiten oder andere besondere Umstände gesundheitlich beeinträchtigt sind. Das Gesetz besteht aus verschiedenen Teilen, die Leistungen und Hilfen für unterschiedliche Personengruppen regeln.

Anwendungsbereich:
- Das BVG gilt für verschiedene Personengruppen, darunter ehemalige Soldaten, Kriegsopfer, Zivildienstleistende und andere Personen, die gesundheitliche Beeinträchtigungen aufgrund von Dienstunfällen oder anderen spezifischen Umständen erleiden.

Leistungen:
- Das BVG sieht verschiedene Leistungen vor, darunter Verletztenrente, Pflegegeld, Heilbehandlung, medizinische Rehabilitation, berufliche Rehabilitation, Versorgung mit Hilfsmitteln, Beihilfen zur Teilhabe am sozialen und kulturellen Leben sowie andere finanzielle und soziale Unterstützungsleistungen.

Grad der Schädigungsfolgen:
- Die Leistungen werden in Bezug auf den Grad der Schädigungsfolgen (GdB - Grad der Behinderung) festgelegt. Der GdB gibt an, in welchem Umfang die gesundheitliche Beeinträchtigung vorliegt.

Dienstunfall und Dienstbeschädigung:
- Das BVG unterscheidet zwischen Dienstunfällen und Dienstbeschädigungen. Ein Dienstunfall liegt

vor, wenn eine gesundheitliche Beeinträchtigung auf einen konkreten Dienstvorgang zurückzuführen ist. Dienstbeschädigungen können auch durch andere Ursachen entstehen, wie z. B. durch den Dienst geprägte Lebensumstände.

Antragsverfahren:

- Personen, die Leistungen nach dem BVG in Anspruch nehmen möchten, müssen einen Antrag stellen. Das Antragsverfahren ist in der Regel bei den Versorgungsämtern angesiedelt.

Medizinische Begutachtung:

- Die Feststellung des Grades der Schädigungsfolgen erfolgt oft durch eine medizinische Begutachtung. Hierbei werden die gesundheitlichen Beeinträchtigungen und ihre Auswirkungen auf die Lebensführung der betroffenen Person bewertet.

Berufliche und Medizinische Rehabilitation:

- Das BVG sieht sowohl berufliche als auch medizinische Rehabilitation vor, um Menschen mit gesundheitlichen Beeinträchtigungen bei der Wiedereingliederung ins Arbeitsleben zu unterstützen.

Beihilfen zur Teilhabe:

- Das Gesetz sieht Beihilfen zur Teilhabe am sozialen und kulturellen Leben vor, um die gesellschaftliche Integration von Menschen mit Beeinträchtigungen zu fördern.

Das Bundesversorgungsgesetz trägt wesentlich bei der Sicherstellung einer angemessenen Unterstützung und Versorgung von Menschen bei, die durch besondere Lebensumstände gesundheitlich beeinträchtigt sind. Es trägt dazu bei, die Lebensqualität und Teilhabe dieser Menschen zu verbessern.

Case Management

Case Management ist ein prozessorientierter, personenzentrierter Ansatz, der darauf abzielt, Menschen umfassend zu unterstützen und ihre Bedürfnisse in verschiedenen Lebensbereichen zu koordinieren. Es wird in verschiedenen Kontexten angewandt, u. a. im Gesundheitswesen, in der Sozialarbeit, in der Rehabilitation und in anderen Dienstleistungsbereichen.

Personenzentrierter Ansatz:
- Der Fokus des Case Managements liegt auf der individuellen Person. Es geht darum, die Bedürfnisse, Ziele und Präferenzen der betroffenen Person zu verstehen und darauf abzustimmen.

Ganzheitliche Betrachtung:
- Case Management berücksichtigt die verschiedenen Lebensbereiche einer Person, einschließlich Gesundheit, Bildung, Wohnen, soziale Integration und mehr. Das Ziel ist es, umfassende Unterstützung anzubieten.

Koordinierung von Dienstleistungen:
- Eine der Hauptaufgaben des Case Managements besteht darin, Dienstleistungen zu koordinieren. Das bedeutet, sicherzustellen, dass verschiedene Dienstleister und Fachleute effektiv zusammenarbeiten, um die Bedürfnisse der betroffenen Person zu erfüllen.

Bedarfsassessment und Planung:
- Case Manager führen eine umfassende Bewertung der Bedürfnisse und Ressourcen durch. Basierend darauf wird ein individueller Unterstützungsplan erstellt, der die Schritte zur Erreichung der gesteckten Ziele umfasst.

Kommunikation und Zusammenarbeit:
- Case Management erfordert eine effektive Kommunikation und Zusammenarbeit zwischen allen beteiligten Parteien, einschließlich der betroffenen Person, ihrer Familie, medizinischer Fachkräfte, Sozialarbeiter, Therapeuten und anderen Dienstleistern.

Monitoring und Evaluation:
- Der Verlauf des Case Managements wird kontinuierlich überwacht und evaluiert, um sicherzustellen, dass die gesetzten Ziele erreicht werden und um Anpassungen vorzunehmen, wenn sich die Bedürfnisse ändern.

Empowerment und Selbstbestimmung:
- Case Management zielt darauf ab, die Selbstbestimmung und das Empowerment der betroffenen Person zu fördern. Dies bedeutet, sie in den Entscheidungsprozess einzubeziehen und ihre Autonomie zu stärken.

Zeitliche Begrenzung:
- Case Management ist oft zeitlich begrenzt, und die Unterstützung wird in der Regel angepasst oder beendet, sobald die gesteckten Ziele erreicht sind und die betroffene Person in der Lage ist, selbstständig voranzuschreiten.

Flexibilität und Anpassungsfähigkeit:
- Da die Bedürfnisse von Menschen vielfältig sind und sich im Laufe der Zeit ändern können, erfordert Case Management eine gewisse Flexibilität und Anpassungsfähigkeit.

Ethik und Vertraulichkeit:
- Case Manager arbeiten nach ethischen Standards und respektieren die Vertraulichkeit der Informationen, die während des Prozesses gesammelt werden.

Case Management wird in verschiedenen Bereichen eingesetzt, z. B. im Gesundheitswesen, in der Sozialarbeit, in der Rehabilitation, in der Altenpflege und in anderen sozialen Diensten. Es bietet einen strukturierten Ansatz, um Menschen in komplexen Lebenssituationen zu unterstützen und ihre Lebensqualität zu verbessern.

Coaching

Coaching ist ein interaktiver, zielorientierter Prozess, bei dem ein Coach eine Einzelperson oder eine Gruppe dabei unterstützt, ihre persönlichen oder beruflichen Ziele zu klären, zu entwickeln und zu erreichen. Coaching kann in verschiedenen Kontexten eingesetzt werden, einschließlich beruflicher Entwicklung, persönlichem Wachstum, Führung, Teamarbeit und mehr.

Zielorientierung:
- Coaching konzentriert sich auf die Klärung und Erreichung von klaren Zielen. Der Coachee (die Person, die gecoacht wird) definiert die Ziele, und der Coach unterstützt sie dabei, Wege zur Zielerreichung zu identifizieren.

Selbstreflexion:
- Coaching fördert die Selbstreflexion. Der Coachee wird ermutigt, über seine Überzeugungen, Werte, Fähigkeiten und Verhaltensmuster nachzudenken, um ein besseres Verständnis von sich selbst zu gewinnen.

Vertraulichkeit:

- Coaching basiert auf Vertrauen. Der Coach verpflichtet sich zur Vertraulichkeit, um einen geschützten Raum für offene Gespräche zu schaffen, in dem der Coachee ohne Sorge um Bewertung sprechen kann.

Fragen und Feedback:

- Der Coach stellt Fragen, um das Denken des Coachee anzuregen und ihn bei der Suche nach Lösungen zu unterstützen. Feedback wird konstruktiv und ermutigend gegeben, um das Lernen zu fördern.

Empowerment:

- Coaching zielt darauf ab, den Coachee zu stärken. Der Fokus liegt darauf, das Selbstvertrauen zu steigern, Eigenverantwortung zu fördern und die Fähigkeiten zur Selbstführung zu entwickeln.

Maßgeschneiderte Ansätze:

- Coaching-Ansätze sind individuell auf die Bedürfnisse des Coachee zugeschnitten. Es gibt keine festen Regeln oder vordefinierten Lösungen; stattdessen werden Strategien entwickelt, die für die spezifische Situation geeignet sind.

Ganzheitlicher Ansatz:

- Coaching kann verschiedene Lebensbereiche umfassen, einschließlich beruflicher, persönlicher und sozialer Aspekte. Ein ganzheitlicher Ansatz berücksichtigt, dass diese Bereiche miteinander verbunden sind.

Entwicklung von Fähigkeiten:

- Coaching hilft dabei, Fähigkeiten und Kompetenzen zu entwickeln. Dies kann sowohl berufliche als auch persönliche Fähigkeiten umfassen, von Kommunikation und

Zeitmanagement bis hin zu emotionaler Intelligenz und Führungsfähigkeiten.

Messbarkeit und Evaluation:

- Erfolge und Fortschritte im Coaching-Prozess sind messbar und können evaluiert werden. Dies trägt dazu bei, den Fokus auf die Zielerreichung zu behalten und den Coaching-Prozess anzupassen, wenn dies erforderlich ist.

Kurz- und Langfristiger Fokus:

- Coaching kann sowohl kurzfristige als auch langfristige Ziele umfassen. Einzelne Sitzungen können sich auf aktuelle Herausforderungen konzentrieren, während der gesamte Prozess dazu beitragen kann, langfristige Entwicklungsziele zu erreichen.

Coaching kann von professionellen Coaches, die speziell für diese Rolle ausgebildet sind, oder von internen Coaches in Unternehmen und Organisationen angeboten werden. Der Erfolg eines Coachings hängt stark von der Zusammenarbeit zwischen Coach und Coachee sowie von der Offenheit des Coachee für Veränderung und persönliches Wachstum ab.

Coping

"Coping" bezieht sich auf die Bewältigungsstrategien und -mechanismen, die Menschen einsetzen, um mit Stress, Herausforderungen, belastenden Situationen oder Veränderungen im Leben umzugehen. Es ist ein mehrdimensionales Konzept, das emotionale, kognitive, verhaltensbezogene und soziale Aspekte umfasst.

Bewältigungsstrategien:
- Coping beinhaltet verschiedene Strategien, die Menschen anwenden, um mit Stress umzugehen. Dazu gehören emotionale Bewältigung, problemorientierte Bewältigung, soziale Unterstützung suchen, Vermeidung, positive Umdeutung und mehr.

Emotionale Bewältigung:
- Emotionale Bewältigung bezieht sich darauf, wie Menschen ihre Gefühle in Stresssituationen regulieren. Dies kann das Ausdrücken von Emotionen, das Finden von emotionaler Unterstützung oder das Anwenden von Entspannungstechniken umfassen.

Problemorientierte Bewältigung:
- Hierbei geht es darum, aktiv an der Lösung des Problems zu arbeiten, das den Stress verursacht. Dies kann Planung, Analyse von Handlungsoptionen und strategisches Vorgehen beinhalten.

Akzeptanz und Anpassung:
- Manchmal beinhaltet Coping die Akzeptanz unveränderlicher Umstände und die Anpassung an neue Realitäten. Dieser Ansatz kann dazu beitragen, die Auswirkungen von Stress zu minimieren und das psychische Wohlbefinden zu fördern. Die Fähigkeit, unveränderliche Lebensumstände zu akzeptieren, ermöglicht es einer Person, ihre Energie darauf zu konzentrieren, wie sie auf diese Umstände reagiert, anstatt sich auf das Unvermeidliche zu fixieren.

Suche nach sozialer Unterstützung:

- Menschen neigen dazu, soziale Unterstützung zu suchen, sei es durch Gespräche mit Freunden oder Familie, den Austausch von Erfahrungen oder das Einholen professioneller Hilfe. Soziale Unterstützung kann einen bedeutenden Einfluss auf das Coping haben.

Vermeidung und Rückzug:

- Manche Menschen neigen dazu, stressige Situationen zu vermeiden oder sich zurückzuziehen, um ihre Belastung zu verringern. Dies kann jedoch sowohl adaptive als auch maladaptive Auswirkungen haben.

Bewältigungsstile:

- Es gibt verschiedene Bewältigungsstile, die Menschen typischerweise verwenden. Einige bevorzugen aktive Bewältigung, während andere eher auf passive Strategien zurückgreifen. Individuelle Unterschiede können auf Persönlichkeit, Erfahrungen und Kontextfaktoren zurückzuführen sein.

Langfristiges Coping und Resilienz:

- Resilienz bezieht sich auf die Fähigkeit, sich nach Belastungen zu erholen und gestärkt daraus hervorzugehen. Effektives Coping trägt dazu bei, die Resilienz zu fördern und langfristig mit Herausforderungen umzugehen.

Kognitive Verarbeitung:

- Coping umfasst auch kognitive Prozesse, wie die Art und Weise, wie Menschen eine Situation interpretieren, ihre Gedanken regulieren und mit stressauslösenden Überzeugungen umgehen.

Kultur und Coping:

- Coping-Strategien können kulturell beeinflusst sein. Verschiedene Kulturen können

unterschiedliche Vorstellungen über angemessene
Bewältigungsmechanismen haben.

Coping ist individuell, und was für eine Person wirksam
ist, kann für eine andere möglicherweise nicht
funktionieren. Die Fähigkeit, gesunde
Bewältigungsstrategien zu entwickeln, ist ein wichtiger
Aspekt der psychischen Gesundheit und des
Wohlbefindens.

Deinstitutionalisierung

Deinstitutionalisierung ist ein sozialpolitischer Ansatz, der
darauf abzielt, Menschen mit psychischen Erkrankungen
oder geistigen Behinderungen aus institutionalisierten
Einrichtungen wie psychiatrischen Krankenhäusern oder
Pflegeheimen zu entlassen und in die Gemeinschaft zu
reintegrieren. Dieser Ansatz wurde in verschiedenen
Ländern in unterschiedlichem Maße umgesetzt, mit
unterschiedlichen Herausforderungen und Erfolgen.

Hintergrund:
- Die Deinstitutionalisierung wurde in den 1960er
  und 1970er Jahren als Reaktion auf die Missstände
  in einigen psychiatrischen Einrichtungen
  eingeführt. Diese Einrichtungen wurden oft für ihre
  schlechten Lebensbedingungen, Überbelegung
  und den Mangel an individualisierten
  Behandlungsansätzen kritisiert.

Ziel:
- Das Hauptziel der Deinstitutionalisierung besteht
  darin, Menschen mit psychischen Erkrankungen in

die Gesellschaft zu reintegrieren und ihnen ein möglichst normales Leben in ihrer Gemeinschaft zu ermöglichen.

Gemeinschaftsbasierte Versorgung:

- Ein zentraler Aspekt der Deinstitutionalisierung ist die Einführung von gemeindebasierten Versorgungsdiensten. Dies umfasst ambulante psychische Gesundheitsdienste, betreutes Wohnen, Tageszentren und andere Ressourcen in der Gemeinschaft.

Normalisierung:

- Die Normalisierung ist ein Konzept, das mit der Deinstitutionalisierung verbunden ist und darauf abzielt, Menschen mit psychischen Erkrankungen ein möglichst normales Leben zu ermöglichen. Dies schließt den Zugang zu Bildung, Arbeit, Freizeitaktivitäten und sozialen Beziehungen ein.

Herausforderungen der Umsetzung:

- Die Umsetzung der Deinstitutionalisierung hat in einigen Fällen Herausforderungen mit sich gebracht. Dazu gehören mögliche Mängel in der Finanzierung von Gemeindediensten, die Notwendigkeit eines ausreichenden Wohnraums und unterstützender Dienste sowie die Stigmatisierung von Menschen mit psychischen Erkrankungen in der Gemeinschaft.

Kritik:

- Die Deinstitutionalisierung wurde auch kritisiert, insbesondere wenn sie nicht von angemessenen Unterstützungs- und Gemeindediensten begleitet wird. Dies kann zu Obdachlosigkeit, Inhaftierung oder einem Mangel an angemessener Versorgung führen.

Entwicklungen im Bereich der Psychopharmakologie:
- Fortschritte in der Psychopharmakologie haben ebenfalls einen Einfluss auf die Deinstitutionalisierung gehabt, da medikamentöse Therapien es vielen Menschen ermöglichen, außerhalb von Einrichtungen zu leben.

Reformen im Bereich der Rechtsprechung:
- In einigen Ländern haben rechtliche Reformen dazu beigetragen, die Rechte von Menschen mit psychischen Erkrankungen zu stärken und die Bedingungen für eine erfolgreiche Deinstitutionalisierung zu schaffen.

Notwendigkeit von Langzeitunterstützung:
- Die erfolgreiche Deinstitutionalisierung erfordert oft langfristige Unterstützungsdienste, einschließlich regelmäßiger Überwachung, medizinischer Versorgung und psychosozialer Unterstützung.

Variationen in der Umsetzung:
- Die Umsetzung der Deinstitutionalisierung variiert weltweit erheblich und wird von kulturellen, politischen und finanziellen Faktoren beeinflusst.

Die Deinstitutionalisierung hat dazu beigetragen, die Lebensqualität vieler Menschen mit psychischen Erkrankungen zu verbessern, bleibt aber eine komplexe sozialpolitische Herausforderung, die sorgfältige Planung und Ressourcen erfordert.

Diversität/Diversity

Diversität bezieht sich auf die Vielfalt und
Unterschiedlichkeit der Menschen in einer bestimmten
Gruppe, Organisation oder Gemeinschaft. Diese Vielfalt
kann sich in vielerlei Hinsicht ausdrücken, einschließlich,
aber nicht beschränkt auf ethnische Herkunft, Geschlecht,
Alter, sexuelle Orientierung, Religion, Behinderung,
sozioökonomischer Status und vieles mehr. Die
Anerkennung und Wertschätzung von Vielfalt sind
zentrale Elemente in vielen sozialen, kulturellen und
organisatorischen Kontexten.

Inklusion:

- Inklusion ist eng mit Diversität verbunden und
  bezieht sich darauf, wie Vielfalt aktiv gefördert und
  in alle Aspekte einer Gruppe oder Organisation
  integriert wird. Es geht darum, eine Umgebung zu
  schaffen, in der sich alle Mitglieder respektiert,
  akzeptiert und beteiligt fühlen.

Dimensionen der Vielfalt:

- Diversität erstreckt sich über verschiedene
  Dimensionen, darunter Ethnizität, Geschlecht,
  sexuelle Orientierung, Alter, Religion, körperliche
  und geistige Fähigkeiten, sozioökonomischer
  Status, Bildungshintergrund und mehr.

Vorteile von Diversität:

- Vielfalt wird oft als Stärke betrachtet. Verschiedene
  Perspektiven und Erfahrungen können zu kreativen
  Lösungen, innovativem Denken und einer
  produktiven Arbeitsumgebung beitragen.
  Diversität kann auch die Leistungsfähigkeit und
  das Engagement der Mitglieder einer Gruppe
  steigern.

Herausforderungen und Konflikte:

- Trotz der Vorteile können Diversität und Inklusion auch Herausforderungen mit sich bringen. Unterschiedliche Ansichten und Werte können zu Konflikten führen, und es ist wichtig, Mechanismen zur Konfliktlösung und Kommunikation zu etablieren.

Bewusstseinsbildung:

- Bildungsinitiativen und Schulungen können dazu beitragen, das Bewusstsein für die Bedeutung von Diversität zu schärfen und Stereotypen und Vorurteilen entgegenzuwirken.

Repräsentation:

- Die Repräsentation in verschiedenen Kontexten, wie zum Beispiel in den Medien, in Führungsetagen von Unternehmen oder in politischen Gremien, spielt eine wichtige Rolle bei der Schaffung einer inklusiven Gesellschaft.

Gesetzliche Rahmenbedingungen:

- In einigen Ländern gibt es gesetzliche Bestimmungen und Richtlinien, die die Förderung von Diversität und die Vermeidung von Diskriminierung unterstützen. Diese umfassen Anti-Diskriminierungsgesetze und Maßnahmen zur Förderung von Chancengleichheit.

Kulturelle Sensibilität:

- Die Entwicklung von kultureller Sensibilität und interkulturellen Fähigkeiten ist entscheidend, um respektvoll mit unterschiedlichen Hintergründen umzugehen.

Affirmative Action:

- In einigen Kontexten werden affirmative Maßnahmen ergriffen, um historisch benachteiligte Gruppen zu unterstützen und den

Zugang zu Bildung, Beschäftigung und anderen
Ressourcen zu verbessern.

Globale Perspektive:

- Diversität hat auch eine globale Dimension, da
  Menschen aus verschiedenen Teilen der Welt
  miteinander interagieren. Interkulturelle
  Zusammenarbeit und die Anerkennung globaler
  Diversität sind in einer vernetzten Welt von großer
  Bedeutung.

Die Förderung von Diversität und Inklusion ist nicht nur
eine ethische Verpflichtung, sondern auch eine
strategische Entscheidung, die das Potenzial hat, kreative
Dynamik und Innovation in verschiedenen Bereichen zu
fördern.

Doppeltes Mandat

Das "doppelte Mandat" bezieht sich auf die gleichzeitige
Verpflichtung einer Organisation, sowohl wirtschaftliche
als auch soziale Ziele zu verfolgen. Diese Idee steht im
Zusammenhang mit der sozialen Verantwortung von
Unternehmen (CSR) und betrifft die Frage, ob
Unternehmen nicht nur gewinnorientiert agieren sollten,
sondern auch soziale und Umweltverantwortung
übernehmen sollten.

Wirtschaftliche Ziele:

- Das wirtschaftliche Mandat bezieht sich auf die
  traditionelle Rolle von Unternehmen, Gewinne zu
  erzielen und den Shareholder Value zu
  maximieren. Es betont die Verpflichtung eines

Unternehmens gegenüber seinen Eigentümern und Aktionären, Gewinne zu generieren.

Soziale Ziele:

- Das soziale Mandat bezieht sich auf die Verantwortung eines Unternehmens gegenüber der Gesellschaft und betont, dass Unternehmen nicht nur auf wirtschaftlichen Erfolg abzielen sollten, sondern auch sozialen Mehrwert schaffen sollen. Dies kann sich auf soziale Gerechtigkeit, Umweltschutz, ethisches Geschäftsverhalten und andere gesellschaftliche Belange beziehen.

Kritik am Doppelten Mandat:

- Kritiker des doppelten Mandats argumentieren, dass Unternehmen, indem sie sich auf soziale Verantwortung konzentrieren, möglicherweise ihre Hauptaufgabe, nämlich wirtschaftlichen Erfolg, vernachlässigen könnten. Dies könnte zu einem Mangel an Wettbewerbsfähigkeit und finanzieller Stabilität führen.

Integration von Wirtschaft und Sozialem:

- Befürworter des doppelten Mandats argumentieren, dass wirtschaftliche und soziale Ziele nicht notwendigerweise miteinander in Konflikt stehen müssen. Vielmehr könnten sie integriert werden, um langfristige Nachhaltigkeit und einen positiven Beitrag zur Gesellschaft zu fördern.

Corporate Social Responsibility (CSR):

- Das doppelte Mandat steht im Einklang mit dem Konzept der Corporate Social Responsibility (CSR), bei dem Unternehmen ihre Aktivitäten so gestalten, dass sie sowohl wirtschaftlichen Nutzen als auch soziale und umweltbezogene Ziele verfolgen.

Langfristige Perspektive:

- Das doppelte Mandat betont oft eine langfristige Perspektive, die über kurzfristige Gewinnmaximierung hinausgeht. Unternehmen, die soziale Verantwortung übernehmen, könnten langfristige Vorteile in Bezug auf Kundenloyalität, Mitarbeiterbindung und Unternehmensreputation sehen.

Gesellschaftliche Erwartungen:

- Die Erwartungen der Gesellschaft an Unternehmen haben sich verändert, und es wird zunehmend erwartet, dass Unternehmen ihre soziale und Umweltverantwortung wahrnehmen. Das doppelte Mandat reflektiert diese veränderten Erwartungen.

UN Sustainable Development Goals (SDGs):

- Das doppelte Mandat kann auch mit den UN Sustainable Development Goals (SDGs) in Verbindung stehen, die eine Reihe von globalen Zielen für nachhaltige Entwicklung umfassen, darunter Armutsbekämpfung, Geschlechtergleichstellung, sauberes Wasser und erschwingliche und saubere Energie.

Unternehmen mit einem doppelten Mandat versuchen, einen ausgewogenen Ansatz zu finden, der sowohl wirtschaftliche als auch soziale Belange berücksichtigt. Die Diskussion über das doppelte Mandat ist Teil eines umfassenderen Dialogs über die Rolle von Unternehmen in der Gesellschaft und darüber, wie sie einen positiven Beitrag zum Gemeinwohl leisten können.

Eingliederungshilfe für Menschen mit Behinderungen

Die Eingliederungshilfe für Menschen mit Behinderungen bezieht sich auf verschiedene Maßnahmen und Unterstützungsleistungen, die darauf abzielen, Menschen mit Behinderungen eine gleichberechtigte Teilhabe am gesellschaftlichen Leben zu ermöglichen. In vielen Ländern gibt es spezielle gesetzliche Regelungen und Programme, die die Eingliederungshilfe organisieren.

Definition von Behinderung:
- Die Definition von Behinderung kann je nach Land und Gesetzgebung variieren. Die Eingliederungshilfe richtet sich in der Regel an Menschen, die aufgrund körperlicher, geistiger oder seelischer Beeinträchtigungen auf Unterstützung angewiesen sind.

Gesetzliche Grundlagen:
- In vielen Ländern gibt es spezielle G esetze oder Regelungen, die die Eingliederungshilfe für Menschen mit Behinderungen regeln. Diese Gesetze sollen sicherstellen, dass Menschen mit Behinderungen die notwendige Unterstützung erhalten, um aktiv am gesellschaftlichen Leben teilzunehmen.

Individuelle Bedarfsklärung:
- Die Eingliederungshilfe basiert oft auf einer individuellen Bedarfsklärung. Das bedeutet, dass die Unterstützung an den individuellen Bedürfnissen und Fähigkeiten der Person mit Behinderung ausgerichtet ist.

Bereiche der Unterstützung:

- Die Eingliederungshilfe kann verschiedene Bereiche umfassen, darunter Bildung, Arbeit, Wohnen, Mobilität, soziale Integration und Freizeitaktivitäten.

Assistenzleistungen:

- Assistenzleistungen können Teil der Eingliederungshilfe sein. Dies umfasst persönliche Assistenz im Alltag, Hilfen bei der Mobilität, Unterstützung bei der Kommunikation und andere unterstützende Maßnahmen.

Barrierefreiheit:

- Die Schaffung von Barrierefreiheit ist ein wichtiger Aspekt der Eingliederungshilfe. Dies bezieht sich auf physische Barrierefreiheit in Gebäuden und öffentlichen Verkehrsmitteln sowie auf die Zugänglichkeit von Informationen und Kommunikation.

Teilhabe am Arbeitsleben:

- Die Eingliederungshilfe zielt oft darauf ab, Menschen mit Behinderungen den Zugang zum Arbeitsmarkt zu erleichtern. Dies kann durch berufliche Rehabilitation, Unterstützung am Arbeitsplatz oder spezielle Arbeitsangebote erfolgen.

Wohnsituation:

- Die Eingliederungshilfe kann auch Wohnangebote umfassen, die Menschen mit Behinderungen eine selbstbestimmte Wohnsituation ermöglichen.

Frühförderung:

- In einigen Fällen umfasst die Eingliederungshilfe auch Frühförderung für Kinder mit Behinderungen, um ihre Entwicklung bestmöglich zu unterstützen.

Kooperation mit verschiedenen Akteuren:

- Die Eingliederungshilfe erfordert oft die Zusammenarbeit verschiedener Akteure, darunter Sozialdienste, Bildungseinrichtungen, Arbeitgeber, Behindertenorganisationen und andere.

Ziel der Eingliederungshilfe ist es, Menschen mit Behinderungen ein möglichst selbstbestimmtes Leben und die volle Teilhabe am gesellschaftlichen Leben zu ermöglichen.

Einrichtungen der beruflichen Rehabilitation

Berufliche Rehabilitationseinrichtungen sind spezialisierte Einrichtungen, die Menschen mit gesundheitlichen Beeinträchtigungen helfen, ihre berufliche Integration zu verbessern. Diese Einrichtungen bieten verschiedene Programme und Dienstleistungen an, um den individuellen Bedürfnissen der Teilnehmer gerecht zu werden. Einige der häufigsten Einrichtungen der beruflichen Rehabilitation sind:

Berufsförderungswerke (BFW):

- Berufsförderungswerke sind spezialisierte Einrichtungen, die umfassende Programme zur beruflichen Rehabilitation anbieten. Sie sind darauf ausgerichtet, Menschen mit gesundheitlichen Beeinträchtigungen dabei zu unterstützen, berufliche Fähigkeiten zu entwickeln oder wiederzugewinnen.

Berufsbildungswerke (BBW):

- Berufsbildungswerke sind Einrichtungen, die sich auf die berufliche Ausbildung von Menschen mit Behinderungen konzentrieren. Sie bieten praxisorientierte Ausbildungen in verschiedenen Berufsfeldern an und unterstützen die Integration der Teilnehmer in den Arbeitsmarkt.

Werkstätten für behinderte Menschen (WfbM):

- Werkstätten für behinderte Menschen sind Einrichtungen, in denen Menschen mit Behinderungen in geschützten Arbeitsumgebungen arbeiten können. Hier werden oft einfache bis komplexe Tätigkeiten angeboten, und das Ziel ist es, die beruflichen Fähigkeiten und die Arbeitsfähigkeit zu fördern.

Rehabilitationszentren:

- Rehabilitationszentren bieten oft eine breite Palette von Dienstleistungen an, einschließlich medizinischer Rehabilitation, beruflicher Rehabilitation, psychosozialer Unterstützung und therapeutischer Maßnahmen.

Integrationsfachdienste (IFD):

- Integrationsfachdienste sind Dienstleister, die Menschen mit Behinderungen bei der Integration in den allgemeinen Arbeitsmarkt unterstützen. Sie bieten individuelle Beratung, Vermittlung und Begleitung am Arbeitsplatz.

Leistungsträger der beruflichen Rehabilitation:

- Leistungsträger, wie z. B. die Agentur für Arbeit oder die Rentenversicherung, spielen eine entscheidende Rolle bei der Finanzierung und Organisation von Maßnahmen zur beruflichen Rehabilitation.

Förder- und Integrationsämter:

- Förder- und Integrationsämter sind regionale Behörden, die in Deutschland für die Umsetzung von Maßnahmen zur beruflichen Rehabilitation zuständig sind. Sie unterstützen Menschen mit Behinderungen bei der Teilhabe am Arbeitsleben.

Sozialpsychiatrische Dienste:

- Für Menschen mit psychischen Erkrankungen können sozialpsychiatrische Dienste Unterstützung bei der beruflichen Rehabilitation bieten. Dies kann Beratung, Begleitung und Unterstützung bei der Suche nach geeigneten Arbeitsplätzen umfassen.

Beratungsstellen für Rehabilitation:

- Es gibt spezialisierte Beratungsstellen, die Menschen mit Behinderungen und ihren Angehörigen Informationen und Beratung zu den Möglichkeiten der beruflichen Rehabilitation bieten.

Inklusionsbetriebe:

- Inklusionsbetriebe sind Arbeitsstätten, die darauf ausgerichtet sind, Menschen mit Behinderungen in den regulären Arbeitsmarkt zu integrieren. Hier arbeiten Menschen mit und ohne Behinderungen gemeinsam.

Die genannten Einrichtungen der beruflichen Rehabilitation spielen eine entscheidende Rolle, wenn es darum geht, Menschen mit gesundheitlichen Beeinträchtigungen dabei zu unterstützen, ihre beruflichen Ziele zu erreichen und sich erfolgreich in den Arbeitsmarkt zu integrieren. Die Art der Unterstützung variiert je nach den individuellen Bedürfnissen der Teilnehmer und den jeweiligen gesundheitlichen Herausforderungen.

Emanzipation

Emanzipation bezeichnet den Prozess der Befreiung von Unterdrückung, Bevormundung oder Einschränkung, insbesondere durch gesellschaftliche Normen, Geschlechterrollen oder politische Systeme. Der Begriff wird in verschiedenen Kontexten verwendet und kann sich auf individuelle, soziale, politische oder wirtschaftliche Emanzipation beziehen.

Geschlechtliche Emanzipation:

- In Bezug auf Geschlechterrollen bezeichnet Emanzipation den Prozess, durch den Frauen und andere marginalisierte Geschlechter befreit werden von traditionellen sozialen, politischen und wirtschaftlichen Beschränkungen. Dies schließt den Zugang zu Bildung, Arbeitsmöglichkeiten und politischer Teilhabe ein.

Individuelle Emanzipation:

- Auf individueller Ebene kann Emanzipation bedeuten, dass eine Person sich von persönlichen Einschränkungen oder Abhängigkeiten befreit und ein selbstbestimmtes Leben führt. Das kann in verschiedenen Bereichen des Lebens stattfinden, einschließlich persönlicher Beziehungen, Bildung und beruflicher Entwicklung.

Soziale Emanzipation:

- Soziale Emanzipation bezieht sich darauf, dass bestimmte soziale Gruppen ihre Rechte und Möglichkeiten erweitern, um Gleichheit und soziale Gerechtigkeit zu erreichen. Dies kann sich auf ethnische Gruppen, LGBTQ+-Gemeinschaften, Menschen mit Behinderungen und andere Gruppen beziehen.

Politische Emanzipation:

- Politische Emanzipation beinhaltet die Befreiung von politischer Unterdrückung und die Teilnahme an politischen Entscheidungsprozessen. Dies kann den Zugang zu politischer Bildung, das Wahlrecht und die Möglichkeit, sich politisch zu engagieren, umfassen.

Wirtschaftliche Emanzipation:

- Wirtschaftliche Emanzipation bezieht sich auf die Befreiung von wirtschaftlicher Abhängigkeit und Armut. Dies kann durch den Zugang zu Arbeitsmöglichkeiten, faire Entlohnung, unternehmerische Möglichkeiten und wirtschaftliche Bildung erreicht werden.

Kulturelle Emanzipation:

- Kulturelle Emanzipation bezieht sich darauf, sich von kulturellen Normen und Stereotypen zu befreien, die bestimmte Gruppen marginalisieren oder einschränken. Dies kann kulturelle Vielfalt, kulturelle Identität und kulturelle Anerkennung betreffen.

Bildung als Schlüssel:

- Bildung spielt oft eine Schlüsselrolle in der Emanzipation. Der Zugang zu Bildung ermöglicht es Menschen, ihre Fähigkeiten zu entwickeln, kritisches Denken zu fördern und ihre Chancen auf Emanzipation in verschiedenen Lebensbereichen zu verbessern.

Selbstbestimmung:

- Selbstbestimmung ist ein zentrales Element der Emanzipation. Es geht darum, dass Individuen und Gruppen die Kontrolle über ihr eigenes Leben und ihre Entscheidungen haben.

Rechtliche und Politische Rahmenbedingungen:

- Die Schaffung von rechtlichen und politischen Rahmenbedingungen, die die Gleichheit und Freiheit aller Bürgerinnen und Bürger gewährleisten, ist entscheidend für die Emanzipation.

Fortwährender Prozess:

- Emanzipation ist oft ein fortwährender Prozess, der sowohl individuelle als auch gesellschaftliche Veränderungen erfordert. Es geht darum, Barrieren abzubauen, Bewusstsein zu schaffen und für Veränderungen auf verschiedenen Ebenen zu kämpfen.

Emanzipation ist ein dynamischer und vielschichtiger Prozess, der die Entwicklung individueller und kollektiver Autonomie und Freiheit fördert. Es ist ein zentrales Konzept vieler sozialer Bewegungen, die sich für die Beseitigung von Ungleichheit und Diskriminierung einsetzen.

Empathie

Empathie ist die Fähigkeit, die Gefühle, Gedanken und Perspektiven anderer Menschen zu verstehen und emotional nachzuvollziehen. Sie geht über das bloße Erkennen von Emotionen hinaus und beinhaltet ein tiefes Einfühlen in die Erfahrungen anderer. Empathie spielt eine entscheidende Rolle in zwischenmenschlichen Beziehungen, Kommunikation und sozialem Verhalten.

Empathie vs. Sympathie:
- Empathie wird manchmal mit Sympathie verwechselt. Während Sympathie Mitgefühl für das Leiden anderer beinhaltet, geht Empathie darüber hinaus und beinhaltet das Verstehen und Fühlen der Emotionen einer anderen Person.

Einfühlsames Verstehen:
- Empathie beinhaltet ein einfühlsames Verstehen der Gefühle und Perspektiven anderer, auch wenn diese unterschiedlich von den eigenen sind.

Kognitive Empathie:
- Kognitive Empathie bezieht sich auf die Fähigkeit, die Perspektiven und Gedanken anderer zu verstehen. Es erfordert die Fähigkeit zur Perspektivübernahme und zum Perspektivenwechsel.

Emotionale Empathie:
- Emotionale Empathie bezieht sich auf die Fähigkeit, die emotionalen Zustände anderer zu fühlen. Es ermöglicht, sich in die Emotionen einer Person hineinzuversetzen und ihre Gefühle zu teilen.

Empathie in der Kommunikation:
- In der Kommunikation ist Empathie wichtig, um eine effektive zwischenmenschliche Verbindung herzustellen. Durch empathische Kommunikation wird signalisiert, dass die Gefühle und Perspektiven des Gesprächspartners wahrgenommen und respektiert werden.

Soziale Empathie:
- Soziale Empathie bezieht sich auf die Fähigkeit, die sozialen Dynamiken und Erwartungen zu verstehen. Dies ist besonders wichtig in Gruppen- oder Teaminteraktionen.

Entwicklungsaspekt:

- Die Fähigkeit zur Empathie entwickelt sich im Laufe des Lebens. Insbesondere in der Kindheit und Jugend ist die Entwicklung von Empathie ein wichtiger Bestandteil sozialen Lernens.

Empathie in der Pflegeberufen:

- In Pflegeberufen, medizinischen Berufen und anderen helfenden Berufen ist Empathie von zentraler Bedeutung. Die Fähigkeit, sich in die Situation und Gefühle von Patienten oder Klienten hineinzuversetzen, trägt zur qualitativ hochwertigen Versorgung bei.

Grenzen der Empathie:

- Es gibt Grenzen der Empathie, insbesondere wenn es um das Verstehen von Erfahrungen geht, die stark von den eigenen abweichen. Dennoch kann empathisches Verhalten auch dann hilfreich sein, wenn man nicht alle Aspekte der Erfahrung nachvollziehen kann.

Empathie und Mitgefühl fördern:

- Empathie kann durch bewusstes Zuhören, Perspektivenübernahme, Achtsamkeit und die Bereitschaft zur Selbstreflexion gefördert werden.

Empathie spielt eine Schlüsselrolle in zwischenmenschlichen Beziehungen, bei der Lösung von Konflikten, beim sozialen Zusammenhalt und bei der Entwicklung von Mitgefühl und Verständnis für die Vielfalt menschlicher Erfahrungen.

Empowerment

Empowerment bezieht sich auf den Prozess der Befähigung von Einzelpersonen oder Gruppen, ihr Leben selbst in die Hand zu nehmen, Entscheidungen zu treffen und Einfluss auf ihr Umfeld zu nehmen. Der Begriff wird in verschiedenen Kontexten verwendet, darunter Sozialarbeit, Bildung, Gesundheit, Politik und Unternehmensführung.

Selbstbestimmung:
- Empowerment betont die Förderung der Selbstbestimmung. Es zielt darauf ab, Menschen die Fähigkeit zu geben, ihre eigenen Entscheidungen zu treffen und Einfluss auf ihre Lebensbedingungen zu nehmen.

Stärkung von Individuen und Gruppen:
- Empowerment kann sich auf Einzelpersonen oder Gruppen beziehen. Es beinhaltet die Stärkung von Menschen, unabhängig von Geschlecht, Alter, sozialem Hintergrund oder anderen Merkmalen.

Partizipation:
- Partizipation ist ein zentrales Element des Empowerment. Dies bezieht sich auf die aktive Beteiligung von Einzelpersonen oder Gruppen an Entscheidungsprozessen, die ihr Leben beeinflussen.

Bildung und Bewusstsein:
- Empowerment beinhaltet oft Bildung und Bewusstseinsbildung. Die Bereitstellung von Wissen und Informationen ermöglicht es Menschen, informierte Entscheidungen zu treffen und ihre Handlungsfähigkeit zu erhöhen.

Fähigkeitenentwicklung:

- Die Entwicklung von Fähigkeiten und Kompetenzen ist ein wesentlicher Bestandteil des Empowerment. Dies kann sowohl formale Bildung als auch die Förderung von praktischen Fähigkeiten umfassen.

Zugang zu Ressourcen:

- Empowerment beinhaltet auch den Zugang zu Ressourcen, sei es in Bezug auf Bildung, Beschäftigung, Gesundheitsversorgung oder andere Bereiche, die die Lebensqualität beeinflussen.

Kritische Reflexion:

- Eine kritische Reflexion über soziale Strukturen und Machtverhältnisse ist ein weiterer Aspekt des Empowerment. Es geht darum, Ungleichheiten und Barrieren zu erkennen und anzugehen.

Selbstwirksamkeit:

- Selbstwirksamkeit, das Vertrauen in die eigene Fähigkeit, Veränderungen herbeizuführen, ist ein Schlüsselkonzept im Empowerment. Es fördert das Gefühl, dass individuelles Handeln einen Einfluss haben kann.

Gerechtigkeit und Gleichberechtigung:

- Empowerment strebt nach Gerechtigkeit und Gleichberechtigung. Dies schließt die Anerkennung von Vielfalt und die Beseitigung von Diskriminierung ein.

Nachhaltigkeit:

- Nachhaltigkeit ist ein wichtiges Ziel des Empowerment. Es geht darum, Veränderungen zu schaffen, die langfristig positive Auswirkungen haben und nicht nur kurzfristige Verbesserungen bewirken.

Empowerment ist ein proaktiver Ansatz, der darauf abzielt, Menschen mit den Mitteln und Ressourcen auszustatten, die sie benötigen, um ihre Lebensbedingungen zu verbessern und aktiv an der Gestaltung ihres eigenen Schicksals mitzuwirken. Empowerment spielt eine entscheidende Rolle bei der Förderung von Gleichberechtigung, sozialer Gerechtigkeit und nachhaltiger Entwicklung.

Ergotherapie

Ergotherapie ist ein Bereich der Gesundheitsversorgung, der darauf abzielt, Menschen dabei zu helfen, ihre Selbständigkeit und Handlungsfähigkeit im Alltag zu verbessern. Ergotherapeuten arbeiten mit Menschen aller Altersgruppen, die aufgrund von Krankheit, Verletzung, Behinderung oder anderen Herausforderungen Schwierigkeiten bei der Bewältigung ihrer täglichen Aktivitäten haben.

Ziel der Ergotherapie:
- Das Hauptziel der Ergotherapie besteht darin, Menschen dabei zu helfen, ihre Selbstständigkeit und Handlungsfähigkeit in alltäglichen Aktivitäten zu verbessern. Dies schließt Bereiche wie Selbstversorgung, Arbeit und Freizeit mit ein.

Individuelle Anpassung:
- Ergotherapeuten passen ihre Interventionen individuell an die Bedürfnisse jedes Klienten an. Die Therapie ist darauf ausgerichtet, die spezifischen Herausforderungen und Ziele der Person zu berücksichtigen.

Beurteilung und Zielsetzung:

- Ergotherapeuten führen zunächst eine umfassende Beurteilung durch, um die Einschränkungen und Fähigkeiten einer Person zu verstehen. Aufgrund dieser Bewertung entwickeln sie gemeinsam mit dem Klienten realistische Ziele für die Therapie.

Alltagsaktivitäten:

- Ein zentrales Merkmal der Ergotherapie ist die Einbeziehung von Alltagsaktivitäten. Dies können grundlegende Selbstversorgungsfertigkeiten wie Essen, Anziehen und Waschen oder komplexe Aktivitäten wie Arbeiten oder Freizeitaktivitäten sein.

Motorische Fähigkeiten:

- Ergotherapeuten können an der Verbesserung von motorischen Fähigkeiten arbeiten, einschließlich Fein- und Grobmotorik. Dies kann die Entwicklung von Geschicklichkeiten bei der Handhabung von Werkzeugen, Schreiben, Tasten oder anderen Aktivitäten umfassen.

Sensorische Integration:

- In der Kinderergotherapie konzentriert sich die Arbeit häufig auf die sensorische Integration, um Kindern mit sensorischen Verarbeitungsproblemen zu helfen, besser auf Reize aus ihrer Umgebung zu reagieren.

Kognitive Fähigkeiten:

- Ergotherapeuten unterstützen auch die Entwicklung kognitiver Fähigkeiten wie Aufmerksamkeit, Gedächtnis, Problemlösung und organisatorische Fähigkeiten.

Umfeldanpassungen:

- Die Ergotherapie umfasst auch die Anpassung der Umgebung, um die Selbstständigkeit zu fördern.

Dies kann die Modifikation von Wohnräumen oder Arbeitsplätzen umfassen.

Psychosoziale Unterstützung:

- Ergotherapeuten bieten auch psychosoziale Unterstützung, indem sie mit den emotionalen und sozialen Aspekten der Bewältigung von Herausforderungen umgehen, die mit gesundheitlichen Beeinträchtigungen einhergehen können.

Arbeit mit verschiedenen Altersgruppen:

- Ergotherapie wird bei Menschen jeden Alters angewendet, von Kindern bis zu älteren Erwachsenen. Die Anwendungsgebiete können vielfältig sein, von pädiatrischen Entwicklungsstörungen bis zu geriatrischen Problemen.

Ergotherapie spielt eine grundlegende Rolle bei der Förderung der Lebensqualität von Menschen mit gesundheitlichen Beeinträchtigungen. Die Interventionen zielen darauf ab, die Teilhabe am Leben und an der Gemeinschaft zu unterstützen, indem die Fähigkeiten und Ressourcen der Menschen gestärkt werden.

Erwerbsminderungsrente (EMR)

Die Invaliditätsrente ist eine Form der Rente, die aufgrund von gesundheitlichen Einschränkungen oder Behinderungen nicht mehr in der Lage sind, einer Erwerbstätigkeit in vollem Umfang oder überhaupt nachzugehen. Grundlegende Informationen zur EMR sind:

Gesundheitsprüfung:

- In der Regel wird die Gewährung einer Erwerbsminderungsrente durch eine Gesundheitsprüfung bestimmt. Ein medizinisches Gutachten oder ärztliche Unterlagen werden oft benötigt, um die Art und den Grad der gesundheitlichen Beeinträchtigung zu bewerten.

Grad der Erwerbsminderung:

- Der Grad der Erwerbsminderung spielt eine zentrale Rolle bei der Entscheidung über die Höhe der Rente. Dieser Grad wird oft in Prozenten ausgedrückt und spiegelt wider, wie stark die Fähigkeit zur Erwerbstätigkeit beeinträchtigt ist.

Versicherungszeiten:

- Antragsteller müssen eine bestimmte Anzahl von Versicherungszeiten nachweisen, um Anspruch auf eine volle Erwerbsminderungsrente zu haben. Diese Zeiten können sich auf vorherige Beitragszahlungen in die Rentenversicherung oder ähnliche Systeme beziehen.

Befristete oder unbefristete Rente:

- Die Erwerbsminderungsrente kann befristet oder unbefristet gewährt werden, abhängig von der Einschätzung der Genesungschancen und der Möglichkeit, in absehbarer Zeit wieder erwerbstätig zu sein.

Teilweise oder volle Erwerbsminderung:

- Es gibt oft Unterscheidungen zwischen teilweiser und voller Erwerbsminderung. Bei teilweiser Erwerbsminderung kann die Person möglicherweise noch in begrenztem Umfang arbeiten, während bei voller Erwerbsminderung die Fähigkeit zur Erwerbstätigkeit erheblich eingeschränkt ist.

Rehabilitationsmaßnahmen:

- Es können Maßnahmen zur beruflichen Rehabilitation Teil des Erwerbsminderungsrentenprogramms sein. Dies kann beispielsweise Schulungen oder Unterstützung bei der beruflichen Wiedereingliederung umfassen.

Einkommensanrechnung:

- In einigen Systemen kann die Höhe der Erwerbsminderungsrente von anderen Einkommen abhängen. Das bedeutet, dass andere Einkünfte die Rentenzahlungen beeinflussen können.

Antragsverfahren:

- Die Beantragung einer Erwerbsminderungsrente erfordert oft einen formellen Antrag, der mit relevanten medizinischen Unterlagen eingereicht werden muss. Ein Gutachten durch einen Rentenversicherungsträger oder einen Gutachter kann ebenfalls erforderlich sein.

Ethik

Ethik ist die systematische Reflexion über moralische Prinzipien und Werte sowie die Bewertung von Handlungen und Entscheidungen im Hinblick auf ihre moralische Rechtfertigung. Sie ist ein Teilgebiet der Philosophie, das sich mit Fragen der Moral und den Prinzipien, die das Verhalten von Individuen, Gruppen oder Institutionen leiten, beschäftigt.

Moral und Ethik:

- Der Begriff "Moral" wird oft synonym mit "Ethik" verwendet. Moral bezieht sich auf die tatsächlichen Handlungen, Entscheidungen und Verhaltensweisen von Menschen, während Ethik die systematische Untersuchung der Prinzipien und Werte ist, die diesen Handlungen zugrunde liegen.

Normative Ethik:

- Normative Ethik befasst sich mit der Entwicklung von ethischen Theorien und Prinzipien, die als Leitfaden für moralisches Handeln dienen. Beispiele hierfür sind deontologische Ethik, konsequentialistische Ethik und Tugendethik.

Angewandte Ethik:

- Angewandte Ethik bezieht sich auf die Anwendung ethischer Prinzipien auf konkrete Situationen und Fragen in verschiedenen Bereichen wie Medizin, Wissenschaft, Wirtschaft, Umweltschutz und Technologie.

Metaethik:

- Metaethik betrachtet grundlegende Fragen darüber, was Moral überhaupt ist. Sie untersucht Konzepte wie Wahrheit, Bedeutung und Objektivität in Bezug auf moralische Aussagen.

Individuelle Ethik:

- Individuelle Ethik bezieht sich auf die persönlichen moralischen Überzeugungen und Werte eines Einzelnen, die sein Verhalten und seine Entscheidungen beeinflussen.

Soziale Ethik:

- Soziale Ethik betrifft die moralischen Prinzipien, die das Verhalten von Gruppen, Gesellschaften oder Institutionen leiten. Dies kann sich auf Fragen der

Gerechtigkeit, Menschenrechte und soziale
Verantwortung beziehen.

Professionalismus und Ethik:

- In vielen Berufen gibt es ethische Richtlinien und
  Verhaltenskodizes, die sicherstellen sollen, dass
  Fachleute in Übereinstimmung mit moralischen
  Prinzipien handeln.

Kulturelle Relativität:

- Ethik kann kulturell variabel sein, und kulturelle
  Relativität bezieht sich auf die Idee, dass
  moralische Prinzipien in verschiedenen Kulturen
  unterschiedlich sein können.

Ethik in Technologie und KI:

- Mit dem Fortschritt von Technologie und
  künstlicher Intelligenz entstehen ethische Fragen
  in Bezug auf Datenschutz, Automatisierung,
  Verantwortlichkeit von Algorithmen und den
  Einsatz von Technologie in verschiedenen
  Lebensbereichen.

Verantwortung und Ethik:

- Ethik betont oft die Idee der Verantwortung, sei es
  persönliche Verantwortung für individuelles
  Handeln oder die Verantwortung von
  Organisationen und Gesellschaften für ihre
  Auswirkungen auf die Welt.

Ethik spielt eine zentrale Rolle im menschlichen
Zusammenleben und in der sozialen Ordnung. Sie bietet
einen Rahmen für die Bewertung von Handlungen, die
Förderung moralischer Reflexion und den Aufbau von
Vertrauen und Zusammenarbeit in verschiedenen sozialen
Kontexten.

Ethnizität

Ethnizität bezieht sich auf die Zugehörigkeit zu einer bestimmten sozialen Gruppe, die auf gemeinsamen kulturellen Merkmalen wie Sprache, Religion, Traditionen, Sitten und Gebräuchen sowie häufig auf gemeinsamer Abstammung oder regionaler Herkunft beruht. Es ist essentiell, dass Ethnizität nicht dasselbe wie Rasse ist, obwohl diese Begriffe manchmal verwechselt werden. Ethnizität ist eher kulturell und sozial konstruiert, während Rasse oft biologisch oder genetisch konnotiert ist.

Kulturelle Identität:

- Ethnizität spielt eine wichtige Rolle bei der Konstruktion der kulturellen Identität einer Gruppe oder einer Einzelperson. Die gemeinsamen kulturellen Merkmale können die Grundlage für die Identifikation mit einer bestimmten ethnischen Gruppe bilden.

Gemeinsame Herkunft:

- Oft wird Ethnizität mit gemeinsamer Herkunft oder Abstammung assoziiert. Menschen in einer ethnischen Gruppe können eine gemeinsame Geschichte, Ursprünge oder Migrationserfahrungen teilen.

Sprache und Kommunikation:

- Die gemeinsame Sprache ist oft ein zentrales Element der ethnischen Identität. Die Art und Weise, wie eine Gruppe kommuniziert, kann ihre Zugehörigkeit zu einer bestimmten ethnischen Gemeinschaft widerspiegeln.

Religion und Bräuche:

- Religion und Bräuche spielen ebenfalls eine Rolle bei der Definition von Ethnizität. Gemeinsame

religiöse Überzeugungen und Rituale können die
Mitglieder einer ethnischen Gruppe miteinander
verbinden.

Gemeinsame Werte:

* Ethnische Gruppen können gemeinsame Werte
  und Normen haben, die ihre sozialen Interaktionen
  und ihre Art des Zusammenlebens beeinflussen.

Vielfalt innerhalb ethnischer Gruppen:

* Zu beachten ist, dass ethnische Gruppen oft intern
  vielfältig sind. Es gibt oft Unterschiede in Bezug
  auf Dialekte, regionale Unterschiede,
  sozioökonomischen Status und andere Faktoren
  innerhalb einer ethnischen Gruppe.

Ethnizität und Nation:

* Ethnizität und Nationalität sind unterschiedliche
  Konzepte. Während Ethnizität sich auf kulturelle
  Gemeinsamkeiten bezieht, bezieht sich
  Nationalität auf die Zugehörigkeit zu einer
  politischen Einheit.

Ethnische Konflikte:

* In einigen Fällen können ethnische Unterschiede
  zu Spannungen oder Konflikten führen,
  insbesondere wenn politische, wirtschaftliche oder
  soziale Ressourcen im Spiel sind.

Selbstidentifikation:

* Die Zugehörigkeit zu einer ethnischen Gruppe ist
  oft eine Frage der Selbstidentifikation. Individuen
  können sich selbst einer bestimmten ethnischen
  Gruppe zuordnen oder auch nicht, abhängig von
  persönlichen Überzeugungen und Erfahrungen.

Multikulturalismus:

* In Gesellschaften, die multikulturell sind, wird die
  Vielfalt der Ethnizitäten oft als Bereicherung
  betrachtet. Multikulturalismus bezieht sich auf die

Anerkennung und Akzeptanz unterschiedlicher kultureller Hintergründe.

Betont werden sollte, dass Ethnizität ein sozial konstruiertes Konzept ist und dass die Definition und Bedeutung von Ethnizität in verschiedenen Kulturen und Kontexten variieren kann.

Evaluation/Evaluierung

Evaluation ist der systematische Prozess des Sammelns, Analysierens und Interpretierens von Informationen, um den Wert, den Nutzen oder die Wirksamkeit eines Projekts, Programms, einer Politik oder einer Intervention zu beurteilen. Ziel der Evaluation ist es, Erkenntnisse darüber zu gewinnen, inwieweit die gesetzten Ziele erreicht wurden, welche Auswirkungen eine Maßnahme hatte und wie die Umsetzung verbessert werden kann.

Ziele der Evaluation:
- Die Ziele der Evaluation werden zu Beginn des Prozesses festgelegt und können je nach Kontext variieren. Es könnte darum gehen, die Wirksamkeit, Effizienz, Relevanz, Nachhaltigkeit oder den Nutzen einer Maßnahme zu bewerten.

Evaluationstypen:
- Es gibt verschiedene Arten von Evaluationen, darunter formative Evaluation (während der Entwicklung zur Verbesserung), summative Evaluation (nach Abschluss zur Gesamtbewertung) und formativ-summativer Ansatz (eine Kombination beider).

Indikatoren und Messgrößen:

- Um die Wirksamkeit zu bewerten, werden klare Indikatoren und Messgrößen festgelegt. Diese können quantitative (z. B. Zahlen, Statistiken) oder qualitative (z. B. Erfahrungsberichte, Interviews) Daten umfassen.

Logikmodell:

- Ein Logikmodell oder Wirkungsmodell wird oft erstellt, um die Annahmen und Zusammenhänge zwischen Aktivitäten, Ergebnissen und langfristigen Zielen einer Intervention darzustellen.

Datenerhebungsmethoden:

- Verschiedene Methoden der Datenerhebung werden verwendet, darunter Umfragen, Interviews, Fokusgruppen, Beobachtungen und Analyse von Dokumenten. Die Auswahl hängt von den Zielen der Evaluation und den verfügbaren Ressourcen ab.

Partizipation der Beteiligten:

- Beteiligte, darunter Zielgruppen, Entscheidungsträger und andere Interessengruppen, werden oft in den Evaluationsprozess einbezogen, um verschiedene Perspektiven zu berücksichtigen.

Cultural Competence:

- Kulturelle Kompetenz ist wichtig, insbesondere in internationalen oder kulturell vielfältigen Kontexten, um sicherzustellen, dass die Evaluation angemessen und sensibel durchgeführt wird.

Nützlichkeit und Anwendbarkeit:

- Eine gute Evaluation sollte nicht nur präzise und zuverlässig sein, sondern auch nützliche Erkenntnisse liefern, die für die Verbesserung der Maßnahme oder für zukünftige Entscheidungen relevant sind.

Ethik in der Evaluation:
- Ethik spielt eine wichtige Rolle, insbesondere in Bezug auf den Schutz der Teilnehmer, die Vertraulichkeit von Daten und die transparente Kommunikation der Ergebnisse.

Kontinuierliche Verbesserung:
- Der Evaluationsprozess selbst kann zur kontinuierlichen Verbesserung beitragen, indem er Feedbackmechanismen und Lernprozesse integriert.

Verwendung von Ergebnissen:
- Ein zentraler Aspekt der Evaluation ist die Verwendung von Ergebnissen. Die Ergebnisse sollten aktiv genutzt werden, um Entscheidungen zu informieren, Programme zu optimieren oder Politikänderungen voranzutreiben.

Evaluation ist in verschiedenen Bereichen wie Bildung, Gesundheit, Sozialarbeit, Entwicklungszusammenarbeit und Unternehmensführung von entscheidender Bedeutung. Eine gut durchgeführte Evaluation kann dazu beitragen, Ressourcen effizienter zu nutzen, den Nutzen für die Zielgruppen zu maximieren und die Qualität von Programmen und Maßnahmen zu verbessern.

Familienberatung

Familienberatung ist eine professionelle Dienstleistung, die darauf abzielt, Familien in verschiedenen Lebenssituationen zu unterstützen, ihre Beziehungen zu stärken, Herausforderungen zu bewältigen und positive

Veränderungen zu fördern. Familienberatung kann von Fachkräften wie Familientherapeuten, Psychologen oder Sozialarbeitern durchgeführt werden.

Ziele der Familienberatung:

- Die Ziele der Familienberatung können vielfältig sein und reichen von der Bewältigung von Kommunikationsproblemen über die Unterstützung bei der Bewältigung von Krisen bis hin zur Förderung von Veränderungen in Bezug auf Verhaltensweisen oder Dynamiken in der Familie.

Krisenbewältigung:

- Familienberatung ist oft gefragt, wenn Familien mit Krisen wie Trennung, Scheidung, Verlust, ernsten Krankheiten oder anderen belastenden Ereignissen konfrontiert sind.

Kommunikationsverbesserung:

- Ein häufiges Ziel der Familienberatung ist die Verbesserung der Kommunikation innerhalb der Familie. Dies kann den Aufbau von Verständnis, Empathie und effektiveren Kommunikationsfertigkeiten beinhalten.

Konfliktlösung:

- Die Unterstützung bei der Identifikation und Bewältigung von Konflikten innerhalb der Familie ist ein zentraler Bestandteil der Familienberatung. Dies umfasst die Entwicklung von Konfliktlösungsstrategien und die Förderung einer gesunden Streitkultur.

Veränderung von Verhaltensweisen:

- Familienberatung kann dazu dienen, ungesunde Verhaltensweisen innerhalb der Familie zu identifizieren und positive Veränderungen zu fördern. Dies kann insbesondere bei

Verhaltensproblemen von Kindern oder
Jugendlichen relevant sein.

Förderung von Zusammenhalt und Verbindung:

- Die Stärkung der familiären Bindungen und die
  Förderung des Zusammenhalts sind wichtige
  Aspekte der Familienberatung. Dies kann
  besonders relevant sein, wenn sich
  Familienmitglieder auseinanderentwickeln oder
  wenn die Familie vor neuen Herausforderungen
  steht.

Erziehungsfähigkeiten:

- Familienberatung kann Eltern dabei unterstützen,
  ihre Erziehungsfähigkeiten zu verbessern, indem
  sie ihnen Werkzeuge und Ressourcen zur
  Verfügung stellt, um mit den Herausforderungen
  der Elternschaft umzugehen.

Strategien für Patchworkfamilien:

- In Patchworkfamilien, in denen Kinder aus
  verschiedenen Beziehungen involviert sind, kann
  Familienberatung dabei helfen, die einzigartigen
  Herausforderungen dieser Strukturen zu
  bewältigen und harmonische Beziehungen zu
  fördern.

Beratung bei Lebensübergängen:

- Familienberatung kann während wichtiger
  Lebensübergänge wie Hochzeiten, Geburten,
  beruflichen Veränderungen oder dem Übergang
  von Jugendlichen ins Erwachsenenalter
  unterstützend wirken.

Vertraulichkeit und Neutralität:

- Familienberater agieren oft als neutrale Vermittler
  und bieten einen sicheren Raum, in dem
  Familienmitglieder offen über ihre
  Herausforderungen sprechen können.
  Vertraulichkeit ist dabei ein wichtiger Grundsatz.

Familienberatung kann in verschiedenen Formen stattfinden, z.B. als Einzelberatung, Paarberatung oder Gruppenberatung.

Familienhilfe

Familienhilfe ist ein Unterstützungsdienst, der darauf abzielt, Familien in verschiedenen Lebenssituationen zu helfen, ihre Lebensqualität zu verbessern und die Fähigkeiten der Familienmitglieder zu stärken. Diese Unterstützung kann von Fachkräften, Sozialarbeitern oder Familienhelfern geleistet werden.

Ziele der Familienhilfe:
- Die Ziele der Familienhilfe variieren je nach den Bedürfnissen der Familie, können jedoch die Förderung der Elternkompetenzen, die Bewältigung von Krisen, die Verbesserung der familiären Beziehungen und die Schaffung eines sicheren und unterstützenden Umfelds umfassen.

Frühe Intervention:
- Familienhilfe kann in einer Vielzahl von Lebenssituationen eingesetzt werden, einschließlich der frühen Intervention, um potenzielle Probleme zu erkennen und zu bewältigen, bevor sie sich zu ernsteren Herausforderungen entwickeln.

Unterstützung bei Erziehungsfragen:
- Ein wichtiger Aspekt der Familienhilfe liegt in der Unterstützung von Eltern bei der Entwicklung ihrer

Erziehungsfähigkeiten. Dies kann die Förderung
positiver Erziehungsmethoden, die Bewältigung
von Verhaltensproblemen und die Verbesserung
der familiären Kommunikation umfassen.

Krisenbewältigung:

- Familienhilfe bietet Unterstützung in Zeiten von
  Krisen, sei es aufgrund von Trennung, Scheidung,
  Verlust, Krankheit oder anderen belastenden
  Ereignissen. Der Fokus liegt darauf, die Familie
  durch schwierige Zeiten zu begleiten.

Haushaltsmanagement:

- Hilfe bei der Organisation des Haushalts, der
  Budgetierung und anderer praktischer Fähigkeiten
  kann ein wichtiger Bestandteil der Familienhilfe
  sein, insbesondere wenn Familien mit finanziellen
  Herausforderungen konfrontiert sind.

Begleitung zu Ämtern und Einrichtungen:

- Familienhilfe kann auch darin bestehen,
  Familienmitglieder zu Ämtern oder Einrichtungen
  zu begleiten, um sicherzustellen, dass sie Zugang
  zu den erforderlichen Ressourcen und
  Dienstleistungen haben.

Netzwerkbildung:

- Die Familienhilfe fördert die Bildung von sozialen
  Netzwerken und Unterstützungssystemen, sei es
  innerhalb der Familie, in der Gemeinschaft oder
  durch den Zugang zu anderen Diensten und
  Gruppen.

Kooperation mit anderen Diensten:

- Familienhilfe beinhaltet oft die Zusammenarbeit
  mit anderen Diensten und Fachleuten, um
  sicherzustellen, dass die Familie die bestmögliche
  Unterstützung erhält. Dies kann die
  Zusammenarbeit mit Schulen,
  Gesundheitsdiensten,

Kinderbetreuungseinrichtungen und anderen
Einrichtungen umfassen.

Präventive Maßnahmen:

- Familienhilfe kann präventive Maßnahmen
  umfassen, um das Wohlbefinden der Familie
  langfristig zu fördern und die Entstehung von
  Problemen zu verhindern.

Wertschätzender Ansatz:

- Ein wertschätzender und respektvoller Ansatz ist
  ein grundlegender Grundsatz der Familienhilfe.
  Fachkräfte arbeiten gemeinsam mit den
  Familienmitgliedern, um ihre Stärken zu
  identifizieren und individuelle Ziele zu erreichen.

Familienhilfe zielt darauf ab, Familien in ihrer Vielfalt und
unter Berücksichtigung ihrer individuellen Bedürfnisse zu
unterstützen. Sie spielt eine wichtige Rolle bei der
Förderung von Resilienz, Stabilität und einem positiven
Umfeld für Familien.

Familientherapie

Familientherapie, auch systemische Therapie genannt, ist
eine Form der psychotherapeutischen Intervention, die
darauf abzielt, familiäre Beziehungen zu verstehen,
Konflikte zu bewältigen und positive Veränderungen in
der Familie zu fördern. Im Mittelpunkt steht die
Betrachtung der Familie als soziales System, in dem die
Interaktionen und Beziehungen zwischen den
Familienmitgliedern eine zentrale Rolle spielen.

Systemischer Ansatz:

- Der systemische Ansatz in der Familientherapie betrachtet die Familie als ein dynamisches System, in dem jedes Mitglied in Beziehung zu den anderen steht. Veränderungen in einem Bereich können Auswirkungen auf das gesamte System haben.

Ziele der Familientherapie:

- Die Ziele der Familientherapie können vielfältig sein und reichen von der Verbesserung der Kommunikation und Lösung von Konflikten bis zur Bewältigung von Krisen, Förderung von Verständnis und Unterstützung bei Veränderungsprozessen.

Identifikation von Mustern und Dynamiken:

- Ein wichtiger Aspekt der Familientherapie besteht darin, die Muster und Dynamiken innerhalb der Familie zu identifizieren, die zu Problemen beitragen können. Dies können wiederkehrende Konflikte, Kommunikationsmuster oder ungesunde Rollenverteilungen sein.

Kommunikationsverbesserung:

- Familientherapie konzentriert sich oft darauf, die Kommunikation innerhalb der Familie zu verbessern. Dies umfasst das Erlernen effektiver Kommunikationsfertigkeiten, das Verständnis von unterschiedlichen Kommunikationsstilen und das Identifizieren von Barrieren in der Kommunikation.

Konfliktlösung und Konsensbildung:

- Familientherapie hilft Familien, Konflikte konstruktiv zu lösen und zu Konsensbildung zu kommen. Dies kann durch das Erarbeiten von Konfliktlösungsstrategien und das Verständnis unterschiedlicher Perspektiven erfolgen.

Stärkung von Beziehungen:

- Der Fokus liegt auch auf der Stärkung positiver Beziehungen innerhalb der Familie. Dies beinhaltet das Identifizieren und Betonen von Stärken sowie das Schaffen von Verbindungen und Unterstützung unter den Familienmitgliedern.

Förderung von Empathie und Verständnis:

- Familientherapie fördert Empathie und Verständnis zwischen den Familienmitgliedern. Dies kann dazu beitragen, Vorurteile abzubauen und die Perspektiven der einzelnen Familienmitglieder zu berücksichtigen.

Ressourcenorientierung:

- Therapeuten in der Familientherapie arbeiten oft ressourcenorientiert, indem sie die vorhandenen Stärken und Ressourcen der Familie hervorheben, um positive Veränderungen zu unterstützen.

Inklusiver Ansatz:

- Familientherapie kann alle Familienmitglieder einbeziehen, unabhängig von Alter oder Rolle. Der inklusive Ansatz ermöglicht es, die Vielfalt der Perspektiven und Erfahrungen innerhalb der Familie zu berücksichtigen.

Flexibilität und Anpassung:

- Da Familien unterschiedlich sind, erfordert die Familientherapie Flexibilität und Anpassung. Therapeuten passen ihre Methoden und Ansätze an die spezifischen Bedürfnisse und Dynamiken jeder Familie an.

Familientherapie kann in verschiedenen Formen stattfinden, einschließlich Einzel-, Paar- oder Gruppensitzungen. Sie bietet einen sicheren Raum, in dem die Familienmitglieder offen über ihre Probleme sprechen und gemeinsam an Lösungen arbeiten können.

Frühe Hilfen

"Frühe Hilfen" ist ein Begriff, der in Deutschland für Maßnahmen und Unterstützungsangebote im Bereich der präventiven Familienhilfe verwendet wird. Ziel der Frühen Hilfen ist es, Eltern in der Phase von Schwangerschaft und Geburt sowie in den ersten Lebensjahren ihrer Kinder zu unterstützen, um die gesunde Entwicklung von Kindern zu fördern und Familien zu stärken.

Zeitraum der Frühen Hilfen:
- Der Fokus von Frühen Hilfen liegt auf der Phase von der Schwangerschaft bis zum dritten Lebensjahr des Kindes. Dieser Zeitraum ist besonders entscheidend für die Entwicklung des Kindes und den Aufbau einer stabilen Eltern-Kind-Beziehung.

Gesundheitsförderung und Prävention:
- Frühe Hilfen haben einen präventiven Ansatz und zielen darauf ab, gesundheitliche Risiken zu reduzieren und die positive Entwicklung von Kindern zu unterstützen. Dies beinhaltet auch die Förderung der mentalen Gesundheit von Eltern.

Elternbildung und -beratung:
- Ein zentraler Bestandteil von Frühen Hilfen ist die Elternbildung und -beratung. Dies umfasst Informationen zu Schwangerschaft, Geburt, frühkindlicher Entwicklung und Erziehung. Es soll Eltern dabei unterstützen, ihre Erziehungskompetenzen zu stärken.

Frühe Identifikation von Bedarf:
- Frühe Hilfen setzen darauf, frühzeitig Bedarfe und Herausforderungen in Familien zu identifizieren. Durch regelmäßige Begleitung und Unterstützung

können Risiken frühzeitig erkannt und angegangen werden.

Netzwerkarbeit:

- Die Zusammenarbeit und Vernetzung verschiedener Akteure im Bereich der Frühen Hilfen ist ein wichtiger Bestandteil. Dazu gehören Gesundheitsdienste, Sozialdienste, Kindertagesstätten, Beratungsstellen und weitere lokale Ressourcen.

Familienhebammen und Familien-Gesundheits- und Kinderkrankenpflegerinnen:

- In Deutschland werden Familienhebammen und Familien-Gesundheits- und Kinderkrankenpflegerinnen als speziell ausgebildete Fachkräfte in den Frühen Hilfen eingesetzt. Sie bieten individuelle Unterstützung und Begleitung in der Familie an.

Integration in bestehende Strukturen:

- Frühe Hilfen sind darauf ausgerichtet, nahtlos in bestehende Strukturen der Gesundheitsversorgung, Kinderbetreuung und sozialen Dienste integriert zu werden. Dies erleichtert den Zugang für Familien.

Kulturelle Sensibilität:

- Frühe Hilfen berücksichtigen die kulturelle Vielfalt von Familien und sollen kulturell sensible Angebote bereitstellen, die die individuellen Bedürfnisse und Hintergründe der Familien respektieren.

Gesundheitsvorsorgeuntersuchungen:

- Frühe Hilfen unterstützen Eltern bei der Inanspruchnahme von Gesundheitsvorsorgeuntersuchungen für Mutter und Kind. Dies fördert die Gesundheitsvorsorge und ermöglicht eine frühzeitige Intervention bei möglichen Risiken.

Stärkung der Bindung und Beziehung:

- Ein wichtiger Aspekt von Frühen Hilfen ist die Unterstützung der Eltern-Kind-Bindung und die Förderung einer sicheren und unterstützenden Beziehung zwischen Eltern und Kind.

Frühe Hilfen tragen dazu bei, dass Kinder unter optimalen Bedingungen aufwachsen können, indem sie Eltern in ihrer Erziehungskompetenz stärken und frühzeitig auf möglichen Unterstützungsbedarf reagieren.

Frühförderung

Frühförderung bezeichnet Maßnahmen und Programme, die darauf abzielen, die Entwicklung von Kindern in den ersten Lebensjahren zu fördern und mögliche Entwicklungsverzögerungen oder -beeinträchtigungen frühzeitig zu erkennen und zu behandeln. Ziel ist es, Kindern eine optimale Grundlage für ihre kognitive, emotionale, soziale und motorische Entwicklung zu bieten.

Ziel der Frühförderung:

- Das Hauptziel der Frühförderung ist die umfassende Unterstützung der kindlichen Entwicklung, um mögliche Entwicklungsverzögerungen oder Beeinträchtigungen frühzeitig zu identifizieren und gezielte Fördermaßnahmen einzuleiten.

Früherkennung und Intervention:

- Frühförderung beinhaltet die frühe Erkennung von Entwicklungsrisiken oder Verzögerungen sowie die rechtzeitige Intervention, um das Potenzial der Kinder vollständig zu entfalten.

Interdisziplinärer Ansatz:

- Frühförderung erfolgt oft durch ein interdisziplinäres Team von Fachleuten, darunter Pädagogen, Psychologen, Ergotherapeuten, Logopäden, Physiotherapeuten und andere Spezialisten, je nach den Bedürfnissen des Kindes.

Elternbeteiligung:

- Die Beteiligung der Eltern ist ein wesentlicher Bestandteil der Frühförderung. Eltern werden aktiv in den Prozess einbezogen, um die Fördermaßnahmen zu unterstützen und die elterliche Kompetenz zu stärken.

Förderung von Schlüsselkompetenzen:

- Frühförderung konzentriert sich auf die Förderung von Schlüsselkompetenzen wie Sprachentwicklung, Fein- und Grobmotorik, soziale Interaktion und kognitive Fähigkeiten.

Individualisierte Förderung:

- Jedes Kind wird individuell betrachtet, und Fördermaßnahmen werden entsprechend den spezifischen Bedürfnissen und Stärken des Kindes entwickelt.

Inklusiver Ansatz:

- Frühförderung verfolgt einen inklusiven Ansatz, der sicherstellt, dass Kinder mit unterschiedlichen Fähigkeiten und Hintergründen die Unterstützung erhalten, die sie benötigen, um erfolgreich zu lernen und sich zu entwickeln.

Frühförderung in verschiedenen Bereichen:
- Frühförderung kann in verschiedenen Bereichen stattfinden, einschließlich motorischer Entwicklung, kognitiver Entwicklung, sozial-emotionaler Entwicklung und sprachlicher Entwicklung.

Übergänge unterstützen:
- Frühförderung spielt eine wichtige Rolle bei der Unterstützung von Kindern bei Übergängen, wie dem Übergang von der Frühförderung zur Vorschule oder von der Vorschule zur Grundschule.

Frühförderung bei Risikofaktoren:
- In einigen Fällen erfolgt Frühförderung besonders intensiv, wenn Kinder bestimmten Risikofaktoren ausgesetzt sind, wie beispielsweise Frühgeburtlichkeit, genetischen Faktoren oder Umweltbelastungen.

Frühförderung ist entscheidend, um sicherzustellen, dass Kinder optimale Entwicklungsmöglichkeiten haben und Herausforderungen frühzeitig angegangen werden, um langfristige Auswirkungen zu minimieren. Es handelt sich um einen ganzheitlichen Ansatz, der die Bedürfnisse des Kindes und seiner Familie berücksichtigt.

Frühpädagogik

Die Frühpädagogik befasst sich mit der Erziehung und Bildung von Kindern in den ersten Lebensjahren, insbesondere in der frühen Kindheit. Im Mittelpunkt steht die ganzheitliche Entwicklung des Kindes, die kognitive,

emotionale, soziale und motorische Aspekte umfasst.
Frühpädagogik ist nicht nur auf die Vermittlung von
Wissen ausgerichtet, sondern betont auch die Förderung
sozialer Kompetenzen, emotionaler Intelligenz und
kreativer Ausdrucksformen.

Ganzheitlicher Ansatz:
- Frühpädagogik verfolgt einen ganzheitlichen
  Ansatz, der die umfassende Entwicklung von
  Kindern in den Bereichen Kognition, Motorik,
  Sprache, Sozialverhalten und emotionaler
  Intelligenz unterstützt.

Sensitiver Umgang mit Kindern:
- Frühpädagogik betont einen sensiblen und
  respektvollen Umgang mit Kindern. Pädagogen
  berücksichtigen die Bedürfnisse und
  Persönlichkeiten der einzelnen Kinder.

Frühe Förderung von Schlüsselkompetenzen:
- Frühpädagogik zielt darauf ab,
  Schlüsselkompetenzen wie Sprachentwicklung,
  soziale Interaktion, Fein- und Grobmotorik sowie
  kognitive Fähigkeiten von Anfang an zu fördern.

Partizipation und Selbstbestimmung:
- Kinder werden dazu ermutigt, aktiv an ihrer
  eigenen Entwicklung teilzunehmen und ihre
  Interessen, Fähigkeiten und Bedürfnisse
  auszudrücken. Selbstbestimmung und
  Eigenverantwortung werden unterstützt.

Inklusion:
- Frühpädagogik ist inklusiv und richtet sich an alle
  Kinder unabhängig von ihren Fähigkeiten,
  Hintergründen oder besonderen Bedürfnissen. Es
  sollen optimale Lernmöglichkeiten für jedes Kind
  geschaffen werden.

Elternpartnerschaft:

- Die Zusammenarbeit mit den Eltern ist ein zentraler Aspekt der Frühpädagogik. Pädagogen und Eltern arbeiten zusammen, um die individuellen Bedürfnisse des Kindes zu verstehen und unterstützende Lernumgebungen zu schaffen.

Spiel als Lernform:

- Spiel wird als zentrale Lernform betrachtet. Durch Spielen entwickeln Kinder kognitive Fähigkeiten, soziale Kompetenzen und kreative Ausdrucksformen.

Kulturelle Sensibilität:

- Frühpädagogik berücksichtigt die kulturelle Vielfalt der Kinder und fördert kulturelle Sensibilität und Interaktion in der Lernumgebung.

Entwicklung von Basiskompetenzen:

- Basiskompetenzen wie emotionale Intelligenz, Selbstregulation, soziale Kompetenzen und Problemlösungsfähigkeiten stehen im Fokus der Frühpädagogik.

Beziehungsgestaltung:

- Die Gestaltung positiver Beziehungen zwischen Pädagogen, Kindern und Eltern ist ein grundlegender Aspekt der Frühpädagogik. Beziehungen bilden die Grundlage für ein unterstützendes Lernumfeld.

Vorbereitung auf die Schule:

- Frühpädagogik bereitet Kinder auf den Übergang zur Schule vor, indem sie die Entwicklung von grundlegenden Fähigkeiten und eine positive Einstellung zum Lernen fördert.

Die frühkindliche Bildung ist wichtig in der Lebensphase, in der Kinder grundlegende Fähigkeiten, Einstellungen und soziale Kompetenzen entwickeln. Ein qualitativ hochwertiges frühpädagogisches Angebot legt den Grundstein für lebenslanges Lernen und positive Entwicklungsverläufe.

Gemeinwesen

Das Gemeinwesen bezieht sich auf eine Gruppe von Menschen, die in einem geografischen Gebiet leben und gemeinsame Interessen, Werte und Ressourcen teilen. Sie geht über einzelne Haushalte hinaus und umfasst das soziale, kulturelle, wirtschaftliche und politische Leben einer Gemeinschaft.

Gemeinsame Identität und Werte:
- Gemeinschaften entwickeln eine gemeinsame Identität durch geteilte Werte, Traditionen, Normen und Bräuche. Diese gemeinsamen Elemente fördern das Gefühl der Zugehörigkeit und Zusammengehörigkeit.

Soziales Kapital:
- Soziales Kapital bezieht sich auf die sozialen Beziehungen, Netzwerke und die Zusammenarbeit innerhalb einer Gemeinschaft. Ein starkes soziales Kapital fördert das Vertrauen, die Zusammenarbeit und den gegenseitigen Austausch von Ressourcen.

Partizipation und Engagement:
- Die aktive Teilnahme und das Engagement der Mitglieder in verschiedenen sozialen, kulturellen und politischen Aktivitäten sind entscheidend für die Stärkung des Gemeinwesens. Dies kann

Beteiligung an Veranstaltungen, Initiativen oder Gemeinschaftsprojekten umfassen.

Lokale Ressourcen und Dienstleistungen:

- Gemeinschaften verfügen über lokale Ressourcen, sei es in Form von Bildungseinrichtungen, Gesundheitsdiensten, Geschäften oder kulturellen Einrichtungen. Die Bereitstellung und der Zugang zu diesen Ressourcen beeinflussen die Lebensqualität in einer Gemeinschaft.

Gemeinschaftsorganisationen:

- Gemeinschaftsorganisationen, wie zum Beispiel Bürgerinitiativen, Sportvereine, religiöse Gruppen oder Nachbarschaftsverbände, spielen eine Rolle bei der Organisation von Aktivitäten, der Förderung von Zusammenhalt und der Vertretung von Interessen.

Kulturelle Vielfalt:

- Kulturelle Vielfalt in einer Gemeinschaft kann eine Bereicherung darstellen. Der respektvolle Umgang mit verschiedenen kulturellen Hintergründen und Traditionen fördert das Verständnis und die Harmonie.

Nachbarschaftsbeziehungen:

- Die Qualität der Beziehungen zwischen Nachbarn trägt wesentlich zur Lebensqualität bei. Ein starkes Nachbarschaftsgefühl kann Sicherheit, soziale Unterstützung und ein Gefühl der Geborgenheit fördern.

Bürgerbeteiligung und Lokalpolitik:

- Die Beteiligung der Bürger an lokalen politischen Prozessen und Entscheidungen ist ein wichtiger Aspekt des Gemeinwesens. Bürger können durch Teilnahme an Gemeinderatssitzungen, Bürgerinitiativen oder anderen Formen der Mitbestimmung Einfluss nehmen.

Krisenbewältigung:

- In Krisenzeiten, sei es durch Naturkatastrophen, wirtschaftliche Herausforderungen oder andere Belastungen, spielt das Gemeinwesen eine entscheidende Rolle bei der Solidarität, Unterstützung und Wiederherstellung.

Gemeinschaftsentwicklung und Planung:

- Gemeinschaftsentwicklung und -planung beziehen sich auf Prozesse, bei denen die Mitglieder einer Gemeinschaft gemeinsam über die Zukunft ihrer Umgebung entscheiden und Maßnahmen planen.

Digitalisierung und Gemeinschaft:

- In der modernen Zeit spielt auch die Digitalisierung eine Rolle im Gemeinwesen, sei es durch Online-Plattformen, soziale Medien oder digitale Ressourcen, die den Austausch und die Kommunikation in der Gemeinschaft fördern.

Die Stärkung des Gemeinwesens trägt dazu bei, ein lebendiges, unterstützendes und nachhaltiges Umfeld für die Menschen zu schaffen. Ein gut funktionierendes Gemeinwesen fördert soziale Gerechtigkeit, Integration und das Wohlergehen seiner Mitglieder.

Gender

Gender bezieht sich auf die sozialen, kulturellen und psychologischen Aspekte der Geschlechtsidentität und der Geschlechterrollen, die über die biologischen Unterschiede zwischen Mann und Frau hinausgehen. Es unterscheidet sich von "sex", das auf biologischen

Unterschieden beruht. Gender umfasst die Erwartungen, Rollen, Rechte und Verantwortlichkeiten, die Gesellschaften mit den Kategorien "männlich" und "weiblich" verbinden.

Geschlechtsidentität:

- Geschlechtsidentität bezieht sich auf die persönliche innere Erfahrung und Vorstellung vom eigenen Geschlecht, ob als männlich, weiblich oder anderweitig. Diese Identität kann von der biologischen Zuordnung abweichen.

Geschlechterrolle:

- Geschlechterrolle bezieht sich auf die sozial konstruierten Erwartungen, Verhaltensweisen und Aktivitäten, die als angemessen für Männer und Frauen in einer bestimmten Gesellschaft gelten. Geschlechterrollen variieren kulturell und historisch.

Genderstereotype:

- Genderstereotype sind festgelegte, oft vereinfachte Vorstellungen darüber, wie Männer und Frauen sein sollen oder welche Eigenschaften sie haben sollen. Diese Stereotypen können den individuellen Freiraum einschränken und zu Diskriminierung führen.

Geschlechtergleichstellung:

- Geschlechtergleichstellung bezieht sich auf den Prozess, gleiche Rechte, Pflichten und Chancen für Frauen und Männer in allen Bereichen der Gesellschaft sicherzustellen. Es strebt nach Gleichbehandlung und -bewertung unabhängig vom Geschlecht an.

Geschlechtsbewusste Erziehung:

- Geschlechtsbewusste Erziehung beinhaltet die Förderung einer Erziehung, die die Vielfalt von

Geschlechtern respektiert und Kinder dazu ermutigt, ihre Interessen, Fähigkeiten und Identität frei zu entwickeln, unabhängig von geschlechtsspezifischen Erwartungen.

Sexualität und Gender:

- Die Beziehung zwischen Sexualität und Gender bezieht sich darauf, wie Geschlechterrollen und -identitäten mit sexuellen Orientierungen und Ausdrucksformen interagieren. Es umfasst die Akzeptanz und Anerkennung verschiedener sexueller Orientierungen.

Gendermainstreaming:

- Gendermainstreaming ist ein Ansatz, der darauf abzielt, Geschlechteraspekte in alle Politikbereiche und Entscheidungsprozesse zu integrieren, um geschlechtsspezifische Ungleichheiten zu reduzieren.

Geschlechterforschung:

- Geschlechterforschung bezieht sich auf wissenschaftliche Untersuchungen zu geschlechtsspezifischen Themen, einschließlich der Analyse von Geschlechterrollen, Geschlechtsidentität, Geschlechterungleichheiten und der Auswirkungen von Geschlecht auf die Gesellschaft.

Non-Binary und Geschlechtsvielfalt:

- Non-Binary bezieht sich auf Geschlechtsidentitäten, die nicht ausschließlich männlich oder weiblich sind. Die Anerkennung und Akzeptanz von Geschlechtsvielfalt fördert die Vielfalt und Einzigartigkeit individueller Geschlechtsidentitäten.

Genderfluidität:

- Genderfluidität beschreibt die Erfahrung von Veränderungen in der Geschlechtsidentität im

Laufe der Zeit. Menschen, die sich als genderfluid identifizieren, können unterschiedliche Geschlechtsidentitäten zu verschiedenen Zeiten erleben.

Die Auseinandersetzung mit Gender-Fragen ist ausschlaggebend für die Schaffung integrativer, gerechter und vielfältiger Gesellschaften. Sie erfordert eine kritische Reflexion gesellschaftlicher Normen und die Förderung von Gleichberechtigung unabhängig vom Geschlecht.

Gerechtigkeit

Gerechtigkeit ist ein umfassendes Konzept, das auf Fairness, Gleichheit, Recht und moralischen Prinzipien beruht. Es bezieht sich auf die faire Verteilung von Ressourcen, Chancen und Rechten in einer Gesellschaft. Gerechtigkeit kann auf verschiedenen Ebenen betrachtet werden, einschließlich individueller, sozialer, wirtschaftlicher und rechtlicher Gerechtigkeit.

Rechtliche Gerechtigkeit:
- Rechtliche Gerechtigkeit bezieht sich auf die faire Anwendung von Gesetzen und die Gleichbehandlung vor dem Gesetz. Dies umfasst den Schutz der Rechte und Freiheiten aller Bürger unabhängig von Geschlecht, Rasse, Religion oder sozialem Status.

Soziale Gerechtigkeit:
- Soziale Gerechtigkeit bezieht sich auf die faire Verteilung von gesellschaftlichen Ressourcen,

Chancen und Belastungen. Sie zielt darauf ab, Ungleichheiten zu reduzieren und sicherzustellen, dass alle Mitglieder der Gesellschaft Zugang zu Grundbedürfnissen haben.

Wirtschaftliche Gerechtigkeit:

- Wirtschaftliche Gerechtigkeit bezieht sich auf die faire Verteilung von wirtschaftlichen Ressourcen und Möglichkeiten. Dies schließt den Zugang zu Bildung, Arbeitsplätzen, angemessener Bezahlung und sozialen Sicherheitsnetzen ein.

Gerechtigkeit in Bildung:

- Gerechtigkeit in der Bildung bezieht sich darauf, dass jeder Mensch unabhängig von sozialer Herkunft oder finanziellen Ressourcen Zugang zu qualitativ hochwertiger Bildung hat. Dies fördert gleiche Chancen für persönliche und berufliche Entwicklung.

Umweltgerechtigkeit:

- Umweltgerechtigkeit bezieht sich darauf, dass Umweltauswirkungen und -ressourcen gerecht verteilt sind, unabhängig von sozialen, wirtschaftlichen oder ethischen Unterschieden. Dies schützt Gemeinschaften vor umweltbedingten Belastungen.

Internationale Gerechtigkeit:

- Internationale Gerechtigkeit bezieht sich auf faire Beziehungen und Interaktionen zwischen Nationen. Dies schließt Themen wie Handel, Entwicklungshilfe, Menschenrechte und Frieden ein.

Restorative Gerechtigkeit:

- Restorative Gerechtigkeit ist ein Ansatz, der den Fokus auf die Wiederherstellung von Schäden und Beziehungen legt, anstatt auf Bestrafung. Sie betont die Verantwortlichkeit, die Reparatur von Schäden und die Wiedereingliederung von Tätern.

Gleichberechtigung und Gleichstellung:

- Gleichberechtigung und Gleichstellung sind zentrale Prinzipien der Gerechtigkeit, die sicherstellen, dass Menschen unabhängig von Geschlecht, Rasse, Religion oder anderen Merkmalen gleich behandelt werden.

Gerechtigkeit im Gesundheitswesen:

- Gerechtigkeit im Gesundheitswesen bezieht sich darauf, dass alle Menschen Zugang zu angemessener Gesundheitsversorgung haben, unabhängig von finanziellen Mitteln oder sozialem Status.

Partizipation und Inklusion:

- Gerechtigkeit beinhaltet auch die aktive Beteiligung aller Mitglieder einer Gesellschaft an Entscheidungsprozessen und die Förderung von Inklusion, um sicherzustellen, dass unterschiedliche Stimmen gehört werden.

Gerechtigkeit ist ein grundlegendes Prinzip, das den sozialen Frieden fördert, die Grundrechte schützt und eine ausgewogene und integrative Gesellschaft ermöglicht. Sie erfordert ein ständiges Nachdenken über bestehende Ungleichheiten und Bemühungen, diese anzugehen und zu minimieren.

Gesellschaftliche Teilhabe

Gesellschaftliche Teilhabe bezieht sich auf die aktive Einbeziehung des Einzelnen in verschiedene Bereiche der

Gesellschaft. Dazu gehört die Möglichkeit, an sozialen, politischen, kulturellen, wirtschaftlichen und Bildungsaktivitäten teilzunehmen und einen Beitrag zur Gesellschaft zu leisten. Soziale Teilhabe ist ein wichtiges Prinzip für eine integrative und gerechte Gesellschaft.

Soziale Inklusion:
- Gesellschaftliche Teilhabe geht Hand in Hand mit sozialer Inklusion. Es beinhaltet, dass alle Menschen, unabhängig von ihren persönlichen Merkmalen oder Lebensumständen, als gleichwertige Mitglieder der Gesellschaft anerkannt und akzeptiert werden.

Bildung und Wissen:
- Der Zugang zu Bildung ist entscheidend für die gesellschaftliche Teilhabe. Bildung ermöglicht nicht nur persönliche Entwicklung, sondern auch die Beteiligung an intellektuellen Diskursen und dem kulturellen Leben.

Politische Teilhabe:
- Die Möglichkeit, sich politisch zu engagieren, ist ein grundlegendes Element gesellschaftlicher Teilhabe. Dies umfasst das Wahlrecht, die Teilnahme an politischen Diskussionen, das Engagement in Bürgerinitiativen und die Wahrnehmung von Bürgerrechten.

Arbeitsmarktintegration:
- Die Möglichkeit, am Arbeitsmarkt teilzunehmen und eine sinnvolle berufliche Tätigkeit auszuüben, ist ein wichtiger Aspekt der gesellschaftlichen Teilhabe. Dies schließt Chancengleichheit, angemessene Bezahlung und berufliche Entwicklung ein.

Kulturelle Teilhabe:

- Die Teilnahme an kulturellen Aktivitäten, sei es durch Kunst, Musik, Theater oder andere Ausdrucksformen, fördert die kulturelle Teilhabe. Der Zugang zu kulturellen Ereignissen und Ressourcen ist ein Indikator für die Vielfalt der Gesellschaft.

Gesundheitliche Teilhabe:

- Der Zugang zu angemessener Gesundheitsversorgung und die Möglichkeit, gesunde Lebensentscheidungen zu treffen, sind entscheidende Faktoren für die gesundheitliche Teilhabe.

Soziales Engagement:

- Ehrenamtliche Tätigkeiten und soziales Engagement sind Wege der gesellschaftlichen Teilhabe. Individuen können ihre Fähigkeiten und Ressourcen nutzen, um positiven Einfluss auf ihre Gemeinschaft auszuüben.

Interkultureller Dialog:

- Die Teilnahme an interkulturellen Dialogen fördert das Verständnis und die Wertschätzung von Vielfalt. Ein offener Austausch zwischen Menschen unterschiedlicher Hintergründe trägt zur gesellschaftlichen Harmonie bei.

Barrierefreiheit:

- Barrierefreiheit ist entscheidend für die Teilhabe von Menschen mit unterschiedlichen Fähigkeiten. Dies umfasst physische Barrierefreiheit, Zugänglichkeit von Informationstechnologien und die Gestaltung von Umgebungen für alle.

Partizipation von Minderheiten:

- Gesellschaftliche Teilhabe erfordert die Einbindung von Minderheiten und marginalisierten Gruppen. Dies schließt Maßnahmen ein, um sicherzustellen,

dass alle Stimmen gehört werden und gleiche
Chancen bestehen.

Soziale Teilhabe ist ein Grundprinzip einer
demokratischen und integrativen Gesellschaft. Sie
erfordert die Schaffung von Bedingungen, die es allen
Menschen ermöglichen, aktiv am gesellschaftlichen Leben
teilzunehmen und einen Beitrag zu leisten. Aktive Teilhabe
trägt nicht nur zur persönlichen Entwicklung bei, sondern
stärkt auch das soziale Gefüge und den Zusammenhalt
einer Gesellschaft.

Gesellschaftspolitik

Sozialpolitik bezieht sich auf Politiken, Programme und
Entscheidungen, die darauf abzielen, das soziale Gefüge
einer Gesellschaft zu gestalten, soziale Gerechtigkeit zu
fördern und das Wohlergehen der Bürger zu verbessern.
Es geht darum, soziale Strukturen, Institutionen und
Praktiken zu beeinflussen, um eine gerechtere und
integrativere Gesellschaft zu schaffen.

Sozialpolitik:

- Sozialpolitik ist ein zentraler Bestandteil der
  Gesellschaftspolitik und bezieht sich auf staatliche
  Maßnahmen, die darauf abzielen, soziale Probleme
  anzugehen und das Wohlbefinden der Bürger zu
  fördern. Dazu gehören Bereiche wie
  Gesundheitsversorgung, Bildung, Wohnen,
  Arbeitsmarktintegration und soziale
  Sicherungssysteme.

Arbeitsmarkt- und Beschäftigungspolitik:

- Maßnahmen zur Schaffung von Arbeitsplätzen, Arbeitsmarktintegration, Arbeitsbedingungen, Lohnpolitik und Berufsbildung sind Teil der Gesellschaftspolitik. Ziel ist es, die Chancengleichheit am Arbeitsmarkt zu fördern und existenzsichernde Beschäftigung zu gewährleisten.

Bildungspolitik:

- Bildungspolitik konzentriert sich auf Maßnahmen zur Verbesserung des Bildungssystems, vom frühkindlichen Bereich bis zur Hochschulbildung. Gleichberechtigter Zugang zu Bildung, Qualität der Lehre und Förderung lebenslangen Lernens sind zentrale Anliegen.

Gesundheitspolitik:

- Gesundheitspolitik beinhaltet Maßnahmen zur Sicherstellung eines effizienten Gesundheitssystems, zur Prävention von Krankheiten, zur Gesundheitsförderung und zur Sicherung des Zugangs zu qualitativ hochwertiger Gesundheitsversorgung für alle Bürger.

Wohnungspolitik:

- Die Gestaltung von Wohnraum, die Förderung von sozialem Wohnungsbau und Maßnahmen zur Verhinderung von Obdachlosigkeit sind Bestandteile der Wohnungspolitik. Das Ziel ist, angemessenen und bezahlbaren Wohnraum für alle Bürger sicherzustellen.

Soziale Sicherungssysteme:

- Die Entwicklung und Pflege von Sozialversicherungssystemen, die Arbeitslosenunterstützung, Renten, Krankenversicherung und andere Leistungen umfassen, sind wichtige Instrumente der

Gesellschaftspolitik, um soziale Sicherheit zu
gewährleisten.

Familienpolitik:

- Familienpolitik zielt darauf ab, Familien zu
  unterstützen und die Vereinbarkeit von Familie
  und Beruf zu fördern. Maßnahmen können
  finanzielle Unterstützung, Elternzeitregelungen,
  Kinderbetreuungseinrichtungen und andere
  familienfreundliche Initiativen umfassen.

Integration und Vielfalt:

- Gesellschaftspolitik beinhaltet Maßnahmen zur
  Förderung von Integration, Chancengleichheit und
  Respekt für kulturelle Vielfalt. Dies schließt
  Migrationspolitik,
  Antidiskriminierungsmaßnahmen und
  interkulturelle Programme ein.

Gesellschaftliche Teilhabe:

- Die Förderung von gesellschaftlicher Teilhabe,
  insbesondere von benachteiligten oder
  marginalisierten Gruppen, ist ein Anliegen der
  Gesellschaftspolitik. Maßnahmen zur
  Gewährleistung gleicher Chancen und Inklusion
  sind hierbei von Bedeutung.

Kriminal- und Justizpolitik:

- Die Gestaltung von Kriminal- und Justizpolitik zielt
  darauf ab, ein gerechtes und effektives
  Rechtssystem sicherzustellen, das die Rechte der
  Bürger schützt und gleichzeitig zur
  Verbrechensprävention beiträgt.

Sozialpolitik ist mehrdimensional und zielt darauf ab,
soziale Herausforderungen zu bewältigen, um eine
gerechtere, integrativere und nachhaltigere Gesellschaft
zu schaffen. Dies erfordert eine kontinuierliche
Bedarfsermittlung, die Zusammenarbeit zwischen

Regierung, Zivilgesellschaft und Wirtschaft sowie die Einbeziehung sozialer und ethischer Grundsätze in politische Entscheidungen.

Gesprächsführungstechniken

Gesprächsführungstechniken sind Fähigkeiten und Strategien, die eingesetzt werden, um effektiv mit anderen zu kommunizieren, Meinungen auszutauschen, Informationen weiterzugeben und Beziehungen aufzubauen. Erfolgreiche Gesprächsführung kann in verschiedenen Kontexten wichtig sein, sei es im beruflichen, persönlichen oder therapeutischen Bereich. Im Folgenden sind einige wichtige Gesprächsführungstechniken aufgeführt:

Aktives Zuhören:
- Aktives Zuhören ist eine zentrale Technik, bei der der Gesprächspartner aufmerksam ist, Fragen stellt, Zusammenfassungen gibt und empathisch auf das reagiert, was der andere sagt. Dies fördert das Verständnis und zeigt Interesse.

Offene Fragen stellen:
- Offene Fragen ermutigen zu ausführlichen Antworten und fördern die Eröffnung des Gesprächs. Sie beginnen oft mit "Was", "Warum" oder "Wie" und geben dem Gesprächspartner Raum, seine Gedanken auszudrücken.

Geschlossene Fragen stellen:
- Geschlossene Fragen erfordern in der Regel kurze, prägnante Antworten wie "Ja" oder "Nein". Sie

werden verwendet, um spezifische Informationen
zu klären oder das Gespräch zu lenken.

Paraphrasieren:

- Paraphrasieren bedeutet, in eigenen Worten zu
  wiederholen, was der Gesprächspartner gesagt
  hat. Dies zeigt nicht nur, dass man aufmerksam ist,
  sondern ermöglicht auch die Klärung von
  Missverständnissen.

Reflektieren:

- Reflektieren bezieht sich darauf, die Emotionen
  oder Gefühle des Gesprächspartners zu spiegeln.
  Dies fördert Empathie und zeigt, dass man sich in
  die Lage des anderen versetzen kann.

Ich-Botschaften verwenden:

- Anstatt Schuldzuweisungen zu machen, können
  Ich-Botschaften genutzt werden, um eigene
  Gefühle und Bedürfnisse zu kommunizieren. Zum
  Beispiel: "Ich fühle mich frustriert, wenn..."

Nonverbale Kommunikation beachten:

- Nonverbale Signale wie Körpersprache, Mimik,
  Gestik und Tonfall spielen eine entscheidende
  Rolle in der Gesprächsführung. Ein bewusstes
  Verständnis und die Kontrolle dieser Signale
  können die Kommunikation verbessern.

Feedback geben:

- Konstruktives Feedback ermöglicht es, positive
  Verhaltensweisen zu verstärken und
  Verbesserungsbereiche anzusprechen. Es sollte
  spezifisch, sachlich und respektvoll formuliert
  werden.

Gesprächslenkung:

- Die Fähigkeit, das Gespräch zu lenken und auf das
  Hauptthema zu fokussieren, ist wichtig. Dies
  verhindert, dass das Gespräch vom Thema
  abweicht.

Pausen nutzen:

- Pausen können dazu dienen, dem Gesprächspartner Zeit zum Nachdenken zu geben oder um selbst über eine Antwort nachzudenken. Sie tragen zur Vermeidung von Überforderung bei.

Empathie zeigen:

- Empathie bedeutet, die Perspektive des anderen zu verstehen und mitfühlen zu können. Es schafft eine unterstützende Gesprächsatmosphäre.

Lösungsorientierte Gesprächsführung:

- Bei der lösungsorientierten Gesprächsführung liegt der Fokus darauf, konstruktive Lösungen zu finden, anstatt sich auf Probleme zu konzentrieren. Dies kann in beruflichen und persönlichen Kontexten hilfreich sein.

Rückmeldungen einholen:

- Während des Gesprächs kann es hilfreich sein, Rückmeldungen einzuholen, um sicherzustellen, dass beide Parteien auf derselben Seite sind und Missverständnisse vermieden werden.

Grenzen setzen:

- In manchen Gesprächssituationen ist es wichtig, klare Grenzen zu setzen und deutlich zu kommunizieren, was akzeptabel ist und was nicht.

Die effektive Anwendung dieser Gesprächsführungstechniken kann zu verbesserten zwischenmenschlichen Beziehungen, einem erfolgreicheren Konfliktmanagement und insgesamt zu einer klaren und positiven Kommunikation führen.

Gesundheitsförderung

Gesundheitsförderung bezeichnet Maßnahmen und Strategien zur Verbesserung der Gesundheit und des

Wohlbefindens von Individuen und Gemeinschaften. Sie basiert auf der Idee, dass Gesundheit nicht nur die Abwesenheit von Krankheit ist, sondern einen ganzheitlichen Zustand körperlichen, geistigen und sozialen Wohlbefindens umfasst.

Gesundheitsbewusstsein fördern:
- Gesundheitsförderung zielt darauf ab, das Bewusstsein für die Bedeutung von Gesundheit zu stärken. Das Verständnis der individuellen Verantwortung für die eigene Gesundheit wird gefördert.

Prävention von Krankheiten:
- Ein wichtiger Aspekt der Gesundheitsförderung ist die Prävention von Krankheiten. Dies umfasst Maßnahmen wie Impfungen, Früherkennung von Krankheiten, Lebensstiländerungen und gesundheitsfördernde Verhaltensweisen.

Gesunde Lebensgewohnheiten fördern:
- Die Förderung von gesunden Lebensgewohnheiten steht im Mittelpunkt der Gesundheitsförderung. Dazu gehören eine ausgewogene Ernährung, regelmäßige körperliche Aktivität, ausreichend Schlaf und der Verzicht auf schädliche Substanzen.

Gesundheitskompetenz stärken:
- Gesundheitskompetenz bezieht sich auf die Fähigkeit, Gesundheitsinformationen zu verstehen, zu bewerten und darauf basierende Entscheidungen zu treffen. Gesundheitsförderung zielt darauf ab, die Gesundheitskompetenz der Bevölkerung zu stärken.

Gesundheitsförderliche Umgebungen schaffen:
- Eine gesundheitsförderliche Umgebung am Arbeitsplatz, in Schulen, Gemeinden und anderen

Lebensbereichen ist entscheidend. Dies kann die Verfügbarkeit gesunder Lebensmittel, Zugang zu Sporteinrichtungen und stressfreie Arbeitsbedingungen umfassen.

Psychische Gesundheit fördern:

- Die Förderung psychischer Gesundheit ist ein wichtiger Bestandteil der Gesundheitsförderung. Maßnahmen umfassen die Reduzierung von Stigmatisierung, den Zugang zu psychologischer Unterstützung und die Förderung von Stressbewältigungsstrategien.

Gesundheitsförderung am Arbeitsplatz:

- Arbeitsplatzbezogene Gesundheitsförderung beinhaltet Maßnahmen zur Schaffung eines gesundheitsförderlichen Arbeitsumfelds, einschließlich ergonomischer Bedingungen, Betriebssportprogrammen und Maßnahmen zur psychischen Gesundheit am Arbeitsplatz.

Gemeinschaftsorientierte Ansätze:

- Gemeinschaftsorientierte Gesundheitsförderung bezieht die Gemeinschaft aktiv in die Planung und Umsetzung von Gesundheitsmaßnahmen ein. Dies fördert die Eigenverantwortung und berücksichtigt die lokalen Bedürfnisse.

Gesundheitsförderung durch Bildung:

- Bildungsprogramme spielen eine entscheidende Rolle bei der Gesundheitsförderung. Informationen zu gesundheitlichen Themen, Prävention und gesunden Lebensgewohnheiten werden bereitgestellt.

Intersektionale Ansätze:

- Intersektionale Ansätze berücksichtigen verschiedene Dimensionen wie Geschlecht, Alter, sozioökonomischen Status und ethnischer Hintergrund, um sicherzustellen, dass

Gesundheitsförderung für alle
Bevölkerungsgruppen relevant ist.

Partnerschaften fördern:

- Gesundheitsförderung erfolgt oft in
Zusammenarbeit mit verschiedenen Akteuren,
einschließlich Regierungsbehörden,
Gemeinschaftsorganisationen,
Bildungseinrichtungen und Unternehmen.

Gesundheitsförderung in der Lebensspanne:

- Gesundheitsförderung sollte über die gesamte
Lebensspanne hinweg erfolgen, beginnend bei der
frühen Kindheit bis ins hohe Alter. Dies ermöglicht
einen umfassenden Ansatz zur Förderung der
Gesundheit.

Gesundheitsförderung betont die proaktive Gestaltung
von Lebensbedingungen, um Gesundheit zu verbessern,
Krankheiten vorzubeugen und die Lebensqualität zu
erhöhen. Ein ganzheitlicher Ansatz, der individuelle
Verantwortung, soziale Determinanten von Gesundheit
und präventive Maßnahmen berücksichtigt, trägt dazu bei,
nachhaltige positive Veränderungen für die Gesundheit
einer Gesellschaft zu bewirken.

Gesundheitskompetenz

Gesundheitskompetenz bezieht sich auf die Fähigkeit des
Einzelnen, Gesundheitsinformationen zu verstehen, zu
bewerten und zu nutzen und auf dieser Grundlage
informierte Entscheidungen zu treffen. Es geht darum, wie
gut Menschen in der Lage sind,

Gesundheitsinformationen zu verstehen und anzuwenden, um ihre eigene Gesundheit zu fördern und mit dem Gesundheitssystem zu interagieren.

Verständnis von Gesundheitsinformationen:
- Gesundheitskompetenz beinhaltet das Verständnis von grundlegenden Gesundheitsinformationen, einschließlich medizinischer Begriffe, Symptome, Diagnosen und Behandlungsplänen.

Kritische Bewertung von Informationen:
- Eine wichtige Fähigkeit der Gesundheitskompetenz besteht darin, Informationen kritisch zu bewerten. Dies beinhaltet die Beurteilung der Zuverlässigkeit von Quellen, das Verständnis von Risiken und Nutzen von Interventionen sowie die Unterscheidung von evidenzbasierten Informationen von Meinungen.

Entscheidungsfindung im Gesundheitswesen:
- Gesundheitskompetenz befähigt Menschen, informierte Entscheidungen über ihre Gesundheit zu treffen. Dazu gehört die Fähigkeit, verschiedene Behandlungsoptionen zu verstehen, Risiken und Vorteile abzuwägen und in Zusammenarbeit mit Gesundheitsdienstleistern Entscheidungen zu treffen.

Kommunikation mit Gesundheitsdienstleistern:
- Ein wichtiger Aspekt der Gesundheitskompetenz ist die Fähigkeit, effektiv mit Gesundheitsdienstleistern zu kommunizieren. Dazu gehört das Stellen von Fragen, das Verständnis von Anweisungen und das aktive Mitwirken am Entscheidungsprozess.

Förderung von Selbstmanagement:
- Gesundheitskompetenz befähigt Menschen zum Selbstmanagement ihrer Gesundheit. Dies schließt

die Umsetzung gesunder Lebensgewohnheiten, die Einhaltung von Medikationsplänen und die eigenverantwortliche Pflege ein.

Navigation im Gesundheitssystem:

- Die Fähigkeit, sich im komplexen Gesundheitssystem zurechtzufinden, ist ein Bestandteil der Gesundheitskompetenz. Dazu gehört das Verständnis von Versicherungsinformationen, Terminvereinbarungen und die Nutzung von Gesundheitsdienstleistungen.

Gesundheitsfördernde Lebensgewohnheiten:

- Gesundheitskompetenz trägt zur Förderung gesundheitsfördernder Lebensgewohnheiten bei, wie regelmäßige körperliche Aktivität, ausgewogene Ernährung, ausreichend Schlaf und der Verzicht auf schädliche Substanzen.

Berücksichtigung von kulturellen Unterschieden:

- Gesundheitskompetenz sollte kulturelle Unterschiede berücksichtigen. Es ist von zentraler Bedeutung, dass Gesundheitsinformationen in einer für verschiedene kulturelle Gruppen verständlichen und akzeptablen Weise präsentiert werden.

Förderung von Gemeinschaftsressourcen:

- Ein gesundheitskompetentes Individuum ist in der Lage, vorhandene Gemeinschaftsressourcen zu nutzen, um seine Gesundheit zu fördern. Dazu gehören Gesundheitskurse, Gemeinschaftszentren und Präventionsprogramme.

Lebenslanges Lernen:

- Gesundheitskompetenz ist ein lebenslanger Prozess des Lernens und Anpassens. Sie sollte kontinuierlich verbessert und aktualisiert werden,

um mit neuen Gesundheitsinformationen und
Technologien Schritt zu halten.

Die Förderung der Gesundheitskompetenz ist wichtig, um
die Eigenverantwortung der Menschen für ihre
Gesundheit zu stärken und die Effizienz und Effektivität
des Gesundheitssystems zu verbessern.

Gesundheitssozialarbeit

Gesundheitssozialarbeit ist ein Bereich der Sozialen Arbeit,
der sich auf die Schnittstelle zwischen sozialen und
gesundheitlichen Aspekten konzentriert. Sie befasst sich
mit den sozialen Determinanten von Gesundheit und
bietet Unterstützung für Menschen in
Gesundheitseinrichtungen und in der Gemeinde.

Gesundheitsförderung und Prävention:
- Gesundheitssozialarbeit setzt sich für die
  Förderung von Gesundheit und Prävention von
  Krankheiten ein. Dies kann die Entwicklung und
  Umsetzung von Programmen zur Förderung
  gesunder Lebensgewohnheiten und zur
  Verhinderung von Krankheiten umfassen.

Unterstützung bei der Krankheitsbewältigung:
- Gesundheitssozialarbeiter bieten Unterstützung für
  Menschen, die mit gesundheitlichen
  Herausforderungen konfrontiert sind. Dies kann
  die Bewältigung von Diagnosen, die Anpassung an

chronische Krankheiten oder die Verarbeitung von Traumata umfassen.

Psychosoziale Unterstützung:

- Die Bereitstellung von psychosozialer Unterstützung ist ein zentraler Aspekt der Gesundheitssozialarbeit. Dies umfasst emotionale Unterstützung, Beratung und die Förderung der psychischen Gesundheit.

Patienten- und Angehörigenberatung:

- Gesundheitssozialarbeiter bieten Beratungsdienste für Patienten und deren Familien an. Dies kann Informationen zu Krankheitsbewältigung, Ressourcen, finanzieller Unterstützung und Entscheidungsfindung umfassen.

Fallmanagement:

- Gesundheitssozialarbeiter sind oft im Fallmanagement tätig. Sie koordinieren die verschiedenen Aspekte der Versorgung, stellen sicher, dass die Bedürfnisse des Patienten erfüllt werden, und arbeiten mit verschiedenen Fachleuten im Gesundheitswesen zusammen.

Übergang von der Klinik zur Gemeinde:

- Gesundheitssozialarbeit unterstützt den Übergang von der klinischen Versorgung zur Gemeinde. Dies kann die Planung der Nachsorge, die Sicherstellung von Unterstützungsdiensten und die Förderung der Kontinuität der Versorgung umfassen.

Gesundheitsförderung in Gemeinden:

- In der Gemeindearbeit engagieren sich Gesundheitssozialarbeiter in Projekten und Programmen zur Förderung der Gesundheit in der Gemeinschaft. Sie arbeiten daran, soziale Determinanten der Gesundheit zu beeinflussen

und die Gesundheitskompetenz in der
Bevölkerung zu stärken.

Interdisziplinäre Zusammenarbeit:

- Gesundheitssozialarbeiter arbeiten eng mit
  anderen Fachleuten im Gesundheitswesen
  zusammen, darunter Ärzte, Krankenschwestern,
  Therapeuten und Sozialdienstmitarbeiter, um eine
  umfassende Versorgung zu gewährleisten.

Ethik und soziale Gerechtigkeit:

- Ethik und soziale Gerechtigkeit sind zentrale
  Prinzipien in der Gesundheitssozialarbeit. Sie
  setzen sich für faire und gleichberechtigte
  Gesundheitsversorgung für alle ein und
  berücksichtigen ethische Fragen im
  Gesundheitskontext.

Forschung und Evaluation:

- Gesundheitssozialarbeiter können an Forschungs-
  und Evaluationsprojekten teilnehmen, um die
  Effektivität von Interventionen zu überprüfen und
  bewährte Praktiken zu fördern.

Gesundheitssozialarbeit spielt eine entscheidende Rolle,
wenn es darum geht, die sozialen Determinanten von
Gesundheit anzugehen und sicherzustellen, dass
Menschen nicht nur Zugang zur Gesundheitsversorgung
haben, sondern auch Unterstützung für ihre sozialen und
psychosozialen Bedürfnisse erhalten.

Gesundheitssozialarbeit

Gesundheitssozialarbeit ist ein Bereich der Sozialen Arbeit,
der sich auf die Schnittstelle zwischen sozialen und

gesundheitlichen Aspekten konzentriert. Sie befasst sich mit den sozialen Determinanten von Gesundheit und bietet Unterstützung für Menschen in Gesundheitseinrichtungen und in der Gemeinde.

Gesundheitsförderung und Prävention:

- Gesundheitssozialarbeit setzt sich für die Förderung von Gesundheit und Prävention von Krankheiten ein. Dies kann die Entwicklung und Umsetzung von Programmen zur Förderung gesunder Lebensgewohnheiten und zur Verhinderung von Krankheiten umfassen.

Unterstützung bei der Krankheitsbewältigung:

- Gesundheitssozialarbeiter bieten Unterstützung für Menschen, die mit gesundheitlichen Herausforderungen konfrontiert sind. Dies kann die Bewältigung von Diagnosen, die Anpassung an chronische Krankheiten oder die Verarbeitung von Traumata umfassen.

Psychosoziale Unterstützung:

- Die Bereitstellung von psychosozialer Unterstützung ist ein zentraler Aspekt der Gesundheitssozialarbeit. Dies umfasst emotionale Unterstützung, Beratung und die Förderung der psychischen Gesundheit.

Patienten- und Angehörigenberatung:

- Gesundheitssozialarbeiter bieten Beratungsdienste für Patienten und deren Familien an. Dies kann Informationen zu Krankheitsbewältigung, Ressourcen, finanzieller Unterstützung und Entscheidungsfindung umfassen.

Fallmanagement:

- Gesundheitssozialarbeiter sind oft im Fallmanagement tätig. Sie koordinieren die verschiedenen Aspekte der Versorgung, stellen sicher, dass die Bedürfnisse des Patienten erfüllt werden, und arbeiten mit verschiedenen Fachleuten im Gesundheitswesen zusammen.

Übergang von der Klinik zur Gemeinde:

- Gesundheitssozialarbeit unterstützt den Übergang von der klinischen Versorgung zur Gemeinde. Dies kann die Planung der Nachsorge, die Sicherstellung von Unterstützungsdiensten und die Förderung der Kontinuität der Versorgung umfassen.

Gesundheitsförderung in Gemeinden:

- In der Gemeindearbeit engagieren sich Gesundheitssozialarbeiter in Projekten und Programmen zur Förderung der Gesundheit in der Gemeinschaft. Sie arbeiten daran, soziale Determinanten der Gesundheit zu beeinflussen und die Gesundheitskompetenz in der Bevölkerung zu stärken.

Interdisziplinäre Zusammenarbeit:

- Gesundheitssozialarbeiter arbeiten eng mit anderen Fachleuten im Gesundheitswesen zusammen, darunter Ärzte, Krankenschwestern, Therapeuten und Sozialdienstmitarbeiter, um eine umfassende Versorgung zu gewährleisten.

Ethik und soziale Gerechtigkeit:

- Ethik und soziale Gerechtigkeit sind zentrale Prinzipien in der Gesundheitssozialarbeit. Sie setzen sich für faire und gleichberechtigte Gesundheitsversorgung für alle ein und berücksichtigen ethische Fragen im Gesundheitskontext.

Forschung und Evaluation:

- Gesundheitssozialarbeiter können an Forschungs- und Evaluationsprojekten teilnehmen, um die

Effektivität von Interventionen zu überprüfen und bewährte Praktiken zu fördern.

Gesundheitssozialarbeit spielt eine entscheidende Rolle, wenn es darum geht, die sozialen Determinanten von Gesundheit anzugehen und sicherzustellen, dass Menschen nicht nur Zugang zur Gesundheitsversorgung haben, sondern auch Unterstützung für ihre sozialen und psychosozialen Bedürfnisse erhalten.

Grundsicherung

Die Grundsicherung ist eine Form der sozialen Unterstützung, die in einigen Ländern eingeführt wurde, um bestimmten Personengruppen ein finanzielles Existenzminimum zu sichern.

Ziel der Grundsicherung:
- Das Hauptziel der Grundsicherung ist es, Menschen, die ihren Lebensunterhalt nicht aus eigenen Mitteln bestreiten können, ein existenzsicherndes Einkommen zu gewährleisten. Dies betrifft in der Regel Personen im Rentenalter oder Menschen mit dauerhafter Erwerbsminderung.

Personenkreis:
- Der Anspruch auf Grundsicherung richtet sich oft an ältere Menschen, die keine ausreichende Rente erhalten, sowie an Personen, die dauerhaft

erwerbsgemindert sind und daher nicht in der Lage sind, ihren Lebensunterhalt aus eigener Erwerbstätigkeit zu bestreiten.

Arten der Grundsicherung:

- Die Grundsicherung kann verschiedene Formen annehmen, wie beispielsweise die Grundsicherung im Alter und bei Erwerbsminderung. Die genaue Bezeichnung und Ausgestaltung kann je nach Land unterschiedlich sein.

Bedarfsprüfung:

- Ähnlich wie bei der Sozialhilfe erfolgt auch bei der Grundsicherung eine Bedarfsprüfung, um den individuellen Bedarf an finanzieller Unterstützung zu ermitteln. Dabei werden Einkommen und Vermögen des Antragstellers berücksichtigt.

Nachrangigkeitsprinzip:

- Die Grundsicherung folgt oft dem Prinzip der Nachrangigkeit, was bedeutet, dass die Leistungen erst gewährt werden, wenn alle anderen möglichen Hilfs- und Unterstützungsmöglichkeiten, wie zum Beispiel die eigene Rente, ausgeschöpft sind.

Einkommens- und Vermögensanrechnung:

- Einkommen und Vermögen des Antragstellers werden bei der Berechnung der Grundsicherung berücksichtigt. Es gibt Freibeträge, und bestimmte Einkünfte oder Vermögenswerte werden nicht angerechnet.

Antragsverfahren:

- Um Grundsicherung zu erhalten, muss in der Regel ein Antrag beim zuständigen Sozialamt gestellt werden. Auch hier ist es erforderlich, die persönlichen und finanziellen Verhältnisse offenzulegen.

Höhe der Leistungen:

- Die Höhe der Grundsicherung orientiert sich am
  Bedarf des Antragstellers und wird anhand von
  festgelegten Regelsätzen sowie individuellen
  Bedarfen berechnet.

Sozialrechtlicher Status:

- Der sozialrechtliche Status und die
  Voraussetzungen für die Gewährung von
  Grundsicherung können je nach Land
  unterschiedlich sein. Es gibt spezifische Gesetze
  und Verordnungen, die die Grundsicherung regeln.

Die Grundsicherung spielt eine wichtige Rolle, um ältere
und dauerhaft erwerbsgeminderte Menschen vor Armut
zu schützen und ihnen ein menschenwürdiges Leben zu
ermöglichen.

Haushaltshilfe

Haushaltshilfe bezieht sich auf unterstützende
Dienstleistungen, die im Haushalt erbracht werden, um
Menschen bei der Bewältigung ihrer täglichen Aufgaben
zu helfen. Diese Dienstleistungen können in
verschiedenen Situationen erforderlich sein, z. B. bei
Krankheit, nach Operationen, während der
Schwangerschaft oder in anderen Lebensumständen, die
die Fähigkeit zur Haushaltsführung beeinträchtigen.

Aufgaben der Haushaltshilfe:

- Haushaltshilfen können bei einer Vielzahl von
  Aufgaben im Haushalt unterstützen, darunter
  Reinigung, Wäschepflege, Einkaufen, Zubereitung

von Mahlzeiten, Betreuung von Kindern oder
älteren Menschen und andere haushaltsnahe
Dienstleistungen.

Einsatzbereiche:

- Haushaltshilfe kann in verschiedenen
  Lebenssituationen notwendig sein, einschließlich
  während der Genesung nach einer Krankheit oder
  Operation, bei chronischen Krankheiten, bei
  Schwangerschaft und Geburt, im Alter oder in
  anderen besonderen Umständen.

Verfügbarkeit von Haushaltshilfen:

- Haushaltshilfen können professionelle Dienstleister
  sein, die von Agenturen vermittelt werden, oder
  auch informelle Pflegepersonen, wie Freunde,
  Familienmitglieder oder Nachbarn, die bei Bedarf
  Unterstützung anbieten.

Professionelle Haushaltshilfen:

- Professionelle Haushaltshilfen, die von Agenturen
  oder Dienstleistern bereitgestellt werden, können
  speziell ausgebildet sein und gezielte
  Unterstützung in verschiedenen Bereichen bieten,
  abhängig von den individuellen Bedürfnissen der
  Person.

Finanzierung der Haushaltshilfe:

- Die Finanzierung der Haushaltshilfe kann je nach
  Land, Region und individuellen Umständen
  variieren. In einigen Fällen können
  Gesundheitsversicherungen, Pflegeversicherungen
  oder andere Sozialleistungen die Kosten für
  professionelle Haushaltshilfe abdecken.

Selbstständige Organisation:

- In einigen Fällen organisieren Menschen
  selbstständig Haushaltshilfen. Dies kann bedeuten,
  dass sie eine Privatperson direkt engagieren oder

sich auf freiwillige Hilfe aus ihrem sozialen Umfeld verlassen.

Unterstützung für Familien:

- Haushaltshilfe kann insbesondere für Familien mit kleinen Kindern oder Menschen, die ältere Familienmitglieder pflegen, eine wichtige Unterstützung sein, um den Alltag zu bewältigen.

Flexible Dienstleistungen:

- Professionelle Haushaltshilfen bieten oft flexible Dienstleistungen an, die auf die Bedürfnisse des Einzelnen zugeschnitten sind. Dies kann regelmäßige Unterstützung oder temporäre Hilfe während besonderer Lebenssituationen umfassen.

Ethische Überlegungen:

- Bei der Organisation von Haushaltshilfe ist es wichtig, ethische Überlegungen in Bezug auf die Privatsphäre und die Bedürfnisse der betreuten Person zu berücksichtigen. Eine respektvolle Kommunikation und die Achtung der persönlichen Würde stehen im Vordergrund.

Gesellschaftlicher Nutzen:

- Haushaltshilfe trägt dazu bei, die Lebensqualität von Menschen in unterschiedlichen Lebenssituationen zu verbessern. Sie ermöglicht es, den Alltag zu bewältigen und unterstützt die Selbstständigkeit, insbesondere bei gesundheitlichen Einschränkungen.

Die Organisation von Haushaltshilfe hängt stark von den individuellen Bedürfnissen, den finanziellen Möglichkeiten und den verfügbaren Ressourcen ab. In vielen Ländern gibt es auch lokale gemeinnützige Organisationen, die bei der Organisation von Haushaltshilfe behilflich sein können.

Häusliche Krankenpflege

Häusliche Krankenpflege, auch ambulante Pflege oder Homecare genannt, umfasst die medizinische und pflegerische Versorgung von Patienten in ihrer eigenen Wohnung. Sie bietet eine Alternative zur stationären Pflege und ermöglicht es Menschen, trotz Krankheit oder Behinderung in ihrer gewohnten Umgebung zu bleiben.

Medizinische Versorgung:

- Die häusliche Krankenpflege umfasst die Bereitstellung von medizinischer Versorgung durch qualifiziertes Pflegepersonal. Dazu gehören Verabreichung von Medikamenten, Wundversorgung, Überwachung von Vitalzeichen und die Durchführung von medizinischen Verfahren.

Pflege und Betreuung:

- Pflegekräfte in der häuslichen Krankenpflege bieten nicht nur medizinische Versorgung, sondern auch Unterstützung bei alltäglichen Aktivitäten wie Baden, Anziehen, Essen und Mobilität. Sie fördern die Unabhängigkeit des Patienten, soweit es die Gesundheit zulässt.

Unterstützung für chronisch Kranke:

- Häusliche Krankenpflege ist besonders relevant für Menschen mit chronischen Erkrankungen, die kontinuierliche Pflege und Überwachung benötigen. Das Pflegepersonal kann den Gesundheitszustand überwachen, die

Medikamenteneinnahme überwachen und bei
Bedarf Anpassungen vornehmen.

Rehabilitation:

- Nach Krankenhausaufenthalten oder chirurgischen
  Eingriffen kann die häusliche Krankenpflege Teil
  des Rehabilitationsprozesses sein. Pflegekräfte
  unterstützen bei Übungen, physiotherapeutischen
  Maßnahmen und der Wiedererlangung von
  Funktionalität.

Hospiz- und Palliativpflege:

- Für Patienten in fortgeschrittenen Stadien einer
  schweren Krankheit bietet die häusliche
  Krankenpflege palliative Versorgung. Ziel ist es, die
  Lebensqualität zu verbessern, Symptome zu
  lindern und Unterstützung für Patienten und ihre
  Familien zu bieten.

Psycho-soziale Unterstützung:

- Neben der körperlichen Pflege bieten Pflegekräfte
  in der häuslichen Umgebung auch psychosoziale
  Unterstützung. Dies kann emotionale
  Unterstützung für Patienten und deren Familien
  umfassen, um mit den Herausforderungen der
  Krankheit umzugehen.

Patienten- und Angehörigenedukation:

- Pflegekräfte in der häuslichen Krankenpflege
  spielen eine wichtige Rolle bei der Aufklärung von
  Patienten und ihren Familien über den
  Gesundheitszustand, die notwendige Pflege und
  Selbstmanagement-Strategien.

Koordination der Pflege:

- Koordination der Pflege ist entscheidend,
  besonders wenn mehrere Pflegekräfte oder
  Therapeuten am Pflegeprozess beteiligt sind. Die
  häusliche Krankenpflege koordiniert die

verschiedenen Aspekte der Pflege, um eine
kohärente Versorgung sicherzustellen.

Hilfsmittelversorgung:

- Die häusliche Krankenpflege sorgt für die
  Bereitstellung von benötigten Hilfsmitteln und
  medizinischen Geräten im häuslichen Umfeld. Dies
  kann Rollstühle, Gehhilfen, Pflegebetten und
  andere spezialisierte Ausrüstung umfassen.

Kontinuierliche Überwachung und Berichterstattung:

- Pflegekräfte in der häuslichen Krankenpflege
  überwachen kontinuierlich den
  Gesundheitszustand der Patienten und berichten
  an Ärzte und andere Gesundheitsdienstleister. Dies
  trägt dazu bei, schnelle Anpassungen im
  Pflegeplan vorzunehmen.

Die häusliche Pflege ist oft eine wertvolle Option für
Menschen, die in ihrer gewohnten Umgebung gepflegt
werden möchten. Sie unterstützt die Selbständigkeit,
fördert die Genesung und verbessert die Lebensqualität
der Patienten, insbesondere dann, wenn eine stationäre
Pflege nicht unbedingt erforderlich ist.

Hauswirtschaftliche Hilfe

Hauswirtschaftliche Hilfen beziehen sich auf
Unterstützungsleistungen im Haushalt, die darauf
abzielen, den Alltag zu erleichtern und Menschen bei der

Bewältigung hauswirtschaftlicher Aufgaben zu unterstützen. Diese Art der Hilfe kann insbesondere für Menschen mit gesundheitlichen Einschränkungen, ältere Menschen oder Menschen in besonderen Lebenssituationen von Bedeutung sein.

Aufgaben der Hauswirtschaftlichen Hilfe:

- Hauswirtschaftliche Hilfe umfasst eine Vielzahl von Aufgaben im Haushalt, darunter Reinigungsarbeiten, Wäschepflege, Bügeln, Einkaufen, Zubereitung von Mahlzeiten, Aufräumen und andere Tätigkeiten, die den Haushalt betreffen.

Zielgruppen:

- Die Zielgruppen für hauswirtschaftliche Hilfe können vielfältig sein und umfassen ältere Menschen, Menschen mit gesundheitlichen Einschränkungen, Familien mit kleinen Kindern, Menschen in der Genesungsphase nach Krankheit oder Operation, sowie andere Personen in besonderen Lebenssituationen.

Professionelle Dienstleister:

- Hauswirtschaftliche Hilfe kann von professionellen Dienstleistern, Pflegeagenturen oder Haushaltshilfen erbracht werden. Diese Dienstleister können speziell geschulte Mitarbeiter haben, um den individuellen Bedürfnissen der Klienten gerecht zu werden.

Flexible Unterstützung:

- Die Art der Unterstützung kann je nach Bedarf und den individuellen Anforderungen angepasst werden. Manche Menschen benötigen regelmäßige, tägliche Hilfe, während andere

möglicherweise nur temporäre Unterstützung in
bestimmten Lebenssituationen benötigen.

Finanzierung der Hauswirtschaftlichen Hilfe:

- Die Finanzierung der hauswirtschaftlichen Hilfe
  kann durch verschiedene Quellen erfolgen,
  darunter private Zahlungen, Pflegeversicherung,
  gesetzliche Krankenversicherung oder andere
  soziale Unterstützungsleistungen, die je nach Land
  variieren können.

Anpassung an individuelle Bedürfnisse:

- Professionelle Hauswirtschaftshilfen passen ihre
  Leistungen oft an die individuellen Bedürfnisse der
  Klienten an. Dies kann bedeuten, dass bestimmte
  Aufgaben priorisiert werden oder dass die Hilfe in
  verschiedenen Intervallen erfolgt.

Kombination mit Pflegeleistungen:

- In einigen Fällen wird hauswirtschaftliche Hilfe in
  Verbindung mit Pflegeleistungen angeboten, um
  eine umfassende Unterstützung für Menschen mit
  komplexeren Bedürfnissen zu gewährleisten.

Unterstützung von Angehörigen:

- Hauswirtschaftliche Hilfe kann auch dazu
  beitragen, die Belastung von Familienangehörigen
  zu verringern, die möglicherweise nicht in der Lage
  sind, alle Haushaltsaufgaben zu bewältigen.

Selbstständigkeit fördern:

- Ein Ziel der hauswirtschaftlichen Hilfe ist es, die
  Selbstständigkeit der Klienten zu fördern, indem
  sie ihnen ermöglicht wird, so lange wie möglich in
  ihrem eigenen Zuhause zu leben und ihre
  Alltagsaktivitäten eigenständig zu bewältigen.

Kommunikation und Absprachen:

- Eine erfolgreiche hauswirtschaftliche Hilfe
  erfordert eine klare Kommunikation zwischen den
  Dienstleistern und den Klienten. Dies beinhaltet

die Festlegung von Aufgaben, Zeitplänen, individuellen Präferenzen und allen weiteren relevanten Aspekten.

Die hauswirtschaftliche Versorgung spielt eine wichtige Rolle bei der Unterstützung von Menschen, einen geordneten und komfortablen Haushalt zu führen, insbesondere wenn gesundheitliche oder persönliche Umstände Hilfe erfordern.

Hilfen für junge Volljährige

Hilfen für junge Volljährige beziehen sich auf Unterstützungsleistungen und Maßnahmen, die jungen Menschen im Übergang von der Jugendhilfe in die Selbstständigkeit und das Erwachsenenleben angeboten werden. Dieser Übergang ist oft besonders herausfordernd, da junge Menschen in dieser Phase ihre Selbstständigkeit entwickeln und sich auf ein eigenverantwortliches Leben vorbereiten müssen.

Jugendhilfe nach dem 18. Geburtstag:
- In vielen Ländern endet die reguläre Jugendhilfe mit dem Erreichen der Volljährigkeit. Hilfen für junge Volljährige sollen sicherstellen, dass weiterhin Unterstützung zur Verfügung steht, wenn dies notwendig ist.

Verlängerung der Jugendhilfe:
- In Deutschland gibt es Regelungen zur Verlängerung der Jugendhilfe über das 18. Lebensjahr hinaus. Dies ermöglicht eine kontinuierliche Unterstützung bei Bedarf, etwa bei

der Wohnraumbeschaffung, Ausbildung oder
beruflichen Integration.

Wohnraum und Wohnbetreuung:

- Ein zentraler Aspekt der Unterstützung für junge
  Volljährige ist die Bereitstellung von Wohnraum.
  Dies kann die Unterstützung beim Finden einer
  eigenen Wohnung oder die Möglichkeit von
  betreutem Wohnen umfassen.

Ausbildung und Berufsförderung:

- Hilfen für junge Volljährige beinhalten oft
  Maßnahmen zur Förderung von Ausbildung und
  beruflicher Integration. Dies kann die
  Unterstützung bei der Suche nach Ausbildungs-
  oder Arbeitsplätzen, Bewerbungstraining und
  finanzielle Unterstützung für Bildungskosten
  umfassen.

Finanzielle Unterstützung:

- Junge Volljährige erhalten möglicherweise
  finanzielle Unterstützung, um ihre
  Grundbedürfnisse zu decken. Dies kann
  Mietzuschüsse, Unterhaltszahlungen oder
  finanzielle Hilfen für den Lebensunterhalt
  umfassen.

Sozialpädagogische Begleitung:

- Sozialpädagogische Begleitung spielt eine
  wichtige Rolle in der Hilfe für junge Volljährige.
  Dies kann Beratung, Unterstützung bei der
  Lebensplanung, Bewältigung von
  Alltagsproblemen und Förderung sozialer
  Kompetenzen umfassen.

**Gesundheitsvorsorge und psychosoziale
Unterstützung:**

- Die Förderung der physischen und psychischen
  Gesundheit ist entscheidend. Hilfen können
  Gesundheitsvorsorgeleistungen, psychosoziale

Unterstützung und Zugang zu medizinischer
Versorgung umfassen.

Vernetzung und Integration in Gemeinschaften:

- Die Unterstützung junger Volljähriger umfasst oft
  Maßnahmen zur Vernetzung und Integration in
  Gemeinschaften. Dies kann die Teilnahme an
  Freizeitaktivitäten, Sport oder kulturellen
  Veranstaltungen umfassen.

Familienbezogene Unterstützung:

- In einigen Fällen wird auch familienbezogene
  Unterstützung angeboten, wenn der Kontakt zur
  Familie weiterhin wichtig ist und förderlich für die
  Entwicklung des jungen Volljährigen ist.

Rechtliche Beratung:

- Eine rechtliche Beratung kann Teil der
  Unterstützung sein, insbesondere wenn es um
  Themen wie Mietrecht, Arbeitsrecht oder andere
  rechtliche Belange geht.

Die Hilfe für junge Volljährige soll dazu beitragen, dass
der Übergang in die Selbständigkeit gelingt. Die Hilfen
sollen individuell zugeschnitten sein, die Bedürfnisse und
Ziele des jungen Menschen berücksichtigen und ihn auf
dem Weg in ein eigenverantwortliches Leben begleiten.

Hilfen zur Erziehung (HZE)

"Hilfen zur Erziehung" ist ein Begriff der Kinder- und
Jugendhilfe, der verschiedene Maßnahmen und
Unterstützungsleistungen zur Sicherung des Wohls von

Kindern und Jugendlichen umfasst. Diese Hilfen werden in der Regel dann in Anspruch genommen, wenn das Wohl des Kindes gefährdet ist oder besondere Schwierigkeiten in der Erziehung auftreten.

Ambulante Hilfen:

- Ambulante Hilfen zur Erziehung werden in der Regel im häuslichen Umfeld des Kindes oder Jugendlichen angeboten. Dazu gehören beispielsweise Erziehungsberatung, Familientherapie oder sozialpädagogische Unterstützung.

Teilstationäre Hilfen:

- Teilstationäre Hilfen beinhalten, dass das Kind oder der Jugendliche zeitweise außerhalb des Elternhauses betreut wird. Hierzu zählen beispielsweise Tagesgruppen oder sozialpädagogische Einrichtungen.

Stationäre Hilfen:

- Stationäre Hilfen bedeuten, dass das Kind oder der Jugendliche vollständig außerhalb des Elternhauses in einer stationären Einrichtung untergebracht ist. Dies kann in Pflegefamilien, Heimen oder Wohngruppen erfolgen.

Erziehung in einer anderen Familie:

- Wenn die Unterbringung in der Herkunftsfamilie nicht möglich oder nicht zum Wohl des Kindes ist, kann die Unterbringung in einer Pflegefamilie oder Adoptivfamilie erfolgen.

Therapeutische Maßnahmen:

- Hilfen zur Erziehung können therapeutische Maßnahmen umfassen, um spezifische Probleme oder Verhaltensauffälligkeiten bei Kindern oder Jugendlichen zu behandeln. Dies kann psychologische Therapie, Psychotherapie oder andere therapeutische Ansätze beinhalten.

Schulische Unterstützung:

- Die Förderung der schulischen Entwicklung ist ein wichtiger Aspekt. Dies kann durch Nachhilfe, Förderunterricht oder spezielle pädagogische Maßnahmen erfolgen.

Elternarbeit:

- Die Einbeziehung der Eltern in den Hilfeprozess ist entscheidend. Dazu gehören Elterntrainings, Erziehungsberatung und Maßnahmen, die darauf abzielen, die Erziehungskompetenz der Eltern zu stärken.

Freizeit- und Bildungsangebote:

- Die Teilnahme an Freizeit- und Bildungsangeboten trägt dazu bei, die soziale Integration und persönliche Entwicklung zu fördern. Dies kann Sportaktivitäten, kulturelle Angebote oder andere Freizeitmaßnahmen umfassen.

Hilfe bei der Lebensbewältigung:

- Hilfen zur Erziehung können auch Unterstützung bei der Bewältigung alltäglicher Lebensanforderungen bieten, einschließlich finanzieller Unterstützung und Hilfe bei der Organisation des Alltags.

Kinderschutz:

- Ein wichtiger Aspekt von Hilfen zur Erziehung ist der Kinderschutz. Dies umfasst Maßnahmen, um Kinder vor Vernachlässigung, Misshandlung oder anderen Formen von Gefährdung zu schützen.

Ziel der Hilfen zur Erziehung ist es, die individuellen Bedürfnisse und Rechte von Kindern und Jugendlichen zu berücksichtigen und ihnen ein sicheres, förderliches und unterstützendes Aufwachsen zu ermöglichen. Der Einsatz dieser Hilfen erfolgt in enger Zusammenarbeit mit den betroffenen Familien und unter Beteiligung der Kinder und Jugendlichen selbst.

Hilfeplan

Ein Hilfeplan ist ein schriftliches Dokument, das im Rahmen der Kinder- und Jugendhilfe erstellt wird. Er dient dazu, die individuellen Bedürfnisse, Ziele und Maßnahmen für Kinder, Jugendliche oder Familien festzuhalten, die aufgrund besonderer Schwierigkeiten Unterstützung benötigen. Der Hilfeplanprozess ist ein zentrales Element der Hilfen zur Erziehung.

Bedarfsfeststellung und Diagnose:

- Der Hilfeplanprozess beginnt mit einer umfassenden Bedarfsfeststellung und Diagnose. Es werden die individuellen Herausforderungen, Bedürfnisse und Ressourcen der betroffenen Person oder Familie analysiert.

Ziele und Zielsetzung:

- Auf Basis der Diagnose werden konkrete Ziele festgelegt. Diese Ziele sind individuell auf die Bedürfnisse der betroffenen Person oder Familie abgestimmt und sollen positive Veränderungen fördern.

Maßnahmenplanung:

- Der Hilfeplan enthält eine detaillierte Auflistung der geplanten Maßnahmen und Interventionen. Dies können ambulante Hilfen, teilstationäre oder stationäre Maßnahmen, schulische Unterstützung,

therapeutische Interventionen und andere
Hilfsangebote sein.

Beteiligung der Betroffenen:

- Der Hilfeplanprozess ist partizipativ angelegt.
  Betroffene, insbesondere Kinder und Jugendliche,
  werden aktiv in die Erstellung des Hilfeplans
  einbezogen. Ihre Meinungen, Bedürfnisse und
  Perspektiven fließen in die Planung ein.

Netzwerk und Kooperation:

- Der Hilfeplanprozess involviert verschiedene
  Akteure wie Sozialarbeiter, Therapeuten, Lehrer,
  Ärzte und andere Fachkräfte. Die Kooperation
  zwischen den Beteiligten wird im Hilfeplan
  festgehalten, um eine effektive und koordinierte
  Unterstützung sicherzustellen.

Zeitliche Perspektive:

- Der Hilfeplan enthält eine zeitliche Perspektive, die
  festlegt, über welchen Zeitraum die Maßnahmen
  durchgeführt werden sollen. Es können
  regelmäßige Überprüfungen und Anpassungen
  vorgesehen sein.

Evaluation und Überprüfung:

- Der Hilfeplan sieht regelmäßige Evaluationsphasen
  vor, in denen der Fortschritt der Maßnahmen
  überprüft wird. Dabei wird analysiert, ob die
  gesteckten Ziele erreicht wurden und ob
  Anpassungen notwendig sind.

Dokumentation:

- Alle Schritte im Hilfeplanprozess werden sorgfältig
  dokumentiert. Dies umfasst die
  Bedarfsfeststellung, Zielsetzung,
  Maßnahmenplanung, Beteiligung der Betroffenen,
  Netzwerkarbeit, zeitliche Perspektive und
  Evaluationsergebnisse.

Datenschutz und Vertraulichkeit:

- Der Hilfeplan berücksichtigt den Datenschutz und die Vertraulichkeit der Informationen. Nur relevante Informationen werden geteilt, und die Betroffenen werden darüber informiert, wer Zugang zu den Daten hat.

Krisenmanagement:

- Der Hilfeplan kann auch ein Krisenmanagement beinhalten, das festlegt, wie in akuten Notfallsituationen gehandelt werden soll, um die Sicherheit und das Wohlbefinden der betroffenen Person zu gewährleisten.

Hilfepläne dienen als Leitfaden für die Planung und Durchführung von Unterstützungsmaßnahmen in der Kinder- und Jugendhilfe. Sie fördern die Transparenz, die Kooperation der beteiligten Akteure und die Ausrichtung der Maßnahmen an den individuellen Bedürfnissen der Betroffenen.

Hilfeplanung

Hilfeplanung ist ein strukturiertes Verfahren in der Kinder- und Jugendhilfe, das dazu dient, individuelle Hilfen für Kinder, Jugendliche und Familien zu planen und umzusetzen. Im Hilfeplan wird festgelegt, welche Maßnahmen und Hilfen notwendig sind, um die individuellen Bedürfnisse und Ziele der Betroffenen zu erreichen. Einige Aspekte der Hilfeplanung sind

Bedarfsermittlung und Diagnostik:

- Die Hilfeplanung beginnt mit der sorgfältigen Ermittlung des Bedarfs und einer Diagnose der

Situation. Hierbei werden die individuellen Stärken, Ressourcen, aber auch Probleme und Herausforderungen erfasst.

Zielsetzung:

- Auf Basis der Bedarfsermittlung werden klare und realistische Ziele festgelegt. Diese Ziele sollen die Lebenssituation der betroffenen Personen verbessern und positive Veränderungen ermöglichen.

Beteiligung der Betroffenen:

- Die Hilfeplanung sieht die aktive Beteiligung der betroffenen Kinder, Jugendlichen und Familien vor. Deren Meinungen, Wünsche und Bedenken werden berücksichtigt, um die Akzeptanz und Wirksamkeit der Maßnahmen zu erhöhen.

Maßnahmenplanung:

- Auf Grundlage der Ziele werden konkrete Maßnahmen entwickelt. Dies können ambulante Unterstützungsleistungen, therapeutische Angebote, schulische Maßnahmen, Wohnformen oder andere Hilfen sein.

Zeitliche Perspektive:

- Die Hilfeplanung beinhaltet eine zeitliche Perspektive. Es wird festgelegt, über welchen Zeitraum die geplanten Maßnahmen durchgeführt werden und wann Überprüfungen und Evaluationen stattfinden sollen.

Beteiligte Professionen und Akteure:

- Die Hilfeplanung erfordert die Zusammenarbeit verschiedener Professionen und Akteure, wie Sozialarbeiter, Lehrer, Therapeuten, Ärzte und andere Fachkräfte. Die Aufgaben und Verantwortlichkeiten werden klar festgelegt.

Evaluationsphasen:

- Die Hilfeplanung sieht regelmäßige Evaluationsphasen vor, in denen überprüft wird, ob die gesteckten Ziele erreicht wurden. Bei Bedarf können Anpassungen vorgenommen werden, um auf veränderte Bedingungen zu reagieren.

Dokumentation:

- Alle Schritte der Hilfeplanung werden sorgfältig dokumentiert. Dies beinhaltet die Bedarfsermittlung, Zielsetzung, Maßnahmenplanung, Beteiligung der Betroffenen, zeitliche Perspektive, Zusammenarbeit der Akteure und Evaluationsergebnisse.

Datenschutz und Vertraulichkeit:

- Datenschutz und Vertraulichkeit der Informationen werden während der Hilfeplanung besonders beachtet. Nur relevante Informationen werden geteilt, und die betroffenen Personen werden über den Umgang mit ihren Daten informiert.

Partizipation und Empowerment:

- Die Hilfeplanung fördert die Partizipation der Betroffenen und strebt Empowerment an. Ziel ist es, die Selbstbestimmung und Mitverantwortung der betroffenen Personen zu stärken.

Hilfeplanung ist ein dynamischer Prozess, der sich flexibel an veränderte Bedarfe und Entwicklungen anpasst. Sie bildet die Grundlage für eine effektive, bedarfsgerechte und auf die individuelle Situation abgestimmte Unterstützung in der Kinder- und Jugendhilfe.

Hilfsmittel

Hilfsmittel sind technische oder technologische Instrumente, Apparate oder Geräte, die Menschen mit körperlichen oder geistigen Behinderungen helfen, ihre Selbständigkeit zu erhalten, ihre Lebensqualität zu verbessern und am gesellschaftlichen Leben teilzunehmen. Hilfsmittel können in verschiedenen Lebensbereichen eingesetzt werden.

Mobilitätshilfsmittel:
- Rollstühle, Rollatoren, Gehhilfen, Krücken und elektrische Mobilitätshilfen sind Beispiele für Hilfsmittel, die die Mobilität von Menschen mit körperlichen Einschränkungen unterstützen.

Hilfsmittel für die Alltagsbewältigung:
- Greifhilfen, Anziehhilfen, Besteck mit ergonomischem Griff, rutschfeste Matten und andere Hilfsmittel erleichtern alltägliche Aktivitäten für Menschen mit eingeschränkter Motorik.

Hilfsmittel für die Kommunikation:
- Kommunikationshilfen, wie zum Beispiel Sprachcomputer, Bildtelefone oder spezielle Apps für Smartphones, können Menschen mit Sprach- oder Kommunikationsstörungen unterstützen.

Hörhilfsmittel:
- Hörgeräte, Cochlea-Implantate und andere Hörhilfen verbessern die Hörfähigkeit von Menschen mit Hörbeeinträchtigungen.

Sehhilfen:

- Lupen, Bildschirmlesegeräte, Braillezeilen und andere Sehhilfen unterstützen Menschen mit Sehbeeinträchtigungen.

Hilfsmittel im Wohnbereich:

- Anpassungen im Wohnraum, wie Haltegriffe, Treppenlifte, Duschsitze oder spezielle Betten, können dazu beitragen, dass Menschen länger in ihrer gewohnten Umgebung bleiben können.

Elektronische Hilfsmittel:

- Smart-Home-Technologien, Sensoren und automatisierte Systeme können dazu beitragen, dass Menschen ihren Alltag autonomer bewältigen können. Dies kann beispielsweise die Steuerung von Beleuchtung, Heizung oder Sicherheitseinrichtungen umfassen.

Orthopädische Hilfsmittel:

- Orthopädische Schuhe, Einlagen, Bandagen und Orthesen sind Beispiele für Hilfsmittel, die dazu dienen, körperliche Funktionen zu unterstützen oder zu korrigieren.

Hilfsmittel für die Pflege:

- Pflegebetten, Pflegehilfen, Lifter und andere spezialisierte Ausrüstungen erleichtern die Pflege von Menschen mit eingeschränkter Mobilität oder anderen gesundheitlichen Problemen.

Finanzierung von Hilfsmitteln:

- In vielen Ländern werden die Kosten für bestimmte Hilfsmittel von Krankenversicherungen, Pflegeversicherungen oder anderen staatlichen Stellen übernommen. Die genauen Regelungen variieren je nach Land und Art des Hilfsmittels.

Individuelle Anpassung:

- Hilfsmittel sollten individuell auf die Bedürfnisse und Fähigkeiten der Nutzer angepasst werden. Eine professionelle Beratung und Anpassung durch

Fachleute, wie Ergotherapeuten oder Orthopädietechniker, ist oft notwendig.

Hilfsmittel spielen eine entscheidende Rolle, wenn es darum geht, Menschen mit Behinderungen mehr Unabhängigkeit, Sicherheit und Teilhabe am gesellschaftlichen Leben zu ermöglichen. Die Auswahl und Anpassung von Hilfsmitteln sollte jedoch immer auf die individuellen Bedürfnisse und Fähigkeiten des Nutzers abgestimmt sein.

Inklusion

Inklusion ist ein umfassendes Konzept zur Förderung der vollen Teilhabe und Gleichstellung aller Menschen in der Gesellschaft, unabhängig von individuellen Unterschieden und Merkmalen. Das Konzept der Inklusion erstreckt sich auf verschiedene Lebensbereiche wie Bildung, Arbeit, Freizeit und soziale Integration.

Definition von Inklusion:
- Inklusion bezeichnet den umfassenden Prozess, der darauf abzielt, Barrieren abzubauen und allen Menschen uneingeschränkte Teilhabe und Teilnahme in allen gesellschaftlichen Bereichen zu ermöglichen, unabhängig von Geschlecht, Alter, ethnischer Herkunft, Behinderung oder anderen Merkmalen.

Inklusive Bildung:
- In der inklusiven Bildung wird angestrebt, dass alle Schülerinnen und Schüler, unabhängig von ihren individuellen Voraussetzungen und Bedürfnissen,

gemeinsam in regulären Schulen unterrichtet werden. Dies beinhaltet Maßnahmen wie barrierefreie Schulgebäude, individualisierten Unterricht und Unterstützung durch spezialisierte Fachkräfte.

Arbeitsplatzinklusion:

- Inklusion am Arbeitsplatz bedeutet, dass Menschen mit unterschiedlichen Fähigkeiten und Hintergründen die gleichen beruflichen Chancen und Rechte haben. Arbeitgeber setzen inklusive Praktiken um, um die Vielfalt ihrer Belegschaft zu fördern und einen barrierefreien Arbeitsplatz zu schaffen.

Barrierefreiheit:

- Barrierefreiheit ist ein grundlegendes Prinzip der Inklusion. Dies umfasst physische Zugänglichkeit, aber auch die Bereitstellung von Informationen in verschiedenen Formaten, um sicherzustellen, dass Menschen mit unterschiedlichen Fähigkeiten und Bedürfnissen gleichberechtigt teilhaben können.

Soziale Inklusion:

- Soziale Inklusion zielt darauf ab, soziale Barrieren zu überwinden und das Gefühl der Zugehörigkeit für alle Mitglieder der Gesellschaft zu fördern. Dies kann durch soziale Programme, kulturelle Aktivitäten und Gemeinschaftsprojekte erreicht werden.

Partizipation und Mitbestimmung:

- Inklusion bedeutet nicht nur physische Anwesenheit, sondern auch aktive Beteiligung und Mitbestimmung. Alle Menschen sollen die Möglichkeit haben, ihre Meinung zu äußern,

Entscheidungen mitzugestalten und sich aktiv am gesellschaftlichen Leben zu beteiligen.

Anerkennung der Vielfalt:

- Inklusion respektiert und schätzt die Vielfalt der Menschen. Dies schließt kulturelle, ethnische, sprachliche, religiöse und andere Unterschiede ein. Die Wertschätzung der Vielfalt trägt dazu bei, Vorurteile abzubauen und ein tolerantes und respektvolles Miteinander zu fördern.

Empowerment:

- Inklusion fördert Empowerment, indem sie Menschen dazu ermutigt, ihre Potenziale zu entfalten, Selbstbestimmung zu erleben und ihre individuellen Stärken zu nutzen.

Gesellschaftliche Sensibilisierung:

- Inklusion erfordert eine Sensibilisierung der Gesellschaft für die Bedürfnisse und Rechte aller Menschen. Dies kann durch Aufklärungskampagnen, Schulungen und Dialoge gefördert werden.

Rechtliche Grundlagen:

- In vielen Ländern sind Gesetze und Regelungen implementiert worden, um die Rechte von Menschen mit unterschiedlichen Bedürfnissen zu schützen und ihre inklusive Teilhabe in verschiedenen Lebensbereichen zu gewährleisten.

Die Förderung von Inklusion trägt dazu bei, eine Gesellschaft zu schaffen, in der Vielfalt als Bereicherung betrachtet wird und in der alle Menschen die gleichen Chancen und Rechte genießen können. Es ist ein kontinuierlicher Prozess, der gemeinsame Anstrengungen von Einzelpersonen, Institutionen und der Gesellschaft als Ganzes erfordert.

Inklusivität

Inklusivität bezieht sich auf das Prinzip und die Praxis der gleichberechtigten Einbeziehung und Beteiligung von Menschen in allen Lebensbereichen, unabhängig von ihren individuellen Unterschieden und Hintergründen. Es geht darum, ein Umfeld zu schaffen, das Vielfalt wertschätzt, Barrieren abbaut und sicherstellt, dass alle Mitglieder der Gemeinschaft gleiche Chancen und Rechte haben.

Vielfalt respektieren:
- Inklusivität beginnt damit, die Vielfalt der Menschen zu respektieren und anzuerkennen. Dies umfasst Unterschiede in Bezug auf Geschlecht, Alter, Ethnizität, Religion, sexuelle Orientierung, Behinderungen und andere Merkmale.

Gleichberechtigung fördern:
- Inklusivität strebt nach Gleichberechtigung für alle Mitglieder der Gesellschaft. Dies beinhaltet gleiche Chancen im Bildungsbereich, am Arbeitsplatz, in der Freizeit und in allen anderen Lebensbereichen.

Barrierefreiheit sicherstellen:
- Inklusivität erfordert die Beseitigung von Barrieren, sowohl physischer als auch sozialer Art. Dies beinhaltet barrierefreie Zugänge zu Gebäuden, barrierefreie Kommunikation sowie die Schaffung einer Umgebung, die für alle zugänglich ist.

Teilhabe ermöglichen:
- Inklusivität zielt darauf ab, die aktive Teilhabe aller Menschen zu ermöglichen. Dies bedeutet nicht nur

Anwesenheit, sondern auch die Einbeziehung in Entscheidungsprozesse, Aktivitäten und soziale Interaktionen.

Kulturelle Sensibilität:

- Eine inklusive Umgebung erfordert kulturelle Sensibilität und Respekt gegenüber unterschiedlichen kulturellen Hintergründen. Dies trägt dazu bei, kulturelle Vielfalt zu schätzen und Vorurteile abzubauen.

Bildung und Bewusstsein:

- Inklusivität wird durch Bildung und Bewusstsein gefördert. Dies umfasst Aufklärung über Vielfalt, Sensibilisierungstraining und die Förderung von Wissen über die Bedürfnisse und Perspektiven unterschiedlicher Gruppen.

Empathie und Verständnis:

- Inklusivität erfordert Empathie und Verständnis für die Lebenssituationen anderer Menschen. Dies trägt dazu bei, Vorurteile abzubauen und eine unterstützende Gemeinschaft zu schaffen.

Gemeinschaftsorientierung:

- Inklusivität fördert eine Gemeinschaftsorientierung, in der die Bedürfnisse des Einzelnen im Einklang mit den Bedürfnissen der Gemeinschaft stehen. Dies schafft ein Gefühl der Zugehörigkeit und Zusammenhalt.

Soziale Verantwortung:

- Inklusivität betont die soziale Verantwortung jedes Einzelnen und jeder Organisation, eine Umgebung zu schaffen, die für alle Mitglieder der Gesellschaft förderlich ist.

Rechtliche Rahmenbedingungen:

- In vielen Ländern gibt es rechtliche Rahmenbedingungen, die die Rechte von Menschen schützen und Inklusivität fördern. Diese

Gesetze dienen als Grundlage für den Schutz vor
Diskriminierung und die Sicherstellung von
Gleichberechtigung.

Inklusivität ist nicht nur ein Ziel, sondern auch ein
fortlaufender Prozess, der ein ständiges Bemühen um
Veränderung und Verbesserung erfordert. Es ist eine
Haltung und eine Praxis, die darauf abzielt, eine
gerechtere und integrativere Gesellschaft zu schaffen.

Integration

Integration bezieht sich auf den Prozess der Eingliederung
von Menschen mit unterschiedlichem kulturellen, sozialen
oder ethnischen Hintergrund in bestehende
Gemeinschaften oder Strukturen. Ziel ist es, die aktive
Beteiligung und das Zusammenleben verschiedener
Gruppen zu fördern und gleichzeitig die Vielfalt und die
individuellen Identitäten zu respektieren.

Soziale Integration:
- Soziale Integration bezieht sich darauf, dass
  Menschen in bestehende soziale Strukturen
  eingebunden werden. Dies kann die Teilnahme an
  gemeinsamen Aktivitäten, das Knüpfen sozialer
  Kontakte und die Akzeptanz in sozialen Gruppen
  umfassen.

Bildungsintegration:
- Bildungsintegration bedeutet, dass Schülerinnen
  und Schüler mit unterschiedlichem Hintergrund
  gemeinsam in Regelschulen unterrichtet werden.

Es wird angestrebt, Chancengleichheit im
Bildungsbereich zu gewährleisten.

Arbeitsmarktintegration:

- Arbeitsmarktintegration bezieht sich darauf,
  Menschen mit unterschiedlichem Hintergrund in
  den Arbeitsmarkt zu integrieren. Dies umfasst
  gleiche Beschäftigungschancen, faire Entlohnung
  und eine diskriminierungsfreie Arbeitsumgebung.

Kulturelle Integration:

- Kulturelle Integration bedeutet, dass Menschen
  ihre eigene kulturelle Identität bewahren können,
  während sie gleichzeitig in einer breiteren
  kulturellen Gemeinschaft leben. Es geht um den
  Austausch und die gegenseitige Anerkennung
  verschiedener kultureller Ausdrucksformen.

Sprachliche Integration:

- Sprachliche Integration bezieht sich darauf, dass
  Menschen die Sprache des Landes, in dem sie
  leben, erlernen und verwenden können. Die
  Sprache spielt eine entscheidende Rolle für die
  Teilnahme am gesellschaftlichen Leben.

Gleichberechtigung und Chancengleichheit:

- Integration strebt nach Gleichberechtigung und
  Chancengleichheit für alle Mitglieder der
  Gesellschaft. Dies beinhaltet den Zugang zu
  Bildung, Arbeitsplätzen, Gesundheitsversorgung
  und anderen Ressourcen.

Gesellschaftliche Werte und Normen:

- Integration berücksichtigt die gesellschaftlichen
  Werte und Normen und fördert ein Verständnis für
  diese. Gleichzeitig sollen individuelle Werte und
  Normen respektiert werden.

Gegenseitige Akzeptanz:

- Integration fördert die gegenseitige Akzeptanz und Toleranz zwischen verschiedenen Gruppen. Dies trägt dazu bei, Vorurteile abzubauen und ein harmonisches Zusammenleben zu ermöglichen.

Gemeinschaftsleben:

- Integration zielt darauf ab, ein gemeinschaftliches Miteinander zu schaffen, in dem Menschen unabhängig von ihrer Herkunft aktiv am gesellschaftlichen Leben teilhaben.

Rechtliche Rahmenbedingungen:

- Viele Länder haben Gesetze und Regelungen erlassen, um die Rechte von Migrantinnen und Migranten sowie anderen Gruppen zu schützen und ihre Integration zu fördern.

Integration ist ein dynamischer Prozess, der die Anpassung der Aufnahmegesellschaft und der einzelnen Gruppen beinhaltet. Ein erfolgreiches Integrationsmodell berücksichtigt die Bedürfnisse aller Beteiligten und strebt eine gemeinsame, integrative Gesellschaft an.

Integrationsfachdienst

Ein Integrationsfachdienst (IFD) ist eine Einrichtung, die Menschen mit Behinderung bei der Eingliederung in den Arbeitsmarkt unterstützt. Diese Dienste gibt es in vielen Ländern und sie arbeiten eng mit verschiedenen Akteuren zusammen, darunter Menschen mit Behinderungen, Arbeitgeber, Rehabilitationsträger und andere Einrichtungen der Behindertenhilfe.

Zielgruppe:

- Der Integrationsfachdienst richtet sich an Menschen mit Behinderungen, die aufgrund ihrer gesundheitlichen Einschränkungen besondere Unterstützung bei der beruflichen Integration benötigen.

Individuelle Beratung und Unterstützung:

- IFDs bieten individuelle Beratung und Unterstützung an, um die spezifischen Bedürfnisse und Fähigkeiten der Menschen mit Behinderungen zu berücksichtigen. Dies kann die Identifizierung geeigneter Arbeitsmöglichkeiten und die Entwicklung von Integrationsstrategien umfassen.

Kooperation mit Arbeitgebern:

- IFDs arbeiten eng mit Arbeitgebern zusammen, um geeignete Arbeitsplätze für Menschen mit Behinderungen zu finden. Dies kann die Sensibilisierung von Arbeitgebern für die Potenziale von Menschen mit Behinderungen einschließen.

Arbeitsplatzanalysen:

- IFDs führen Arbeitsplatzanalysen durch, um sicherzustellen, dass der Arbeitsplatz den Bedürfnissen und Fähigkeiten der Menschen mit Behinderungen entspricht. Sie können auch Empfehlungen für erforderliche Anpassungen oder Unterstützungsleistungen geben.

Vermittlung und Begleitung:

- Der Integrationsfachdienst unterstützt bei der Vermittlung in passende Arbeitsstellen und begleitet die Menschen mit Behinderungen während des Integrationsprozesses. Dies kann die Einarbeitung am Arbeitsplatz einschließen.

Netzwerkarbeit:

- IFDs arbeiten in einem Netzwerk von verschiedenen Akteuren, darunter

Rehabilitationsträger, Arbeitsagenturen, Sozialämter und andere Organisationen. Die Zusammenarbeit ermöglicht eine umfassende Unterstützung der Menschen mit Behinderungen.

Förderung von Vielfalt und Inklusion:

- IFDs fördern die Vielfalt und Inklusion am Arbeitsplatz. Sie setzen sich dafür ein, dass Menschen mit unterschiedlichen Arten von Behinderungen gleichberechtigten Zugang zu Beschäftigungsmöglichkeiten haben.

Qualifizierung und Schulung:

- IFDs bieten oft Qualifizierungs- und Schulungsmaßnahmen an, um die beruflichen Fähigkeiten und die Selbstständigkeit der Menschen mit Behinderungen zu stärken.

Unterstützung im Arbeitsleben:

- Der Integrationsfachdienst kann auch während des Arbeitsverhältnisses Unterstützung bieten, um eine nachhaltige Integration zu gewährleisten. Dies kann beispielsweise die Anpassung von Arbeitsbedingungen oder die Vermittlung von Unterstützungsdiensten umfassen.

Umsetzung rechtlicher Rahmenbedingungen:

- IFDs berücksichtigen die geltenden rechtlichen Rahmenbedingungen für die berufliche Integration von Menschen mit Behinderungen. Dies kann nationale Gesetze und Verordnungen sowie internationale Übereinkommen einschließen.

Die Arbeit der Integrationsfachdienste ist darauf ausgerichtet, die Chancengleichheit von Menschen mit Behinderungen auf dem Arbeitsmarkt zu fördern und ihnen die volle Teilhabe am Arbeitsleben zu ermöglichen.

Interdisziplinarität

Interdisziplinarität bezieht sich auf die Zusammenarbeit und den Austausch zwischen verschiedenen Disziplinen oder Fachbereichen, um komplexe Probleme zu verstehen, zu erforschen und zu lösen. Der Ansatz der Interdisziplinarität geht über die Grenzen einzelner Disziplinen hinaus und fördert eine ganzheitliche Sichtweise.

Zusammenarbeit verschiedener Disziplinen:
- Interdisziplinarität beinhaltet die Zusammenarbeit von Expertinnen und Experten aus unterschiedlichen Fachrichtungen. Dies können beispielsweise Naturwissenschaftler, Sozialwissenschaftler, Technologen und Künstler sein.

Ganzheitliche Perspektive:
- Der interdisziplinäre Ansatz strebt eine ganzheitliche Perspektive an, die verschiedene Aspekte eines Themas oder Problems berücksichtigt. Dadurch sollen umfassendere Lösungen entwickelt werden.

Überschneidungen von Wissen und Methoden:
- Interdisziplinäre Teams bringen unterschiedliche Arten von Wissen, Methoden und Denkweisen zusammen. Dadurch entstehen Synergien und neue Erkenntnisse, die durch die Zusammenarbeit der Disziplinen ermöglicht werden.

Lösung komplexer Probleme:
- Der interdisziplinäre Ansatz wird oft gewählt, um komplexe Probleme anzugehen, die nicht durch eine einzige Disziplin allein gelöst werden können.

Die Zusammenführung von Fachkenntnissen trägt dazu bei, umfassendere Lösungen zu finden.

Kreativität und Innovation:

- Durch den Austausch von Ideen und Perspektiven aus verschiedenen Disziplinen kann die Kreativität gefördert und Innovationen angeregt werden. Neue Herangehensweisen und Lösungen können entstehen.

Kommunikation und Verständnis:

- Interdisziplinäre Teams erfordern eine klare Kommunikation und das Verständnis für die Terminologie und Methoden anderer Fachgebiete. Dies trägt zur effektiven Zusammenarbeit bei.

Forschungsprojekte und Studien:

- In der Forschung sind interdisziplinäre Projekte häufig, da sie dazu beitragen können, tiefergehende Erkenntnisse über komplexe Phänomene zu gewinnen. Dies kann in Bereichen wie Umweltwissenschaften, Medizin, Technologie und Sozialwissenschaften der Fall sein.

Flexibilität und Offenheit:

- Interdisziplinarität erfordert Flexibilität und Offenheit gegenüber neuen Ideen und Ansätzen. Es geht darum, über traditionelle Denkmuster hinauszugehen und verschiedene Perspektiven zu integrieren.

Ausbildung und Lehre:

- In der Hochschulbildung werden zunehmend interdisziplinäre Lehransätze verfolgt, um Studierende auf eine breitere Sichtweise vorzubereiten und ihre Fähigkeiten zur Zusammenarbeit zu stärken.

Gesellschaftliche Herausforderungen angehen:

- Interdisziplinäre Ansätze sind oft notwendig, um komplexe gesellschaftliche Herausforderungen anzugehen, die eine Vielzahl von Disziplinen betreffen, wie beispielsweise Gesundheit, Klimawandel und soziale Ungerechtigkeit.

Interdisziplinarität trägt dazu bei, die Vielfalt der Perspektiven zu nutzen und umfassendere Lösungen für komplexe Herausforderungen in verschiedenen Bereichen zu entwickeln.

Interkulturalität

Interkulturalität bezieht sich auf das Zusammenleben und die Interaktion von Menschen mit unterschiedlichem kulturellem Hintergrund. Der Begriff betont die gegenseitige Beeinflussung, den Dialog und die Verständigung zwischen verschiedenen Kulturen.

Kulturelle Vielfalt:
- Interkulturalität basiert auf der Anerkennung und Wertschätzung kultureller Vielfalt. Sie betrachtet kulturelle Unterschiede nicht als Hindernisse, sondern als Bereicherung.

Wechselseitige Beziehungen:
- Der interkulturelle Ansatz betont wechselseitige Beziehungen und den Austausch zwischen verschiedenen Kulturen. Es geht darum, voneinander zu lernen und gemeinsam zu wachsen.

Respekt und Toleranz:
- Interkulturalität setzt auf Respekt und Toleranz gegenüber anderen Kulturen. Sie fordert ein

Verständnis für unterschiedliche Werthaltungen, Normen und Lebensweisen.

Kulturdialog:

- Im Mittelpunkt der Interkulturalität steht der Kulturdialog, bei dem Menschen verschiedener kultureller Hintergründe aktiv miteinander kommunizieren und sich austauschen. Dies fördert ein gegenseitiges Verständnis.

Integration und Inklusion:

- Interkulturalität strebt nach Integration und Inklusion von Menschen verschiedener kultureller Herkunft in sämtliche gesellschaftlichen Bereiche, sei es Bildung, Arbeit oder Freizeit.

Gemeinschaftsbildung:

- Interkulturalität fördert die Bildung von gemeinschaftlichen Strukturen, in denen Menschen unterschiedlicher Herkunft zusammenleben und kooperieren können.

Kulturkritik:

- Der interkulturelle Ansatz kann auch Kulturkritik beinhalten, indem er auf bestehende Vorurteile, Stereotypen und Diskriminierung hinweist und sich gegen diese wendet.

Bilingualität und Mehrsprachigkeit:

- Interkulturalität wird oft in Zusammenhang mit Bilingualität und Mehrsprachigkeit betrachtet, da sie den Gebrauch und die Pflege verschiedener Sprachen fördert.

Globale Perspektive:

- Interkulturalität nimmt eine globale Perspektive ein und berücksichtigt die komplexen Beziehungen zwischen verschiedenen Kulturen auf internationaler Ebene.

Interkulturelle Kompetenz:

- Der Erwerb interkultureller Kompetenz, also die Fähigkeit, effektiv in interkulturellen Situationen zu agieren, wird als wichtiger Aspekt betrachtet. Dies umfasst interkulturelle Sensibilität, Kommunikationsfähigkeiten und Konfliktlösungskompetenzen.

Förderung von Vielfalt:

- Interkulturalität fördert die Vielfalt und schafft Umgebungen, in denen unterschiedliche kulturelle Perspektiven als Stärke betrachtet werden.

Interkulturalität ist ein Ansatz zur Förderung von Frieden, Verständnis und Zusammenarbeit zwischen Menschen mit unterschiedlichem kulturellem Hintergrund. Sie spielt eine wichtige Rolle in einer zunehmend globalisierten Welt, in der interkulturelle Kompetenzen von großer Bedeutung sind.

Interkulturelle Kompetenz

Interkulturelle Kompetenz bezieht sich auf die Fähigkeit, in interkulturellen Situationen effektiv und respektvoll zu handeln. Diese Kompetenz umfasst das Verständnis kultureller Unterschiede, die Fähigkeit, in einem interkulturellen Umfeld zu kommunizieren und zusammenzuarbeiten, sowie die Bereitschaft, sich auf unterschiedliche kulturelle Perspektiven einzulassen.

Kulturelles Bewusstsein:

- Interkulturelle Kompetenz beginnt mit einem starken kulturellen Bewusstsein. Es umfasst das Verständnis der eigenen kulturellen Hintergründe sowie die Anerkennung und Wertschätzung der Vielfalt anderer Kulturen.

Interkulturelle Sensibilität:

- Sensibilität für kulturelle Unterschiede ist entscheidend. Dies beinhaltet das Erkennen von Unterschieden in Verhaltensweisen, Werten, Kommunikationsstilen und Denkmustern.

Kommunikationsfähigkeiten:

- Effektive Kommunikation in einem interkulturellen Kontext erfordert die Fähigkeit, sich klar auszudrücken und zuzuhören. Dazu gehört auch die Berücksichtigung kultureller Unterschiede in der nonverbalen Kommunikation.

Empathie:

- Empathie, das Einfühlen in die Perspektiven anderer, ist ein zentraler Bestandteil interkultureller Kompetenz. Dies ermöglicht ein tieferes Verständnis für die Gefühle und Sichtweisen von Menschen aus anderen Kulturen.

Flexibilität und Anpassungsfähigkeit:

- Interkulturelle Kompetenz erfordert Flexibilität und die Fähigkeit zur Anpassung an unterschiedliche soziale Normen und Verhaltensweisen. Dies gilt besonders in Bezug auf Geschäftspraktiken, Arbeitsethik und zwischenmenschliche Beziehungen.

Konfliktlösungskompetenz:

- Konflikte können aufgrund kultureller Unterschiede entstehen. Interkulturelle Kompetenz beinhaltet die Fähigkeit zur effektiven

Konfliktlösung, unter Berücksichtigung
verschiedener kultureller Kontexte.

Selbstreflexion:

- Die Bereitschaft zur Selbstreflexion ist wichtig, um
  die eigenen kulturellen Prägungen und Vorurteile
  zu erkennen. Dies ermöglicht eine offene Haltung
  gegenüber neuen Perspektiven.

Toleranz und Offenheit:

- Eine tolerante und offene Einstellung gegenüber
  unterschiedlichen Lebensstilen, Wertvorstellungen
  und Glaubensrichtungen ist ein wesentlicher
  Bestandteil interkultureller Kompetenz.

Lernbereitschaft:

- Interkulturelle Kompetenz beinhaltet eine
  kontinuierliche Lernbereitschaft. Das bedeutet,
  ständig dazuzulernen und sich neuen kulturellen
  Erfahrungen zu öffnen.

Interkulturelle Trainings:

- Die Teilnahme an interkulturellen Trainings kann
  helfen, spezifische Fähigkeiten und Kenntnisse zu
  entwickeln, um erfolgreich in interkulturellen
  Kontexten zu agieren.

Berufliche Anwendung:

- In der beruflichen Anwendung bedeutet
  interkulturelle Kompetenz, die Fähigkeit zu
  besitzen, effektiv mit internationalen Teams zu
  arbeiten, globale Geschäftspraktiken zu verstehen
  und kulturelle Unterschiede in der
  Kundenbetreuung zu berücksichtigen.

Interkulturelle Kompetenz ist in einer globalisierten Welt,
in der Menschen aus verschiedenen Kulturen auf
persönlicher und beruflicher Ebene interagieren, von
entscheidender Bedeutung. Die Entwicklung dieser
Kompetenz trägt dazu bei, Missverständnisse zu

vermeiden, zwischenmenschliche Beziehungen zu stärken
und den Erfolg in einer zunehmend vernetzten
Gesellschaft zu fördern.

Interkulturelle Öffnung

Interkulturelle Öffnung bezieht sich auf den Prozess, in
dem Organisationen, Institutionen oder Gemeinschaften
ihre Strukturen, Praktiken und Denkweisen so gestalten,
dass sie kulturelle Vielfalt und Unterschiede aktiv
anerkennen, respektieren und fördern. Ziel ist es, ein
integratives Umfeld zu schaffen, in dem Menschen mit
unterschiedlichem kulturellem Hintergrund
gleichberechtigt teilhaben und ihre individuellen
Potenziale entfalten können.

Anerkennung der Vielfalt:
- Interkulturelle Öffnung beginnt mit der bewussten
  Anerkennung und Wertschätzung der Vielfalt in
  einer Gemeinschaft oder Organisation. Dies
  schließt kulturelle, ethnische, religiöse, sprachliche
  und andere Unterschiede ein.

Inklusive Strukturen und Politiken:
- Organisationen, die sich interkulturell öffnen,
  passen ihre Strukturen und Politiken an, um
  Inklusion und Chancengleichheit zu fördern. Dies
  kann die Entwicklung von Richtlinien zur
  Vermeidung von Diskriminierung und zur
  Förderung von Diversität umfassen.

Schaffung von Bewusstsein:

- Interkulturelle Öffnung beinhaltet die Förderung
  eines Bewusstseins für kulturelle Unterschiede und
  die Auswirkungen von Stereotypen und
  Vorurteilen. Schulungen und
  Sensibilisierungsmaßnahmen können dazu
  beitragen, dieses Bewusstsein zu fördern.

Partizipation und Mitbestimmung:

- Menschen aus verschiedenen kulturellen
  Hintergründen sollten in Entscheidungsprozesse
  einbezogen werden. Interkulturelle Öffnung
  fördert die Partizipation und Mitbestimmung aller
  Mitglieder der Gemeinschaft oder Organisation.

Barrierefreiheit:

- Interkulturelle Öffnung beinhaltet auch die
  Schaffung barrierefreier Zugänge für alle
  Mitglieder, unabhängig von ihrer kulturellen
  Herkunft. Dies kann physische Barrierefreiheit, aber
  auch den Zugang zu Informationen und
  Dienstleistungen umfassen.

Interkulturelle Kommunikation:

- Effektive Kommunikation über kulturelle Grenzen
  hinweg ist ein wesentlicher Bestandteil der
  interkulturellen Öffnung. Dies umfasst die
  Förderung von mehrsprachigen
  Kommunikationsstrategien und die
  Berücksichtigung kultureller Unterschiede in der
  Kommunikation.

Ausbildung und Schulung:

- Organisationen können interkulturelle Schulungen
  und Fortbildungen anbieten, um das Verständnis
  für kulturelle Vielfalt zu fördern und die
  Mitarbeiterinnen und Mitarbeiter auf
  interkulturelle Interaktionen vorzubereiten.

Ressourcen für Migranten und Minderheiten:

- Interkulturelle Öffnung beinhaltet die
  Bereitstellung von Ressourcen und
  Unterstützungsdiensten, die auf die Bedürfnisse
  von Migranten, ethnischen Minderheiten oder
  anderen kulturellen Gruppen zugeschnitten sind.

Förderung von kulturellen Veranstaltungen:

- Das Veranstalten und Unterstützen von kulturellen
  Veranstaltungen und Aktivitäten trägt zur
  Förderung der Vielfalt und zur Schaffung eines
  inklusiven Umfelds bei.

Evaluation und Anpassung:

- Regelmäßige Evaluierungen helfen, den Fortschritt
  in Bezug auf interkulturelle Öffnung zu messen.
  Auf Grundlage der Ergebnisse können
  Anpassungen an den Maßnahmen vorgenommen
  werden, um die Effektivität zu steigern.

Interkulturelle Öffnung ist ein kontinuierlicher Prozess, der
ein umfassendes Engagement und ständige Anpassungen
erfordert. Eine erfolgreiche Umsetzung kann zu einer
besseren Integration, einem positiven Arbeits- und
Lebensumfeld und einem respektvolleren Miteinander
führen.

Intervention

Intervention bezieht sich auf gezielte Maßnahmen oder
Eingriffe, die ergriffen werden, um eine Situation zu

beeinflussen, zu verbessern oder zu verändern. Interventionen können in verschiedenen Kontexten stattfinden, einschließlich medizinischer, sozialer, psychologischer und pädagogischer Bereiche. Einige Schlüsselaspekte der Intervention sind:

Zielgerichtete Maßnahmen:
- Interventionen sind zielgerichtet und auf ein bestimmtes Ergebnis oder Ziel ausgerichtet. Sie werden entwickelt, um eine positive Veränderung herbeizuführen oder ein Problem zu lösen.

Bedarfsanalyse:
- Bevor eine Intervention durchgeführt wird, erfolgt oft eine Bedarfsanalyse, um den genauen Bedarf oder das Problem zu identifizieren, auf das die Intervention abzielt.

Frühintervention:
- In einigen Fällen werden Interventionen frühzeitig eingesetzt, um die Entwicklung von Problemen zu verhindern oder frühzeitig entgegenzuwirken, bevor sie schwerwiegender werden.

Individualisierte Ansätze:
- Interventionen können auf individuelle Bedürfnisse zugeschnitten sein, insbesondere in den Bereichen Gesundheit, Bildung und Sozialarbeit. Dies ermöglicht eine gezielte Unterstützung.

Krisenintervention:
- Krisenintervention bezieht sich auf Maßnahmen, die ergriffen werden, um Menschen in akuten Notlagen oder Krisensituationen zu helfen. Dies kann emotionale Unterstützung, Ressourcenbereitstellung oder andere Formen der Hilfe umfassen.

Sozialpädagogische Intervention:

- Im pädagogischen Bereich können Interventionen dazu dienen, das Lernen und die soziale Entwicklung von Schülerinnen und Schülern zu fördern. Dies kann beispielsweise durch gezielte Fördermaßnahmen geschehen.

Verhaltensintervention:

- Interventionen im Bereich der Verhaltenspsychologie werden verwendet, um Verhaltensweisen zu ändern oder zu modifizieren. Dies kann sowohl im klinischen als auch im pädagogischen Kontext relevant sein.

Gesundheitsintervention:

- Gesundheitsinterventionen umfassen Maßnahmen zur Förderung der Gesundheit, zur Prävention von Krankheiten oder zur Unterstützung bei der Bewältigung von Gesundheitsproblemen.

Evaluation und Überwachung:

- Interventionen werden oft evaluiert, um ihre Wirksamkeit zu überprüfen. Dies beinhaltet die regelmäßige Überwachung und Anpassung von Maßnahmen, um sicherzustellen, dass sie den beabsichtigten Effekt haben.

Partizipation der Betroffenen:

- In vielen Interventionen wird versucht, die Betroffenen aktiv einzubeziehen und ihre Perspektiven und Bedürfnisse in den Planungs- und Umsetzungsprozess einzubeziehen.

Multidisziplinärer Ansatz:

- Komplexe Probleme erfordern oft einen multidisziplinären Ansatz, bei dem Fachleute aus verschiedenen Bereichen zusammenarbeiten, um umfassendere Lösungen zu entwickeln.

Kontinuität und Langzeitwirkungen:

- Einige Interventionen zielen auf langfristige Veränderungen ab und erfordern eine kontinuierliche Unterstützung über einen längeren Zeitraum, um nachhaltige Wirkungen zu erzielen.

Interventionen können auf verschiedenen Ebenen stattfinden, von individuellen Interventionen bis hin zu gemeinschaftlichen oder sogar gesellschaftlichen Maßnahmen. Der Erfolg einer Intervention hängt oft von einer sorgfältigen Planung, Durchführung und Evaluierung ab.

Jobcenter

Das Jobcenter ist eine Einrichtung in Deutschland, die im Rahmen der Arbeitsmarktpolitik tätig ist und verschiedene Dienstleistungen im Zusammenhang mit Arbeit und Beschäftigung anbietet.

Zuständigkeiten:
- Jobcenter sind für die Umsetzung von arbeitsmarktpolitischen Maßnahmen und die Betreuung von Arbeitsuchenden verantwortlich. Sie übernehmen Aufgaben im Rahmen der Grundsicherung für Arbeitsuchende (SGB II).

Grundsicherung für Arbeitsuchende (SGB II):
- Die Grundsicherung für Arbeitsuchende ist ein zentrales Aufgabenfeld der Jobcenter. Sie bietet finanzielle Unterstützung für Menschen, die ihren Lebensunterhalt nicht aus eigener Kraft bestreiten können. Dazu gehören Leistungen für den Lebensunterhalt (Arbeitslosengeld II) sowie Leistungen für Unterkunft und Heizung.

Arbeitsvermittlung:

- Jobcenter unterstützen Arbeitsuchende bei der Vermittlung in Arbeit. Dies umfasst die Beratung, Qualifizierung und Unterstützung bei der Jobsuche. Ziel ist es, die Eingliederung in den Arbeitsmarkt zu fördern.

Förderung von Weiterbildung:

- Jobcenter können Weiterbildungsmaßnahmen fördern, um die beruflichen Qualifikationen von Arbeitsuchenden zu verbessern und ihre Chancen auf dem Arbeitsmarkt zu erhöhen.

Familienleistungen:

- Neben Leistungen für Einzelpersonen berücksichtigen Jobcenter auch die Bedürfnisse von Familien. Dazu gehören finanzielle Unterstützung und Beratung für Familien mit Kindern.

Soziale Dienstleistungen:

- Jobcenter bieten auch soziale Dienstleistungen an, um individuelle Herausforderungen anzugehen, die die Arbeitsaufnahme erschweren könnten. Dazu gehören beispielsweise Unterstützung bei der Kinderbetreuung oder Hilfe bei gesundheitlichen Problemen.

Förderung von Selbstständigkeit:

- Für Personen, die den Schritt in die Selbstständigkeit planen, können Jobcenter Beratung und finanzielle Unterstützung anbieten, um die Gründung eines eigenen Unternehmens zu erleichtern.

Arbeitsmarktpolitische Maßnahmen:

- Jobcenter setzen verschiedene arbeitsmarktpolitische Maßnahmen um, um die Beschäftigungschancen von Arbeitsuchenden zu

verbessern. Dazu gehören beispielsweise
Trainingsprogramme oder Arbeitsgelegenheiten.

Kooperation mit Arbeitgebern:

- Jobcenter arbeiten eng mit Unternehmen
  zusammen, um Arbeitsuchende in passende
  Arbeitsverhältnisse zu vermitteln. Sie unterstützen
  auch Arbeitgeber bei der Suche nach
  qualifiziertem Personal.

Aktivierung und berufliche Eingliederung:

- Im Rahmen der Aktivierungs- und
  Eingliederungsmaßnahmen sollen Arbeitsuchende
  befähigt werden, ihre beruflichen Perspektiven zu
  verbessern und aktiv am Arbeitsmarkt
  teilzunehmen.

Zu beachten ist, dass die genaue Ausgestaltung und die
Leistungen der Jobcenter in Deutschland gesetzlich
geregelt sind, insbesondere im Sozialgesetzbuch II (SGB
II). Struktur und Zuständigkeiten können von Bundesland
zu Bundesland variieren.

Jugendamt

Das Jugendamt ist Einrichtung auf kommunaler Ebene, die
sich mit Fragen des Wohlergehens von Kindern und
Jugendlichen befasst. Es spielt eine zentrale Rolle im
Kinder- und Jugendhilferecht und übernimmt
verschiedene Aufgaben im Rahmen des Schutzes, der
Förderung und der Unterstützung junger Menschen.

Kinderschutz:

- Eines der Hauptanliegen des Jugendamts ist der Schutz von Kindern vor Vernachlässigung, Misshandlung, Ausbeutung und anderen Formen der Gefährdung. Es interveniert, wenn das Wohl eines Kindes gefährdet ist.

Hilfen zur Erziehung:

- Das Jugendamt bietet unterschiedliche Hilfen zur Erziehung an, um Eltern und Familien in schwierigen Lebenssituationen zu unterstützen. Dazu gehören Beratung, Betreuung, Familienhilfe, Erziehungshilfen und therapeutische Maßnahmen.

Jugendhilfeplanung:

- Das Jugendamt ist für die Planung und Organisation von Maßnahmen der Jugendhilfe auf lokaler Ebene verantwortlich. Dies umfasst die Identifikation von Bedarfen, die Koordination von Angeboten und die Zusammenarbeit mit anderen relevanten Einrichtungen.

Adoptionsvermittlung:

- In vielen Ländern spielt das Jugendamt eine Rolle bei der Vermittlung von Adoptionen. Es prüft die Eignung von Adoptiveltern, unterstützt Adoptionsprozesse und sorgt für das Wohl des adoptierten Kindes.

Jugendarbeit:

- Das Jugendamt fördert Jugendarbeit und Jugendschutzmaßnahmen. Es unterstützt Jugendzentren, Projekte, Freizeitaktivitäten und Bildungsangebote für junge Menschen.

Kinder- und Jugendpsychiatrie:

- In einigen Fällen kann das Jugendamt in die Vermittlung von Kinder- und Jugendpsychiatrie involviert sein, insbesondere wenn psychische

Gesundheitsprobleme das Wohl eines Kindes beeinträchtigen.

Schulsozialarbeit:

- Zusammenarbeit mit Schulen und Schulsozialarbeitern gehört zu den Aufgaben des Jugendamts. Dies kann die Unterstützung von Schülern, Eltern und Lehrern umfassen.

Kindertagesbetreuung:

- Das Jugendamt ist auch für die Planung und Überwachung von Kindertagesbetreuungseinrichtungen, wie Kindergärten und Krippen, zuständig.

Hilfe zur Erziehung bei Gefährdung des Kindeswohls:

- Wenn das Wohl eines Kindes akut gefährdet ist, kann das Jugendamt notwendige Schutzmaßnahmen ergreifen, darunter auch die Inobhutnahme des Kindes.

Beratung und Aufklärung:

- Das Jugendamt bietet Beratung und Aufklärung zu verschiedenen Themen im Bereich der Kinder- und Jugendhilfe an, um Familien zu unterstützen und zu informieren.

Die genauen Zuständigkeiten und Aufgaben können im regionalem Kontext variieren, aber im Allgemeinen ist das Jugendamt dafür zuständig, das Wohl von Kindern und Jugendlichen zu sichern und ihre positive Entwicklung zu fördern.

Jugendgerichtshilfe

Die Jugendgerichtshilfe ist eine Einrichtung des deutschen Strafrechtssystems, die Jugendliche und junge Erwachsene im Alter von 14 bis 21 Jahren unterstützt und begleitet. Ihr Hauptziel ist die Betreuung, Förderung und Resozialisierung straffällig gewordener junger Menschen.

Zuständigkeit und Aufgaben:
- Die Jugendgerichtshilfe ist in erster Linie im Jugendstrafrecht tätig und arbeitet eng mit Jugendgerichten zusammen. Ihre Hauptaufgaben umfassen die Erstellung von Sozialberichten für Gerichtsverfahren, die Begleitung von Jugendlichen während des gesamten Strafverfahrens und die Unterstützung bei der Resozialisierung.

Sozialberichte:
- Die Jugendgerichtshilfe erstellt vor Gericht sogenannte Sozialberichte. Diese Berichte enthalten Informationen über die persönlichen Verhältnisse, die Lebenssituation und die Entwicklung des Jugendlichen. Sie dienen dem Gericht als Grundlage für die Urteilsfindung.

Persönliche Betreuung:
- Jugendgerichtshelferinnen und -helfer begleiten den Jugendlichen persönlich, insbesondere während der Gerichtsverhandlung. Sie stehen dem Jugendlichen als Ansprechpartner zur Verfügung und unterstützen ihn bei der Bewältigung der strafrechtlichen Konsequenzen.

Förderung und Resozialisierung:
- Ein zentrales Anliegen der Jugendgerichtshilfe ist die Förderung und Resozialisierung des

Jugendlichen. Dies beinhaltet die Entwicklung
individueller Förderpläne, um die soziale
Integration und die beruflichen Perspektiven zu
verbessern.

Beratung und Unterstützung:

- Jugendgerichtshelferinnen und -helfer beraten den
  Jugendlichen und seine Familie bei der
  Bewältigung von persönlichen Problemen, die zu
  strafbaren Handlungen geführt haben könnten. Sie
  bieten Unterstützung bei der Entwicklung von
  Lösungsstrategien an.

Prävention:

- Die Jugendgerichtshilfe engagiert sich auch in
  präventiven Maßnahmen, um straffälliges
  Verhalten zu verhindern. Dies kann die
  Zusammenarbeit mit Schulen, Jugendämtern und
  anderen sozialen Einrichtungen umfassen.

Mitwirkung in Gerichtsverfahren:

- Die Jugendgerichtshilfe hat das Recht, im
  Gerichtsverfahren Stellung zu nehmen und ihre
  Erkenntnisse über den Jugendlichen mitzuteilen.
  Dies kann Einfluss auf die Urteilsfindung haben,
  insbesondere wenn es um alternative Sanktionen
  oder jugendgerichtliche Weisungen geht.

Schutz der Opfer und Prävention von Rückfällen:

- Neben der Unterstützung des Jugendlichen
  berücksichtigt die Jugendgerichtshilfe auch den
  Schutz der Opfer. Gleichzeitig wird darauf
  hingewirkt, dass der Jugendliche nicht erneut
  straffällig wird.

Kooperation mit anderen Institutionen:

- Die Jugendgerichtshilfe arbeitet eng mit
  verschiedenen Institutionen zusammen, darunter

Jugendämter, Schulen, Beratungsstellen und soziale Dienste, um eine ganzheitliche Betreuung sicherzustellen.

Die Jugendgerichtshilfe ist relevant bei der Unterstützung straffällig gewordener Jugendlicher auf ihrem Weg in die Gesellschaft. Dabei steht nicht nur die Bestrafung, sondern vor allem die individuelle Förderung und Perspektiventwicklung im Vordergrund.

Kindeswohlgefährdung

Kindeswohlgefährdung bezieht sich auf Situationen, in denen das körperliche, emotionale oder geistige Wohl eines Kindes oder Jugendlichen gefährdet ist. Dies kann durch verschiedene Formen von Vernachlässigung, Misshandlung oder andere Gefährdungen verursacht werden.

Definition:
- Kindeswohlgefährdung liegt vor, wenn das körperliche, emotionale oder seelische Wohl eines Kindes erheblich beeinträchtigt oder bedroht ist. Dies kann durch Vernachlässigung, körperliche oder emotionale Misshandlung, sexuellen Missbrauch oder andere schädliche Handlungen verursacht werden.

Formen der Kindeswohlgefährdung:
- Die Gefährdung des Kindeswohls kann in unterschiedlichen Formen auftreten, darunter physische Vernachlässigung, emotionale Vernachlässigung, körperliche Misshandlung, sexueller Missbrauch, psychische Misshandlung oder Zeuge von häuslicher Gewalt.

Indikatoren für Kindeswohlgefährdung:

- Anzeichen für eine mögliche Kindeswohlgefährdung können auffälliges Verhalten des Kindes, körperliche Verletzungen, emotionale Probleme, Vernachlässigung der grundlegenden Bedürfnisse, ungewöhnliche Verhaltensänderungen oder regelmäßige Fehlzeiten in der Schule sein.

Meldung und Schutz:

- In vielen Ländern sind Fachkräfte im Bereich Gesundheit, Bildung und Sozialarbeit gesetzlich verpflichtet, Verdachtsmomente auf Kindeswohlgefährdung zu melden. Ziel ist es, das Kind vor weiterem Schaden zu schützen und Unterstützung für die Familie anzubieten.

Kinderschutzmaßnahmen:

- Wenn eine Kindeswohlgefährdung vermutet wird, können verschiedene Kinderschutzmaßnahmen ergriffen werden. Dazu gehören vorläufige Schutzmaßnahmen, familiengerichtliche Anordnungen, Therapieangebote und Beratungsdienste.

Familienunterstützung:

- Der Schutz des Kindeswohls beinhaltet oft auch die Unterstützung der Familie. Es können Maßnahmen ergriffen werden, um Eltern bei der Bewältigung von Herausforderungen zu helfen und sicherzustellen, dass das Kind in einer sicheren Umgebung aufwächst.

Früherkennung und Prävention:

- Die Früherkennung von Risikofaktoren und präventive Maßnahmen spielen eine wichtige Rolle im Kinderschutz. Dazu gehören Programme zur Elternbildung, Früherkennungsuntersuchungen und Angebote zur Stärkung der elterlichen Kompetenzen.

Interdisziplinäre Zusammenarbeit:
- Der Kinderschutz erfordert oft die Zusammenarbeit verschiedener Fachbereiche, einschließlich Gesundheit, Bildung, Sozialarbeit und Justiz. Interdisziplinäre Teams können dazu beitragen, eine umfassende und koordinierte Unterstützung zu gewährleisten.

Rechtliche Rahmenbedingungen:
- Viele Länder haben rechtliche Rahmenbedingungen und Kinderschutzgesetze, die den Schutz von gefährdeten Kindern regeln. Diese Gesetze legen fest, welche Maßnahmen ergriffen werden können, um das Wohl des Kindes zu sichern.

Nachsorge und Monitoring:
- Nach einer Intervention ist die kontinuierliche Nachsorge und Überwachung wichtig, um sicherzustellen, dass die Gefährdung des Kindeswohls langfristig minimiert wird.

Kindeswohlgefährdung ist eine ernste Angelegenheit, die eine schnelle und koordinierte Reaktion erfordert, um das Wohl des Kindes zu schützen und unterstützende Maßnahmen für die Familie zu gewährleisten.

Klientenperspektive

Die Kundenperspektive bezieht sich auf die Sichtweise, die Erfahrungen, die Bedürfnisse und die Meinungen der Menschen, die Dienstleistungen oder Unterstützung in Anspruch nehmen, sei es in sozialen, gesundheitlichen, beruflichen oder anderen Kontexten. Die Berücksichtigung der Klientenperspektive ist ein wesentlicher Aspekt in verschiedenen Bereichen, insbesondere in sozialen und therapeutischen Berufen.

Einfühlungsvermögen und Respekt:
- Die Klientenperspektive betont die Bedeutung von Einfühlungsvermögen und Respekt gegenüber den individuellen Erfahrungen und Bedürfnissen der Klientinnen und Klienten. Dies beinhaltet die Anerkennung der Einzigartigkeit jedes Menschen.

Partizipation und Mitbestimmung:
- Eine klientenzentrierte Perspektive fördert die aktive Beteiligung der Klientinnen und Klienten an Entscheidungsprozessen, Planungen und Zielformulierungen. Die individuellen Vorstellungen und Ziele der Klienten sollten ernst genommen werden.

Bedürfnisorientierung:
- Die Klientenperspektive legt Wert darauf, die individuellen Bedürfnisse der Klienten zu verstehen und entsprechend darauf zu reagieren. Dies kann bedeuten, die Dienstleistungen individuell anzupassen und flexibel auf Veränderungen in den Bedürfnissen der Klienten zu reagieren.

Empowerment:
- Die Klientenperspektive beinhaltet das Streben nach Empowerment, also die Stärkung der Selbstbestimmung und Eigenverantwortung der Klientinnen und Klienten. Ziel ist es, dass sie befähigt werden, ihre eigenen Ressourcen zu nutzen und Lösungen für ihre Anliegen zu finden.

Transparenz und Kommunikation:
- Klare und offene Kommunikation ist entscheidend. Klientinnen und Klienten sollten über ihre Rechte,

die Art der angebotenen Unterstützung und die
möglichen Konsequenzen informiert werden.
Transparenz fördert Vertrauen.

Kulturelle Sensibilität:

- Die Klientenperspektive berücksichtigt kulturelle
  Vielfalt und respektiert unterschiedliche
  Hintergründe, Werte und Überzeugungen.
  Kulturelle Sensibilität ist wichtig, um die
  Bedürfnisse verschiedener Gruppen angemessen
  zu verstehen und darauf einzugehen.

Feedback und Evaluation:

- Die Meinungen der Klientinnen und Klienten
  werden aktiv eingeholt und in den
  Dienstleistungsprozess integriert.
  Feedbackmechanismen und Evaluationen helfen
  dabei, die Qualität der Dienstleistungen zu
  verbessern.

Selbstbestimmung und Autonomie:

- Die Klientenperspektive fördert die
  Selbstbestimmung und Autonomie der Klientinnen
  und Klienten. Das bedeutet, ihre Fähigkeiten und
  Ressourcen zu unterstützen, damit sie
  eigenständig Entscheidungen treffen können.

Kontinuität der Betreuung:

- Die Kontinuität der Betreuung ist wichtig, um eine
  langfristige und nachhaltige Unterstützung zu
  gewährleisten. Dies schafft Vertrauen und
  ermöglicht eine kontinuierliche Anpassung der
  Dienstleistungen an sich ändernde Bedürfnisse.

Schutz der Privatsphäre:

- Der Schutz der Privatsphäre und Vertraulichkeit ist
  essenziell. Die Klientenperspektive respektiert die
  Privatsphäre der Klienten und sorgt dafür, dass
  Informationen vertraulich behandelt werden.

Die Berücksichtigung der Kundenperspektive trägt dazu
bei, die Dienstleistungen besser auf die individuellen
Bedürfnisse abzustimmen, die Kundenzufriedenheit zu
fördern und die positiven Ergebnisse zu verbessern.

Klientenzentrierung

Klientenzentrierung ist ein konzeptioneller Ansatz, der in
verschiedenen Bereichen, insbesondere im sozialen,
gesundheitlichen und therapeutischen Kontext,
Anwendung findet. Sie betont die aktive Einbeziehung
und Orientierung an den Bedürfnissen, Wünschen und
Perspektiven der Klientinnen und Klienten.

Individuelle Bedürfnisse und Wünsche:
- Klientenzentrierung legt den Fokus auf die
  individuellen Bedürfnisse, Wünsche und Ziele der
  Klientinnen und Klienten. Jeder Mensch wird als
  einzigartig betrachtet, und die Dienstleistungen
  werden entsprechend angepasst.

Partnerschaftliche Zusammenarbeit:
- Klientenzentrierung basiert auf einer
  partnerschaftlichen Zusammenarbeit zwischen den
  Dienstleistungsanbietern und den Klienten. Es wird
  betont, dass Klienten aktive Partner in
  Entscheidungsprozessen sein sollten.

Selbstbestimmung und Autonomie:
- Ein zentrales Prinzip der Klientenzentrierung ist die
  Förderung von Selbstbestimmung und Autonomie.
  Klientinnen und Klienten sollen in der Lage sein,
  Entscheidungen über ihre eigene
  Lebensgestaltung zu treffen.

Empowerment:

- Empowerment ist ein wichtiger Aspekt der Klientenzentrierung. Der Ansatz zielt darauf ab, Klienten zu stärken, ihre eigenen Ressourcen zu nutzen und eine aktive Rolle in ihrem eigenen Wohlbefinden zu spielen.

Respekt vor Vielfalt:

- Klientenzentrierung berücksichtigt kulturelle Vielfalt und respektiert unterschiedliche Hintergründe, Werte und Überzeugungen. Der Ansatz ist darauf ausgerichtet, die Individualität und Diversität der Klienten anzuerkennen.

Aktive Zuhörerrolle:

- Dienstleistungsanbieter, Therapeuten oder Sozialarbeiter nehmen eine aktive Zuhörerrolle ein. Die Anliegen und Bedürfnisse der Klienten werden ernst genommen, und es wird aufmerksam zugehört.

Gemeinsame Zielsetzung:

- Die Festlegung von Zielen erfolgt gemeinsam mit den Klienten. Die Dienstleistungen werden darauf ausgerichtet, die individuellen Ziele der Klienten zu unterstützen und zu fördern.

Flexibilität und Anpassung:

- Klientenzentrierung erfordert Flexibilität und die Fähigkeit, Dienstleistungen entsprechend den sich ändernden Bedürfnissen und Fortschritten der Klienten anzupassen.

Ganzheitlicher Ansatz:

- Klientenzentrierung betrachtet den Menschen ganzheitlich und integriert physische, emotionale, soziale und kulturelle Aspekte in die Unterstützungsprozesse.

Feedback und Evaluation:

- Regelmäßiges Feedback von Klienten ist integraler Bestandteil der Klientenzentrierung. Evaluationen helfen, die Effektivität der Dienstleistungen zu überprüfen und gegebenenfalls Anpassungen vorzunehmen.

Kontinuität der Betreuung:
- Die Klientenzentrierung strebt eine kontinuierliche Betreuung an, um eine langfristige und nachhaltige Unterstützung zu gewährleisten. Kontinuität fördert Vertrauen und eine stärkere Beziehung.

Die Kundenzentrierung stellt einen Paradigmenwechsel dar, der den Fokus von der Institution oder dem Dienstleister hin zu den individuellen Bedürfnissen und Perspektiven der Kunden verschiebt.

Kollegiale Beratung

Kollegiale Beratung ist eine Form des Austauschs und der Unterstützung unter Kollegen innerhalb einer Organisation. Es geht darum, sich gegenseitig bei beruflichen Herausforderungen, Problemen oder Entwicklungsthemen zu unterstützen und gemeinsam Lösungen zu erarbeiten.

Gleichwertigkeit:
- In der kollegialen Beratung sind alle Teilnehmer als gleichwertige Partner anerkannt. Hierarchische

Unterschiede werden für die Dauer der Beratungssituation weitgehend aufgehoben.

Vertraulichkeit:

- Ähnlich wie in der Einzelberatung ist Vertraulichkeit ein wichtiger Grundsatz. Alles, was in der kollegialen Beratung besprochen wird, bleibt zwischen den beteiligten Kollegen.

Freiwilligkeit:

- Die Teilnahme an kollegialer Beratung ist in der Regel freiwillig. Kollegen entscheiden selbst, ob sie sich in einer solchen Beratungssituation engagieren möchten.

Lösungsorientierung:

- Der Fokus der kollegialen Beratung liegt auf der gemeinsamen Suche nach Lösungen für berufliche Herausforderungen. Es geht darum, konstruktive Ideen und Perspektiven einzubringen, um Lösungswege zu identifizieren.

Strukturierte Gesprächsformen:

- Je nach Bedarf können kollegiale Beratungsgespräche strukturiert sein. Es gibt verschiedene Modelle und Methoden, die verwendet werden können, um den Beratungsprozess zu organisieren.

Feedback-Kultur:

- Die kollegiale Beratung fördert eine offene Feedback-Kultur. Kollegen geben einander konstruktives Feedback, das auf Ehrlichkeit, Respekt und Wertschätzung basiert.

Fallbezogenheit:

- Die kollegiale Beratung bezieht sich oft auf konkrete Fälle oder Situationen, mit denen ein Kollege konfrontiert ist. Dies ermöglicht eine praxisnahe und anwendungsorientierte Beratung.

Entwicklungsförderung:

- Neben der Lösung von Problemen dient die kollegiale Beratung auch der beruflichen und persönlichen Entwicklung. Kollegen können voneinander lernen und ihre Kompetenzen weiterentwickeln.

Reflexion und Selbstklärung:
- Teilnehmer haben die Gelegenheit, ihre Gedanken und Ideen zu reflektieren. Die kollegiale Beratung fördert die Selbstklärung und bewusste Auseinandersetzung mit beruflichen Herausforderungen.

Vielfalt der Perspektiven:
- Durch die Beteiligung von Kollegen aus verschiedenen Bereichen oder mit unterschiedlichen Erfahrungen bringt die kollegiale Beratung eine Vielfalt von Perspektiven in den Beratungsprozess ein.

Zeitliche Flexibilität:
- Kollegiale Beratung kann in formellen Sitzungen oder informellen Gesprächen stattfinden. Die zeitliche Flexibilität ermöglicht es den Teilnehmern, die für sie geeigneten Formen zu wählen.

Kollegiale Beratung ist eine wertvolle Ergänzung zu formalen Unterstützungsstrukturen in Organisationen. Sie fördert den Wissensaustausch, stärkt den Teamgeist und trägt dazu bei, individuelle und gemeinsame berufliche Ziele zu erreichen.

Kommunikation

Kommunikation ist ein zentrales Element in verschiedenen sozialen, beruflichen und persönlichen Kontexten. Sie umfasst den Austausch von Informationen, Ideen, Gedanken und Gefühlen zwischen Individuen oder Gruppen.

Verbale Kommunikation:

- Verbale Kommunikation bezieht sich auf die Nutzung von Worten, sei es gesprochen oder geschrieben. Dies umfasst mündliche Gespräche, Telefonate, Textnachrichten, schriftliche Berichte und andere Formen der sprachlichen Interaktion.

Nonverbale Kommunikation:

- Nonverbale Kommunikation beinhaltet die Übermittlung von Informationen ohne den Einsatz von Worten. Dies kann durch Körpersprache, Mimik, Gestik, Augenkontakt, Haltung und andere nonverbale Signale geschehen.

Zwischenmenschliche Kommunikation:

- Zwischenmenschliche Kommunikation bezieht sich auf den Austausch von Informationen zwischen zwei oder mehr Personen. Hier spielt die Qualität der Beziehung, die emotionale Intelligenz und die Fähigkeit zum Zuhören eine entscheidende Rolle.

Kommunikationskanäle:

- Verschiedene Kommunikationskanäle stehen zur Verfügung, darunter persönliche Gespräche, Telefonate, schriftliche Mitteilungen, E-Mails, soziale Medien und mehr. Die Wahl des Kommunikationskanals hängt oft von der Natur der Informationen und der Beziehung ab.

Aktives Zuhören:

- Aktives Zuhören ist eine Schlüsselkomponente effektiver Kommunikation. Es beinhaltet, wirklich präsent zu sein, die Äußerungen des Gesprächspartners zu verstehen und darauf angemessen zu reagieren.

Kommunikationsstile:
- Menschen haben unterschiedliche Kommunikationsstile, die von ihrer Persönlichkeit, ihrer kulturellen Herkunft und anderen Faktoren beeinflusst werden. Ein Verständnis für verschiedene Kommunikationsstile trägt zur erfolgreichen Interaktion bei.

Feedback:
- Feedback ist ein wesentlicher Bestandteil der Kommunikation. Es ermöglicht die Überprüfung des Verständnisses und hilft, Missverständnisse zu klären. Konstruktives Feedback fördert eine positive Kommunikationskultur.

Kommunikation in Konfliktsituationen:
- In Konfliktsituationen ist eine klare und respektvolle Kommunikation besonders wichtig. Die Fähigkeit, Konflikte konstruktiv anzugehen und zu lösen, trägt zur Stärkung von Beziehungen bei.

Kommunikationstechnologie:
- Fortschritte in der Technologie haben neue Formen der Kommunikation ermöglicht, von Videokonferenzen bis hin zu sozialen Medien. Die effektive Nutzung von Kommunikationstechnologie erfordert ein Verständnis für deren Vor- und Nachteile.

Kulturelle Sensibilität:
- Kulturelle Sensibilität ist wichtig, um Missverständnisse aufgrund kultureller Unterschiede zu vermeiden. Dies beinhaltet die Berücksichtigung von kulturellen Normen, Werten und Kommunikationsstilen.

Kommunikation im beruflichen Kontext:
- Im beruflichen Umfeld ist klare und präzise Kommunikation entscheidend. Das Teilen von klaren Anweisungen, das Verfassen von Berichten, das Halten von Präsentationen und die Zusammenarbeit im Team erfordern effektive Kommunikationsfähigkeiten.

Selbstreflexion:
- Selbstreflexion über die eigene Kommunikation ist wichtig, um die eigenen Stärken und Schwächen zu erkennen und die Kommunikationsfähigkeiten kontinuierlich zu verbessern.

Effektive Kommunikation ist entscheidend für Verständigung, Zusammenarbeit und den Aufbau von Beziehungen. Sie ist ein dynamischer Prozess, der ständiger Anpassung und Pflege bedarf.

Kommunikationstraining

Kommunikationstraining ist ein gezieltes Training zur Verbesserung von Kommunikationsfähigkeiten und -techniken. Dies kann in verschiedenen Kontexten geschehen, sei es im beruflichen, sozialen oder persönlichen Bereich.

Aktives Zuhören:

- Das Training konzentriert sich oft auf die Entwicklung von Aktivem Zuhören, was bedeutet, nicht nur die Worte des Gesprächspartners zu hören, sondern auch seine Emotionen und Perspektiven zu verstehen.

Klarheit und Präzision:

- Ein Schwerpunkt liegt auf der Entwicklung der Fähigkeit, klare und präzise Botschaften zu vermitteln. Dies beinhaltet die Auswahl geeigneter Worte, Vermeidung von Missverständnissen und Klarheit in der Kommunikation.

Körpersprache und Nonverbale Kommunikation:

- Kommunikationstraining umfasst oft die Sensibilisierung für Körpersprache und nonverbale Signale. Die Teilnehmer lernen, wie ihre Körperhaltung, Mimik und Gestik ihre Kommunikation beeinflussen können.

Konstruktives Feedback:

- Die Fähigkeit, konstruktives Feedback zu geben und anzunehmen, ist ein wichtiger Bestandteil des Trainings. Dies fördert eine offene Kommunikationskultur und unterstützt die persönliche und berufliche Weiterentwicklung.

Konfliktmanagement:

- Kommunikationstrainings können Strategien für das effektive Management von Konflikten vermitteln. Dies beinhaltet Techniken zur Deeskalation, Konfliktlösung und den Umgang mit unterschiedlichen Meinungen.

Selbstreflexion:

- Teilnehmer werden dazu ermutigt, sich selbst zu reflektieren und ihre eigenen Kommunikationsmuster zu erkennen. Dies ermöglicht eine bewusstere und verbesserte Kommunikation.

Emotionale Intelligenz:

- Kommunikationstraining kann die Entwicklung von emotionaler Intelligenz fördern, was die Fähigkeit beinhaltet, Emotionen zu erkennen, zu verstehen und angemessen darauf zu reagieren.

Teamkommunikation:

- Im beruflichen Kontext kann das Training auf die Verbesserung der Teamkommunikation abzielen. Dies schließt die Förderung von klaren Teamzielen, effektiven Meetings und kollaborativer Zusammenarbeit ein.

Kommunikationstechnologie:

- Da Technologie eine wichtige Rolle in der Kommunikation spielt, kann das Training die effektive Nutzung von E-Mails, Videokonferenzen und anderen digitalen Kommunikationsmitteln umfassen.

Selbstpräsentation und öffentliches Sprechen:

- Kommunikationstraining kann die Fähigkeiten im Bereich der Selbstpräsentation und des öffentlichen Sprechens verbessern. Dies ist besonders relevant für berufliche Kontexte, in denen Präsentationen und Meetings stattfinden.

Kommunikation in verschiedenen Kontexten:
- Je nach Bedarf kann das Training spezifische Aspekte der Kommunikation in verschiedenen Kontexten behandeln, sei es im Verkauf, im Kundenservice, in der Führung oder in zwischenmenschlichen Beziehungen.

Ziel des Kommunikationstrainings ist es, die Teilnehmer in die Lage zu versetzen, effektiver zu kommunizieren, Missverständnisse zu minimieren, Konflikte zu bewältigen und positive Beziehungen aufzubauen.

Konfliktlösungstechniken

Konflikte sind sowohl im beruflichen als auch im privaten Leben unvermeidlich. Die Fähigkeit, Konflikte konstruktiv zu lösen, ist entscheidend für eine gesunde zwischenmenschliche Dynamik.

Kommunikation verbessern:
- Klare und offene Kommunikation ist entscheidend. Jeder sollte die Möglichkeit haben, seine Perspektive ohne Unterbrechungen zu teilen. Aktives Zuhören ist dabei essenziell, um vollständig zu verstehen, was der andere sagt.

Win-Win-Lösung suchen:
- Statt nach einem Gewinner und einem Verlierer zu suchen, sollten Lösungen angestrebt werden, bei denen alle Parteien gewinnen können. Dies erfordert Kreativität und Flexibilität bei der Suche nach gemeinsamen Interessen.

Klarheit über Bedürfnisse und Interessen:

- Konflikte entstehen oft aus unterschiedlichen Bedürfnissen und Interessen. Durch eine klare Identifikation dieser Interessen kann die Basis für die Konfliktlösung gelegt werden.

Empathie entwickeln:

- Empathie, das Einfühlen in die Gefühle und Perspektiven des anderen, ist entscheidend. Sie trägt dazu bei, Verständnis zu fördern und eine emotional positive Atmosphäre zu schaffen.

Deeskalationstechniken:

- Techniken zur Deeskalation helfen dabei, die Spannung zu reduzieren. Dazu gehören das Kontrollieren des eigenen Temperaments, das Verlangsamen des Gesprächstempos und das Vermeiden von aggressiven Gesten.

Neutrale Vermittlung:

- Ein neutraler Vermittler kann bei der Lösung von Konflikten helfen, insbesondere wenn die beteiligten Parteien Schwierigkeiten haben, direkt miteinander zu sprechen. Diese Person sollte unparteiisch sein und die Interessen aller berücksichtigen.

Klare Vereinbarungen treffen:

- Am Ende einer Konfliktlösung sollten klare Vereinbarungen getroffen werden. Diese Vereinbarungen sollten spezifisch, realistisch und messbar sein, um die Wahrscheinlichkeit ihrer Einhaltung zu erhöhen.

Kompromissbereitschaft zeigen:

- Kompromissbereitschaft ist wichtig, um eine Lösung zu finden, mit der alle Parteien leben können. Es erfordert die Bereitschaft, auf einige

Forderungen zu verzichten, um gemeinsame
Boden zu finden.

Zeit für Abkühlung geben:

- Manchmal ist es hilfreich, eine Pause einzulegen,
  um die Gemüter abzukühlen. Dies kann den
  Beteiligten die Möglichkeit geben, ihre Gedanken
  zu sammeln und rationaler über die Situation
  nachzudenken.

Konfliktprävention:

- Präventive Maßnahmen können helfen, Konflikte
  im Voraus zu verhindern. Dies kann Schulungen
  zur Konfliktlösung, klare
  Kommunikationsrichtlinien und eine positive
  Organisationskultur umfassen.

Analyse der zugrunde liegenden Ursachen:

- Die Analyse der zugrunde liegenden Ursachen
  eines Konflikts kann helfen, wiederkehrende
  Probleme zu identifizieren und langfristige
  Lösungen zu finden.

Feedback nutzen:

- Das Sammeln von Feedback nach der
  Konfliktlösung kann dazu beitragen, den Prozess
  zu verbessern und die Beziehungen zu stärken.

Die Anwendung dieser Techniken erfordert Übung und
ständige Reflexion. Die Fähigkeit, Konflikte zu lösen, ist
eine wertvolle Kompetenz, die nicht nur persönliche
Beziehungen stärkt, sondern auch die Effizienz und
Produktivität von Teams und Organisationen fördert.

Konstruktivismus

Der Konstruktivismus ist eine pädagogische und philosophische Theorie, die sich damit beschäftigt, wie Menschen Wissen konstruieren und aus ihren Erfahrungen Bedeutung schaffen. Diese Perspektive betont, dass Lernen ein aktiver Prozess ist, bei dem Individuen aktiv Wissen aufbauen, indem sie neue Informationen mit ihrem vorhandenen Wissen und ihren Erfahrungen verknüpfen.

Aktiver Lernprozess:
- Im Konstruktivismus wird Lernen als aktiver Prozess betrachtet, bei dem Individuen aktiv Informationen verarbeiten, interpretieren und in ihren eigenen mentalen Strukturen integrieren.

Eigenverantwortliches Lernen:
- Die Verantwortung für den Lernprozess liegt beim Lernenden selbst. Dies bedeutet, dass Lernende aktiv nach Bedeutung suchen, anstatt einfach passiv Informationen aufzunehmen.

Vorhandenes Wissen:
- Der Konstruktivismus betont die Bedeutung des vorhandenen Wissens und der Erfahrungen des Einzelnen. Neues Wissen wird auf der Grundlage dessen aufgebaut, was die Person bereits weiß und versteht.

Soziales Lernen:
- Der soziale Aspekt des Lernens ist für den Konstruktivismus von großer Bedeutung. Lernen wird als ein sozialer Prozess betrachtet, bei dem Interaktionen mit anderen Menschen dazu beitragen, Wissen zu konstruieren.

Kollaboratives Lernen:

- Kollaboratives Lernen, bei dem Individuen gemeinsam an Aufgaben arbeiten und ihr Wissen austauschen, wird als effektive Methode betrachtet, um gemeinsam Bedeutung zu schaffen.

Anwendungsorientiertes Lernen:

- Der Fokus liegt darauf, Wissen in realen Situationen anzuwenden. Lernende sollen in der Lage sein, ihr Wissen auf neue Kontexte und Probleme zu übertragen.

Kontextualisiertes Lernen:

- Lernen wird im Konstruktivismus als kontextualisiert betrachtet. Der Kontext, in dem das Lernen stattfindet, beeinflusst die Konstruktion von Wissen erheblich.

Lernende als Problemlöser:

- Lernende werden als aktive Problemlöser betrachtet. Der Fokus liegt darauf, ihnen die Fähigkeiten beizubringen, komplexe Probleme zu verstehen, zu analysieren und Lösungen zu entwickeln.

Feedback und Reflexion:

- Feedback wird als wichtiger Bestandteil des Lernprozesses betrachtet. Durch regelmäßiges Feedback können Lernende ihre eigenen Überlegungen und Strategien überprüfen und verbessern.

Vielfalt von Perspektiven:

- Der Konstruktivismus erkennt an, dass verschiedene Menschen unterschiedliche Perspektiven und Interpretationen haben. Vielfalt wird als Bereicherung für den Lernprozess betrachtet.

Lebenslanges Lernen:
- Der Konstruktivismus fördert die Idee des lebenslangen Lernens. Lernen wird als fortlaufender Prozess betrachtet, der über formale Bildungseinrichtungen hinausgeht.

Der Konstruktivismus hat erhebliche Auswirkungen auf die pädagogischen Ansätze und hat zu einer Veränderung der Lehrmethoden geführt, die stärker auf die Schaffung von Lernumgebungen ausgerichtet sind, die den konstruktiven Prozessen der Lernenden entsprechen. Diese Theorie beeinflusst nicht nur den Bildungsbereich, sondern auch andere Bereiche wie Psychologie, Soziologie und Kommunikation.

Kooperation

Kooperation bezieht sich auf die Zusammenarbeit von Individuen, Gruppen oder Organisationen, um gemeinsame Ziele zu erreichen oder Aufgaben zu erfüllen. Kooperation ist ein wichtiger Aspekt in verschiedenen Kontexten, sei es im sozialen, wirtschaftlichen, wissenschaftlichen oder politischen Bereich.

Gemeinsame Ziele:
- Kooperation basiert oft auf dem Bestreben, gemeinsame Ziele zu erreichen. Individuen oder Gruppen arbeiten zusammen, um Ergebnisse zu erzielen, die für alle Beteiligten von Vorteil sind.

Kommunikation:
- Effektive Kommunikation ist entscheidend für eine erfolgreiche Kooperation. Klare und offene

Kommunikation ermöglicht es den Beteiligten, Informationen auszutauschen, Erwartungen zu klären und Missverständnisse zu vermeiden.

Teilung von Ressourcen:

- In kooperativen Beziehungen werden oft Ressourcen geteilt. Dies kann materielle Ressourcen, Wissen, Fähigkeiten oder andere Aspekte umfassen, die zur Erreichung der gemeinsamen Ziele beitragen.

Vertrauen:

- Vertrauen ist ein grundlegendes Element der Kooperation. Die Beteiligten müssen darauf vertrauen können, dass ihre Partner ihre Verpflichtungen erfüllen und dass die Zusammenarbeit auf gegenseitigem Nutzen basiert.

Konfliktlösung:

- Konflikte können in jeder Zusammenarbeit auftreten. Die Fähigkeit, Konflikte konstruktiv zu lösen, ist entscheidend, um die Zusammenarbeit aufrechtzuerhalten und weiterzuentwickeln.

Gegenseitige Unterstützung:

- In einer kooperativen Umgebung unterstützen sich die Beteiligten gegenseitig. Dies kann emotionale Unterstützung, Hilfe bei der Bewältigung von Herausforderungen oder die Bereitstellung von Ressourcen umfassen.

Flexibilität:

- Kooperation erfordert oft Flexibilität, da sich die Bedingungen und Anforderungen im Laufe der Zeit ändern können. Die Fähigkeit, sich anzupassen und gemeinsam Lösungen zu finden, ist wichtig.

Aufteilung von Verantwortlichkeiten:

- Die klare Aufteilung von Verantwortlichkeiten und Rollen trägt dazu bei, dass jeder Partner seinen

Beitrag leisten kann. Dies minimiert Unsicherheiten und fördert die Effizienz.

Lernen und Innovation:

- Kooperation bietet die Möglichkeit, voneinander zu lernen und innovative Lösungen zu entwickeln. Der Austausch von Ideen und Perspektiven fördert Kreativität und kontinuierliche Verbesserung.

Gemeinsame Entscheidungsfindung:

- Bei kooperativen Bemühungen ist die Einbeziehung aller Beteiligten in den Entscheidungsprozess wichtig. Gemeinsame Entscheidungen fördern das Engagement und die Identifikation mit den Zielen.

Soziale Verantwortung:

- In kooperativen Beziehungen wird oft auch soziale Verantwortung betont. Dies kann bedeuten, dass die Partner nicht nur ihre eigenen Interessen verfolgen, sondern auch das Wohl der Gemeinschaft im Auge behalten.

Langfristige Beziehungen:

- Kooperation zielt oft darauf ab, langfristige Beziehungen aufzubauen. Dies erfordert Kontinuität, Verlässlichkeit und die Bereitschaft, gemeinsam Herausforderungen anzugehen.

Zusammenarbeit spielt in verschiedenen sozialen, wirtschaftlichen und kulturellen Kontexten eine wichtige Rolle. Sie ermöglicht nicht nur das Erreichen gemeinsamer Ziele, sondern trägt auch zur Stärkung von Beziehungen und zur Förderung von Innovation und Wachstum bei.

Kriegsopferversorgung (KOV)

Kriegsopferfürsorge bezieht sich auf Maßnahmen und Leistungen für Menschen, die durch Kriege, bewaffnete Konflikte oder andere gewaltsame Auseinandersetzungen physisch oder psychisch geschädigt wurden. Diese Unterstützung kann verschiedene Formen annehmen und ist je nach Land und Rechtssystem unterschiedlich geregelt.

Gesundheitsversorgung:

- Kriegsopfer können spezielle medizinische Versorgung benötigen, einschließlich Rehabilitationsmaßnahmen, Physiotherapie, psychologischer Betreuung und langfristiger medizinischer Behandlung.

Finanzielle Unterstützung:

- Viele Länder haben Systeme zur finanziellen Unterstützung von Kriegsopfern, die Renten, Entschädigungen oder andere Geldleistungen umfassen können. Diese finanzielle Unterstützung soll dazu dienen, die Lebenshaltungskosten zu decken und den Betroffenen eine gewisse finanzielle Sicherheit zu bieten.

Rehabilitation und Wiedereingliederung:

- Kriegsopferversorgung kann Rehabilitationsmaßnahmen und Programme zur Wiedereingliederung in die Gesellschaft umfassen. Dies kann Berufsausbildung, Arbeitsplatzunterstützung und andere Initiativen zur Förderung der Selbstständigkeit beinhalten.

Rechtliche Aspekte:

- Es gibt spezielle Gesetze und Regelungen zum
  Schutz und zur Unterstützung von Kriegsopfern.
  Diese Gesetze können Entschädigungsansprüche
  regeln und sicherstellen, dass die Rechte der
  Betroffenen gewahrt werden.

Behindertenhilfe:

- Menschen, die durch Kriegshandlungen behindert
  wurden, können spezielle Unterstützung im
  Bereich der Behindertenhilfe erhalten. Dies kann
  die Bereitstellung von Hilfsmitteln, barrierefreien
  Zugang zu öffentlichen Einrichtungen und andere
  Maßnahmen zur Förderung der Teilhabe umfassen.

Psycho-soziale Unterstützung:

- Aufgrund der oft traumatischen Erfahrungen im
  Zusammenhang mit Kriegen können psycho-
  soziale Unterstützungsprogramme notwendig sein.
  Psychologische Betreuung und Unterstützung bei
  der Bewältigung von Traumata sind wichtige
  Bestandteile der Kriegsopferversorgung.

Internationale Unterstützung:

- In einigen Fällen können internationale
  Organisationen wie das Internationale Komitee
  vom Roten Kreuz (IKRK) oder die Vereinten
  Nationen (UN) eine Rolle bei der Unterstützung
  von Kriegsopfern spielen, indem sie humanitäre
  Hilfe leisten und Programme zur Wiederaufbau
  und Rehabilitation unterstützen.

Entschädigungsansprüche:

- Kriegsopfer können Anspruch auf
  Entschädigungszahlungen haben, insbesondere
  wenn ihre Verletzungen auf Kriegsverbrechen oder
  völkerrechtswidrige Handlungen zurückzuführen
  sind.

Gesellschaftliche Integration:

- Ein wichtiger Aspekt der Kriegsopferversorgung ist die Förderung der gesellschaftlichen Integration und Akzeptanz von Menschen, die von Konflikten betroffen sind. Dies kann die Sensibilisierung der Öffentlichkeit, Schulungsprogramme und andere Maßnahmen zur Überwindung von Vorurteilen umfassen.

Die Versorgung von Kriegsopfern ist ein komplexes Thema, das verschiedene Bereiche der Unterstützung umfasst. Die genaue Ausgestaltung hängt von den spezifischen Umständen, dem jeweiligen Land und den internationalen Regelungen ab. Wichtig ist, dass die Betroffenen Zugang zu den Leistungen haben, die sie benötigen, um ihre Lebensqualität wiederzuerlangen und eine gewisse Normalität in ihrem Leben zu erreichen.

Krisenbewältigung

Krisenmanagement bezieht sich auf den Prozess des Umgangs mit unerwarteten und herausfordernden Situationen, um deren Auswirkungen zu minimieren und eine möglichst positive Bewältigung zu fördern. Krisen können in verschiedenen Lebensbereichen auftreten: persönlich, beruflich, gesundheitlich, sozial oder global.

Früherkennung:

- Die Früherkennung von Krisen ist entscheidend. Das rechtzeitige Erkennen von Anzeichen und Signalen ermöglicht es, präventive Maßnahmen zu ergreifen und die Eskalation der Krise zu verhindern oder zu mildern.

Krisenmanagementplan:

- Die Entwicklung eines Krisenmanagementplans ist ein wichtiger Schritt. Dieser Plan sollte klare Verantwortlichkeiten, Handlungsabläufe und Kommunikationsstrategien enthalten, um effektiv auf die Krise zu reagieren.

Kommunikation:

- Offene und transparente Kommunikation ist entscheidend. Betroffene Parteien müssen über die Situation, die Maßnahmen, die ergriffen werden, und die erwarteten Veränderungen informiert werden, um Unsicherheit zu minimieren.

Ressourcenmobilisierung:

- Die Identifizierung und Mobilisierung von Ressourcen, sei es Personal, Finanzen oder technologische Mittel, ist ein wichtiger Bestandteil der Krisenbewältigung. Dies gewährleistet die effektive Umsetzung von Maßnahmen.

Psychosoziale Unterstützung:

- Krisen können erheblichen emotionalen Stress verursachen. Die Bereitstellung von psychosozialer Unterstützung für Betroffene und Beteiligte ist wichtig, um mit den emotionalen Auswirkungen umzugehen.

Flexibilität und Anpassungsfähigkeit:

- In Krisenzeiten ist Flexibilität entscheidend. Pläne müssen bei Bedarf angepasst werden, um auf sich ändernde Umstände und unvorhersehbare Entwicklungen reagieren zu können.

Lernen aus Erfahrungen:

- Nach der Bewältigung einer Krise ist es wichtig, eine retrospektive Analyse durchzuführen. Das Sammeln von Erfahrungen und das Identifizieren von Verbesserungsmöglichkeiten helfen dabei, für zukünftige Krisen besser gerüstet zu sein.

Zusammenarbeit und Vernetzung:

- In vielen Krisensituationen ist eine enge Zusammenarbeit mit anderen Organisationen, Institutionen oder Gemeinschaften erforderlich. Die Bildung von Netzwerken und Partnerschaften stärkt die Gesamtkapazität zur Krisenbewältigung.

Langfristige Perspektive:

- Krisenbewältigung sollte nicht nur kurzfristig erfolgen, sondern auch langfristige Perspektiven berücksichtigen. Dies umfasst die Wiederherstellung von Gemeinschaften, den Wiederaufbau und die Schaffung von widerstandsfähigeren Systemen.

Risikoprävention:

- Die Krisenbewältigung sollte mit einer Betonung der Risikoprävention einhergehen. Die Identifikation potenzieller Risiken und die Implementierung von Strategien zur Risikominderung tragen dazu bei, zukünftige Krisen zu minimieren.

Krisenkommunikation:

- Ein spezieller Fokus sollte auf der Krisenkommunikation liegen. Klare, präzise und regelmäßige Kommunikation mit allen beteiligten Interessengruppen ist entscheidend für den Umgang mit Unsicherheit und Ängsten.

Selbstfürsorge:

- Die Betonung von Selbstfürsorge, sowohl für Einzelpersonen als auch für Organisationen, ist wichtig. Die Fähigkeit, sich selbst zu unterstützen und für das Wohlbefinden zu sorgen, trägt zur langfristigen Resilienz bei.

Krisenbewältigung erfordert umfassende und koordinierte
Anstrengungen auf verschiedenen Ebenen. Dabei geht es
nicht nur um die unmittelbare Reaktion auf eine Krise,
sondern auch um die Stärkung der Widerstandsfähigkeit
von Gemeinschaften und Organisationen gegenüber
künftigen Herausforderungen.

Krisenintervention

Krisenintervention bezeichnet kurzfristige, intensive
Maßnahmen zur Unterstützung von Menschen in akuten
psychischen, emotionalen oder sozialen Krisensituationen.
Ziel der Krisenintervention ist es, unmittelbare Hilfe
anzubieten, um eine weitere Verschlechterung zu
verhindern und die Betroffenen auf eine stabilere
Situation vorzubereiten.

Schnelle Reaktion:
- Krisenintervention erfordert eine schnelle und
  zeitnahe Reaktion auf die akute Situation. Die
  Unterstützung sollte unmittelbar nach dem Eintritt
  der Krise erfolgen.

Klärung der Situation:
- Der Kriseninterventor versucht, die Situation zu
  klären und die spezifischen Herausforderungen
  und Bedürfnisse der betroffenen Person zu
  verstehen.

Einschätzung des Sicherheitsrisikos:
- Eine Bewertung des Sicherheitsrisikos ist von
  entscheidender Bedeutung, um sicherzustellen,
  dass keine unmittelbare Gefahr für das Leben oder
  die körperliche Unversehrtheit besteht.

Emotionale Unterstützung:

- Krisenintervention umfasst die Bereitstellung von emotionaler Unterstützung. Dies kann das Zuhören, Verstehen und Zeigen von Empathie beinhalten.

Bewältigungsstrategien:

- Gemeinsam mit der betroffenen Person werden Bewältigungsstrategien entwickelt. Dies können praktische Schritte zur Lösung von Problemen oder zur Reduzierung von Stress sein.

Verfügbarkeit:

- Kriseninterventoren sollten für die betroffene Person verfügbar sein. Dies kann durch Telefonkontakte, persönliche Treffen oder andere Kommunikationsmittel erfolgen.

Informationen bereitstellen:

- Die betroffene Person sollte relevante Informationen erhalten, sei es über verfügbare Ressourcen, Unterstützungsdienste oder weitere Schritte, die unternommen werden können.

Empfehlungen für professionelle Hilfe:

- In einigen Fällen kann es notwendig sein, professionelle Hilfe von Psychologen, Psychiater oder anderen Gesundheitsdienstleistern zu empfehlen. Der Kriseninterventor kann die betroffene Person bei der Suche nach geeigneten Ressourcen unterstützen.

Selbstfürsorge fördern:

- Krisenintervention umfasst auch die Förderung von Selbstfürsorge. Die betroffene Person wird ermutigt, auf ihre eigene Gesundheit und ihr Wohlbefinden zu achten.

Vertraulichkeit wahren:

- Bedeutend ist, die Vertraulichkeit zu wahren und sicherzustellen, dass die betroffene Person sich sicher fühlt, offen über ihre Situation zu sprechen.

Zusammenarbeit mit anderen Fachleuten:

- In komplexen Fällen kann es notwendig sein, mit anderen Fachleuten oder Organisationen zusammenzuarbeiten, um eine umfassende Unterstützung zu gewährleisten.

Follow-up:

- Nach der Krisenintervention ist ein Follow-up wichtig. Dies kann bedeuten, regelmäßig mit der betroffenen Person in Kontakt zu treten, um sicherzustellen, dass sie angemessen unterstützt wird.

Krisenintervention ist keine langfristige Therapie, sondern konzentriert sich auf die unmittelbaren Bedürfnisse und Interventionen, um Menschen in akuten Krisensituationen zu unterstützen. Professionelle Kriseninterventionshelfer können in verschiedenen Bereichen tätig sein, z.B. in der psychologischen Beratung, in der Sozialarbeit, im Rettungsdienst und im Gesundheitswesen.

Kultursensibilität

Kulturelle Sensibilität bezieht sich auf die Fähigkeit, kulturelle Unterschiede zu erkennen, zu verstehen und angemessen darauf zu reagieren. Sie ist in verschiedenen Bereichen von großer Bedeutung, insbesondere in den Bereichen Soziales, Gesundheit und Bildung.

Anerkennung kultureller Vielfalt:

- Kultursensibilität beginnt mit der Anerkennung und Wertschätzung kultureller Vielfalt. Es ist bedeutsam zu verstehen, dass Menschen unterschiedliche Hintergründe, Werte, Normen und Praktiken haben.

Respekt vor kulturellen Unterschieden:

- Respekt gegenüber anderen Kulturen ist zentral. Dies beinhaltet die Achtung der kulturellen Identität und die Vermeidung von Vorurteilen oder Stereotypen.

Selbstreflexion:

- Kultursensibilität erfordert Selbstreflexion. Menschen sollten sich ihrer eigenen kulturellen Hintergründe, Werte und Vorurteile bewusst sein, um ihre Interaktionen mit anderen besser zu verstehen.

Interkulturelle Kommunikation:

- Die Fähigkeit zur interkulturellen Kommunikation ist entscheidend. Dies umfasst nicht nur die sprachliche Kommunikation, sondern auch das Verständnis von nonverbalen Signalen und kulturellen Nuancen.

Empathie:

- Empathie, das Einfühlen in die Perspektiven und Gefühle anderer, ist ein wesentlicher Bestandteil der Kultursensibilität. Dies ermöglicht ein tieferes Verständnis für die Erfahrungen anderer Menschen.

Anpassungsfähigkeit:

- Kultursensible Menschen sind flexibel und anpassungsfähig in verschiedenen kulturellen Kontexten. Sie erkennen an, dass unterschiedliche

Situationen unterschiedliche kulturelle Herangehensweisen erfordern können.

Kultursensitive Dienstleistungen:

- In beruflichen Bereichen, wie Gesundheitswesen, Bildung oder Sozialarbeit, sollten Dienstleistungen kultursensibel gestaltet werden. Dies bedeutet, die Bedürfnisse und Präferenzen verschiedener Kulturen zu berücksichtigen.

Vermeidung von Stereotypen:

- Kultursensible Menschen vermeiden es, Stereotypen zu verwenden oder zu fördern. Sie erkennen an, dass individuelle Unterschiede innerhalb einer Kultur genauso wichtig sind wie die Gemeinsamkeiten.

Bildung und Sensibilisierung:

- Fortlaufende Bildung und Sensibilisierung in Bezug auf kulturelle Vielfalt sind wichtig. Dies kann Schulungen, Workshops oder Lernressourcen umfassen, um das Verständnis zu vertiefen.

Zusammenarbeit und Partizipation:

- Kultursensible Praktiken fördern die Zusammenarbeit und Partizipation aller Beteiligten, unabhängig von ihrer kulturellen Zugehörigkeit. Dies stärkt den inklusiven Charakter von Organisationen und Gemeinschaften.

Kulturkompetenz:

- Die Entwicklung von Kulturkompetenz, das heißt die Fähigkeit, effektiv in unterschiedlichen kulturellen Kontexten zu agieren, ist ein Ziel der Kultursensibilität.

Reaktion auf kulturelle Bedürfnisse:

- Kultursensible Praktiken beinhalten die Fähigkeit, auf spezifische kulturelle Bedürfnisse und Anliegen angemessen zu reagieren. Dies kann individuelle

Anpassungen von Dienstleistungen oder
Interventionen umfassen.

Die Förderung kultureller Sensibilität trägt zur Schaffung
eines integrativen und respektvollen Umfelds bei, in dem
Menschen unabhängig von ihrem kulturellen Hintergrund
gleich behandelt werden. Dies ist besonders wichtig in
Gesellschaften, die immer vielfältiger werden.

Lebensweltorientierung

Lebensweltorientierung ist ein Konzept in der Sozialen
Arbeit, das darauf abzielt, die Lebenswelt der Menschen in
den Mittelpunkt der professionellen Praxis zu stellen. Es
geht darum, die individuellen Lebensumstände,
Erfahrungen und Bedürfnisse der Klientinnen und Klienten
zu verstehen und in den Unterstützungsprozess
einzubeziehen.

Zentrierung auf die Lebenswelt:
- Lebensweltorientierung legt den Fokus auf die
  Lebenswelt der Menschen. Das umfasst die
  sozialen Beziehungen, die Umgebung, kulturellen
  Hintergründe, Erfahrungen und individuellen
  Ressourcen.

Ganzheitlicher Ansatz:
- Die Lebensweltorientierung betrachtet den
  Menschen ganzheitlich. Es wird nicht nur auf
  bestimmte Probleme oder Defizite geschaut,
  sondern auch auf Stärken, Ressourcen und
  Potenziale.

Partizipation der Klientinnen und Klienten:

- Ein zentraler Aspekt ist die aktive Beteiligung der Klientinnen und Klienten am Unterstützungsprozess. Ihre Perspektiven und Meinungen werden ernst genommen, und gemeinsam werden Lösungen erarbeitet.

Individuelle Bedarfsorientierung:

- Die Hilfe und Unterstützung orientiert sich an den individuellen Bedürfnissen der Klientinnen und Klienten. Es geht darum, maßgeschneiderte Lösungen zu finden, die den konkreten Lebensumständen gerecht werden.

Beziehungsorientierung:

- Die Qualität der Beziehung zwischen Fachkraft und Klient ist ein zentraler Bestandteil. Empathie, Verständnis und eine respektvolle Haltung fördern eine positive Zusammenarbeit.

Ressourcenorientierung:

- Lebensweltorientierung legt den Fokus auf die vorhandenen Ressourcen der Klientinnen und Klienten. Das Ziel ist es, diese Ressourcen zu stärken und zu nutzen, um positive Veränderungen zu bewirken.

Kontextbezogene Interventionen:

- Interventionen werden auf den konkreten sozialen und kulturellen Kontext der Klientinnen und Klienten abgestimmt. Es wird berücksichtigt, wie Lebensumstände und Strukturen den individuellen Unterstützungsbedarf beeinflussen.

Empowerment:

- Lebensweltorientierung strebt danach, die Selbstbestimmung und Handlungsfähigkeit der Klientinnen und Klienten zu stärken. Es geht darum, ihnen die Werkzeuge zu geben, um

eigenverantwortlich Entscheidungen zu treffen
und ihr Leben zu gestalten.

Kritische Reflexion:

- Professionelle in der Lebensweltorientierung
  reflektieren kritisch ihre eigenen Werthaltungen
  und Annahmen. Dies ist wichtig, um Vorurteile zu
  vermeiden und eine wertschätzende Haltung
  gegenüber Vielfalt zu fördern.

Kontinuität und Langfristigkeit:

- Unterstützung wird nicht als kurzfristige
  Maßnahme betrachtet, sondern als langfristiger
  Prozess. Kontinuität und Langfristigkeit tragen
  dazu bei, nachhaltige Veränderungen in der
  Lebenssituation der Klientinnen und Klienten zu
  bewirken.

Interdisziplinäre Zusammenarbeit:

- Lebensweltorientierung fördert die
  Zusammenarbeit verschiedener Fachdisziplinen.
  Durch den Austausch von Perspektiven und
  Fachwissen können umfassendere Lösungen
  entwickelt werden.

Soziale Gerechtigkeit:

- Das Konzept der Lebensweltorientierung
  beinhaltet auch den Einsatz für soziale
  Gerechtigkeit. Es geht darum, strukturelle
  Ungerechtigkeiten zu erkennen und sich für
  Veränderungen auf individueller und
  gesellschaftlicher Ebene einzusetzen.

Lebensweltorientierung ist insbesondere in sozialen
Arbeitsfeldern wie der Jugendhilfe, der Sozialberatung,
der Behindertenhilfe und der Altenpflege relevant. Sie
trägt dazu bei, die Praxis der Sozialen Arbeit
personenzentrierter und wirksamer zu gestalten.

Leistungen zur medizinischen Rehabilitation

Leistungen zur medizinischen Rehabilitation umfassen ein breites Spektrum von Maßnahmen zur Verbesserung oder Wiederherstellung der Gesundheit und Teilhabe von Menschen mit gesundheitlichen Beeinträchtigungen. Diese Leistungen zielen darauf ab, die individuellen Fähigkeiten zu fördern, Funktionseinschränkungen zu verringern und die Selbstständigkeit im Alltag zu unterstützen.

Indikation und Verordnung:
- Die medizinische Rehabilitation wird in der Regel von Ärzten verordnet, wenn eine medizinische Notwendigkeit besteht. Dies kann bei verschiedenen Gesundheitszuständen der Fall sein, darunter Unfälle, Operationen, chronische Erkrankungen, neurologische Erkrankungen oder orthopädische Probleme.

Rehabilitationsziele:
- Die Ziele der medizinischen Rehabilitation variieren je nach individuellem Bedarf. Sie können die Verbesserung der Mobilität, die Schmerzreduktion, die Wiederherstellung von körperlichen Funktionen, die Förderung der Selbstständigkeit im Alltag oder die berufliche Rehabilitation umfassen.

Multidisziplinäre Teams:
- Die Rehabilitation wird oft von multidisziplinären Teams durchgeführt, die aus verschiedenen Fachleuten wie Physiotherapeuten, Ergotherapeuten, Logopäden, Psychologen und anderen Spezialisten bestehen. Dies ermöglicht

eine ganzheitliche Betrachtung der individuellen
Bedürfnisse.

Physikalische Therapie:

- Physikalische Therapie ist eine wichtige
  Komponente der medizinischen Rehabilitation. Sie
  beinhaltet Übungen, manuelle Techniken und
  andere physikalische Interventionen, um die
  körperliche Funktion zu verbessern, Schmerzen zu
  lindern und die Mobilität zu fördern.

Ergotherapie:

- Ergotherapie konzentriert sich darauf, Menschen
  dabei zu unterstützen, alltägliche Aktivitäten
  selbstständig durchzuführen. Dies kann die
  Anpassung von Umgebungen, den Einsatz von
  Hilfsmitteln und die Entwicklung von Fähigkeiten
  umfassen.

Logopädie:

- Logopädie ist wichtig, wenn Sprach- oder
  Schluckstörungen vorliegen. Die Therapie kann die
  Verbesserung der Kommunikationsfähigkeiten und
  die Wiederherstellung der Schluckfunktion
  umfassen.

Psychologische Betreuung:

- Psychologische Unterstützung ist oft Teil der
  Rehabilitation, insbesondere wenn psychosoziale
  Aspekte die Genesung beeinflussen. Dies kann die
  Bewältigung von Stress, Ängsten oder
  Depressionen umfassen.

Berufliche Rehabilitation:

- Berufliche Rehabilitation zielt darauf ab, Menschen
  wieder in das berufliche Leben zu integrieren. Dies
  kann berufliche Schulungen, Umschulungen, Job-
  Coaching und andere Maßnahmen umfassen.

Ambulante und Stationäre Rehabilitation:

- Rehabilitation kann sowohl ambulant als auch stationär erfolgen, abhängig von der Schwere der Beeinträchtigung und den individuellen Bedürfnissen des Patienten.

Prävention und Nachsorge:

- Ein wichtiger Aspekt der medizinischen Rehabilitation ist auch die Prävention von weiteren Gesundheitsproblemen sowie die Bereitstellung von Maßnahmen zur langfristigen Nachsorge.

Kostenübernahme:

- In vielen Ländern werden die Kosten für medizinische Rehabilitation von Krankenversicherungen, Rentenversicherungen oder anderen Sozialversicherungen übernommen. Die genaue Regelung variiert jedoch je nach Land und Versicherungssystem.

Die medizinische Rehabilitation spielt eine entscheidende Rolle, wenn es darum geht, Menschen bei der Bewältigung gesundheitlicher Beeinträchtigungen zu unterstützen und ihre Lebensqualität wiederherzustellen.

Leistungen zur Teilhabe am Arbeitsleben

Leistungen zur Teilhabe am Arbeitsleben sind Maßnahmen und Hilfen, die Menschen mit gesundheitlichen Einschränkungen die volle oder teilweise Teilhabe am Arbeitsleben ermöglichen sollen. Diese Leistungen sollen sicherstellen, dass Menschen trotz gesundheitlicher Einschränkungen erwerbstätig sein können.

Berufliche Rehabilitation:

- Berufliche Rehabilitation umfasst Maßnahmen, die darauf abzielen, Menschen mit gesundheitlichen Beeinträchtigungen auf dem Arbeitsmarkt zu integrieren oder zu reintegrieren. Dies kann Umschulungen, Weiterbildungen oder spezielle Qualifizierungsmaßnahmen umfassen.

Arbeitsplatzanpassungen:

- Leistungen zur Teilhabe am Arbeitsleben können die Anpassung des Arbeitsplatzes beinhalten. Dies umfasst bauliche Veränderungen, die Bereitstellung von technischen Hilfsmitteln oder die Anpassung von Arbeitszeiten, um den individuellen Bedürfnissen gerecht zu werden.

Arbeitshilfen und -geräte:

- Menschen mit gesundheitlichen Einschränkungen können spezielle Arbeitsmittel oder -geräte benötigen, um ihre beruflichen Aufgaben erfolgreich durchführen zu können. Dazu gehören beispielsweise ergonomische Bürostühle, Bildschirmlesegeräte oder andere technische Hilfsmittel.

Unterstützung durch Integrationsfachdienste:

- In einigen Ländern gibt es Integrationsfachdienste, die Menschen mit Behinderungen und Arbeitgebern bei der erfolgreichen Integration am Arbeitsplatz unterstützen. Diese Dienste bieten Beratung, Vermittlung und Begleitung an.

Persönliche Budgets:

- In einigen Systemen haben Menschen mit Behinderungen die Möglichkeit, ein persönliches Budget zu erhalten. Mit diesem Budget können sie individuell angepasste Unterstützungsleistungen finanzieren, die ihre Teilhabe am Arbeitsleben fördern.

Eingliederungszuschüsse für Arbeitgeber:

- Um Arbeitgebern die Einstellung von Menschen mit Behinderungen zu erleichtern, können Eingliederungszuschüsse gewährt werden. Diese finanziellen Anreize sollen die Unternehmen dazu motivieren, Menschen mit gesundheitlichen Beeinträchtigungen einzustellen.

Arbeitsassistenz:

- Arbeitsassistenzen sind individuelle Begleitungen am Arbeitsplatz, die Menschen mit Behinderungen unterstützen. Dies kann die Einarbeitung, die Anleitung bei speziellen Aufgaben oder die Begleitung im Arbeitsalltag umfassen.

Teilhabeberatung:

- Teilhabeberatung bietet individuelle Beratung und Unterstützung, um die Teilhabe am Arbeitsleben zu fördern. Dies kann die Identifikation geeigneter Maßnahmen und Unterstützungsleistungen umfassen.

Rehabilitationsgeld und Übergangsgeld:

- In einigen Ländern können Menschen, die aufgrund von gesundheitlichen Gründen ihren Beruf nicht mehr ausüben können, Rehabilitations- oder Übergangsgeld erhalten. Dies dient der finanziellen Absicherung während einer beruflichen Rehabilitation.

Teilhabe am Arbeitsleben für Menschen mit psychischen Erkrankungen:

- Spezielle Maßnahmen und Programme sind oft erforderlich, um Menschen mit psychischen Erkrankungen bei ihrer Teilhabe am Arbeitsleben zu unterstützen. Dies kann therapeutische

Begleitung, flexibles Arbeitszeitmanagement und andere Anpassungen umfassen.

Leistungen zur Teilhabe am Arbeitsleben zielen darauf ab, Menschen mit gesundheitlichen Beeinträchtigungen optimale Bedingungen zu schaffen, damit sie beruflich aktiv sein und ihre individuellen Fähigkeiten am Arbeitsplatz einbringen können.

Logopädie

Logopädie ist eine therapeutische Disziplin, die sich mit der Diagnose, Prävention, Beratung und Behandlung von Sprach-, Sprech-, Stimm- und Schluckstörungen befasst. Logopäden, auch Sprachtherapeuten genannt, arbeiten mit Menschen aller Altersgruppen, von Kindern bis zu Erwachsenen, um deren Kommunikationsfähigkeiten zu verbessern.

Diagnose von Sprach- und Kommunikationsstörungen:
- Logopäden führen umfassende diagnostische Evaluierungen durch, um Sprach-, Sprech-, Stimm- und Schluckprobleme zu identifizieren. Dies kann die Beobachtung des Patienten, Interviews und standardisierte Tests umfassen.

Behandlung von Sprachstörungen:
- Die Logopädie beinhaltet therapeutische Interventionen zur Behandlung von Sprachstörungen. Dies kann die Verbesserung von Wortschatz, Grammatik, Artikulation, Satzbau und anderen sprachlichen Fähigkeiten umfassen.

Behandlung von Sprechstörungen:

- Logopäden arbeiten mit Menschen, die Schwierigkeiten beim Sprechen haben, sei es aufgrund von undeutlicher Aussprache, Stottern oder anderen Sprechstörungen. Die Therapie kann darauf abzielen, die Sprechfertigkeiten zu verbessern und die Verständlichkeit zu erhöhen.

Behandlung von Stimmstörungen:

- Logopädie kann auch die Behandlung von Stimmstörungen umfassen. Dies beinhaltet die Arbeit an der Stimmbildung, Atemkontrolle, Tonlage und anderen Aspekten, um eine gesunde und effektive stimmliche Kommunikation zu fördern.

Behandlung von Schluckstörungen:

- Logopäden unterstützen Menschen mit Schluckstörungen, um sicherzustellen, dass sie Nahrung und Flüssigkeiten sicher schlucken können. Dies kann Techniken zur Verbesserung der Schluckmuskulatur und -koordination umfassen.

Frühintervention bei Kindern:

- Logopädie spielt eine wichtige Rolle in der Frühintervention bei Kindern mit sprachlichen Verzögerungen oder Kommunikationsproblemen. Durch gezielte Interventionen können mögliche Entwicklungsverzögerungen abgemildert werden.

Beratung und Anleitung:

- Logopäden bieten Beratung und Anleitung für Patienten und deren Familien an. Dies kann Tipps zur unterstützenden Kommunikation zu Hause, zur Anpassung des Umfelds und zur Förderung der sprachlichen Entwicklung beinhalten.

Zusammenarbeit mit anderen Fachleuten:

- Logopäden arbeiten oft in interdisziplinären Teams mit Ärzten, Ergotherapeuten, Lehrern und anderen Fachleuten zusammen, um eine umfassende Betreuung für ihre Patienten zu gewährleisten.

Arbeit mit verschiedenen Altersgruppen:

- Logopäden arbeiten mit Menschen jeden Alters, von Kleinkindern bis zu Senioren, je nach den spezifischen Bedürfnissen und Herausforderungen ihrer Patienten.

Forschung und Weiterbildung:

- Logopäden engagieren sich häufig in Forschung und Weiterbildung, um ihre Kenntnisse auf dem neuesten Stand zu halten und die Qualität ihrer Dienstleistungen zu verbessern.

Logopädie spielt eine wichtige Rolle bei der Verbesserung der Lebensqualität von Menschen mit Sprach- und Kommunikationsstörungen, indem sie ihnen hilft, effektiver zu kommunizieren und an sozialen, schulischen und beruflichen Aktivitäten teilzunehmen.

Mediation

Mediation ist ein strukturiertes Verfahren zur konstruktiven Beilegung von Konflikten durch einen neutralen Dritten, den Mediator. Ziel der Mediation ist es, die Konfliktparteien dabei zu unterstützen, eigenverantwortlich und selbstbestimmt eine gemeinsame Lösung zu finden.

Neutrale Vermittlung:

- Der Mediator ist neutral und unparteiisch. Er nimmt keine Position in Bezug auf den Konflikt ein und hat keine Entscheidungsbefugnis. Seine Rolle besteht darin, den Kommunikationsprozess zu erleichtern und die Parteien dabei zu unterstützen, selbstständig eine Lösung zu finden.

Freiwilligkeit:

- Die Teilnahme an der Mediation ist freiwillig. Alle beteiligten Parteien müssen dem Mediationsprozess zustimmen und die Bereitschaft zeigen, aktiv an der Konfliktlösung mitzuwirken.

Vertraulichkeit:

- Ein zentrales Prinzip der Mediation ist die Vertraulichkeit. Alles, was im Rahmen der Mediation besprochen wird, bleibt vertraulich. Dies schafft eine offene Kommunikationsatmosphäre und ermutigt die Parteien dazu, ihre Anliegen frei zu äußern.

Eigenverantwortung:

- Die Verantwortung für die Lösung des Konflikts liegt bei den Konfliktparteien selbst. Der Mediator unterstützt sie dabei, ihre eigenen Lösungen zu entwickeln, anstatt ihnen vorgefertigte Lösungen aufzudrängen.

Strukturiertes Verfahren:

- Die Mediation folgt einem strukturierten Verfahren, das typischerweise verschiedene Phasen umfasst. Dazu gehören die Klärung der Konfliktthemen, die Sammlung von Informationen, die Identifizierung von Interessen und Bedürfnissen, die Suche nach Optionen und die Vereinbarung einer Lösung.

Kommunikationsförderung:

- Der Mediator fördert eine offene und respektvolle Kommunikation zwischen den Parteien. Er hilft dabei, Missverständnisse zu klären und Konflikte konstruktiv anzugehen.

Interessenorientierung:

- Statt sich auf Positionen zu konzentrieren, legt die Mediation Wert auf die Identifizierung von Interessen und Bedürfnissen. Die Lösungen sollen den Interessen beider Parteien gerecht werden.

Win-Win-Lösungen:

- Das Ziel der Mediation ist es, Win-Win-Lösungen zu erzielen, bei denen beide Parteien von der Vereinbarung profitieren. Dies steht im Gegensatz zu einer "Nullsummenspiel"-Mentalität, bei der der Gewinn einer Partei den Verlust der anderen bedeutet.

Flexibilität:

- Die Mediation ist flexibel und kann an die spezifischen Bedürfnisse und Dynamiken des Konflikts angepasst werden. Der Mediator kann verschiedene Methoden und Techniken verwenden, um den Prozess effektiv zu gestalten.

Langfristige Beziehungserhaltung:

- Die Mediation zielt darauf ab, langfristige Beziehungen zu erhalten oder wiederherzustellen. Dies ist besonders wichtig in Kontexten, in denen die Parteien auch nach der Konfliktlösung miteinander interagieren müssen, wie z.B. in familiären oder geschäftlichen Beziehungen.

Mediation wird in einer Vielzahl von Kontexten eingesetzt, z.B. bei Familienkonflikten, Scheidungen, Nachbarschaftsstreitigkeiten, Arbeitskonflikten und Handelskonflikten. Der Mediationsprozess bietet den

Konfliktparteien die Möglichkeit, sich aktiv an der
Entwicklung von Lösungen zu beteiligen, und fördert so
Eigenverantwortung und Zusammenarbeit.

Methoden der Sozialen Arbeit

Methoden der Sozialen Arbeit sind strategische Ansätze,
die von SozialarbeiterInnen angewandt werden, um mit
Einzelpersonen, Gruppen und Gemeinschaften zu arbeiten
und soziale Probleme anzugehen. Diese Methoden
können je nach den Bedürfnissen der Klienten, dem
Kontext und den Zielen der Intervention variieren.

Kasualdiagnostik und Assessment:
- Dies ist der Prozess der systematischen Bewertung
  von individuellen, familiären oder
  gemeinschaftlichen Bedürfnissen, Ressourcen und
  Herausforderungen. Es dient als Grundlage für die
  Planung und Umsetzung von Interventionen.

Fallmanagement:
- Fallmanagement beinhaltet die Koordination von
  Dienstleistungen und Ressourcen, um die
  Bedürfnisse der Klienten zu erfüllen. Es umfasst die
  Entwicklung von Serviceplänen, die Überwachung
  des Fortschritts und die Anpassung von
  Interventionen nach Bedarf.

Beratung und Gesprächstherapie:
- Diese Methode zielt darauf ab, Menschen durch
  Gespräche zu unterstützen und ihnen zu helfen,
  Herausforderungen zu bewältigen,

Entscheidungen zu treffen und ihre persönlichen
Ziele zu erreichen.

Gruppenarbeit:
- Gruppenarbeit bezieht sich auf die Arbeit mit
  Gruppen von Menschen, sei es in Form von
  therapeutischen Gruppen, Selbsthilfegruppen oder
  gemeindebasierten Gruppen. Diese Methode
  fördert den Austausch von Erfahrungen und die
  Entwicklung von unterstützenden sozialen
  Netzwerken.

Gemeinwesenarbeit:
- Diese Methode konzentriert sich darauf, mit
  Gemeinschaften zusammenzuarbeiten, um ihre
  Stärken zu identifizieren, Ressourcen zu
  mobilisieren und gemeinsam Lösungen für soziale
  Probleme zu entwickeln.

Sozialpädagogik:
- Sozialpädagogik kombiniert pädagogische
  Ansätze mit sozialarbeiterischen Methoden. Sie
  zielt darauf ab, durch Bildung und Unterstützung
  die Entwicklung von Individuen und Gruppen zu
  fördern.

Sozialpolitikanalyse:
- Sozialarbeiterinnen und Sozialarbeiter analysieren
  und bewerten Sozialpolitiken, um auf politischer
  Ebene Veränderungen zu fördern und
  sicherzustellen, dass die Bedürfnisse der Klienten
  angemessen berücksichtigt werden.

Familienarbeit:
- Diese Methode konzentriert sich auf die
  Zusammenarbeit mit Familien, um
  Beziehungsprobleme zu lösen, Kindererziehung zu

unterstützen und die allgemeine
Funktionsfähigkeit der Familie zu verbessern.

Community Organizing:

- Gemeindeorganisation beinhaltet die
  Mobilisierung von Gemeinschaften, um
  gemeinsam für soziale Gerechtigkeit und positive
  Veränderungen zu arbeiten. Dies kann die
  Organisation von Aktivitäten, Protesten oder
  politischem Advocacy einschließen.

Mediation und Konfliktlösung:

- Sozialarbeiterinnen und Sozialarbeiter können als
  Mediatoren fungieren, um Konflikte innerhalb von
  Familien, Gruppen oder Gemeinschaften zu lösen
  und positive Kommunikation zu fördern.

Partizipative Forschung:

- Partizipative Forschung bezieht die Klienten aktiv
  in den Forschungsprozess ein, um ihre
  Perspektiven und Erfahrungen zu verstehen und
  auf diese Weise relevante Interventionen zu
  gestalten.

Sozialarbeiterinnen und Sozialarbeiter wenden in ihrer
Arbeit häufig eine Kombination dieser Methoden an, um
den vielfältigen Bedürfnissen ihrer Klientinnen und
Klienten gerecht zu werden.

Migration

Migration bezeichnet die Wanderung von Menschen von
einem Ort an einen anderen, entweder innerhalb eines
Landes oder über Landesgrenzen hinweg. Menschen

migrieren aus verschiedenen Gründen, darunter
wirtschaftliche Chancen, Bildung, Flucht vor Konflikten
oder Verfolgung sowie soziale oder kulturelle Gründe.

Arten der Migration:
- Es gibt verschiedene Arten der Migration, darunter
  Binnenmigration (innerhalb eines Landes),
  internationale Migration (zwischen Ländern),
  Arbeitsmigration, Flucht und Asylsuchende,
  Rückkehrmigration und freiwillige oder
  erzwungene Migration.

Ursachen der Migration:
- Menschen migrieren aus vielfältigen Gründen,
  darunter wirtschaftliche Chancen, bessere
  Lebensbedingungen, Bildung, politische
  Unsicherheit, Verfolgung, Naturkatastrophen und
  klimatische Veränderungen.

Flüchtlinge und Asylsuchende:
- Flüchtlinge sind Menschen, die vor Verfolgung,
  Konflikten oder schweren
  Menschenrechtsverletzungen fliehen.
  Asylsuchende sind Personen, die Schutz in einem
  anderen Land suchen und einen Asylantrag stellen,
  um als Flüchtlinge anerkannt zu werden.

Integration und Akkulturation:
- Integration bezieht sich auf den Prozess, durch
  den Migranten in die Gesellschaft ihres
  Aufnahmelandes eingegliedert werden.
  Akkulturation beschreibt den kulturellen
  Anpassungsprozess, den Migranten erleben, wenn
  sie sich an die Werte, Normen und Praktiken der
  neuen Kultur anpassen.

Herausforderungen der Migration:
- Migranten können auf verschiedene
  Herausforderungen stoßen, darunter kulturelle

Unterschiede, Sprachbarrieren, Diskriminierung, fehlende soziale Unterstützung und mögliche rechtliche Hindernisse.

Brain Drain und Brain Gain:

- "Brain Drain" bezieht sich auf die Abwanderung hochqualifizierter Fachkräfte aus einem Land, während "Brain Gain" sich auf den Nutzen bezieht, den ein Land durch die Aufnahme hochqualifizierter Migranten hat.

Rücküberweisungen (Remittances):

- Viele Migranten schicken Geld in ihre Herkunftsländer zurück, was als Rücküberweisungen oder Remittances bezeichnet wird. Diese Gelder können einen wichtigen Beitrag zur wirtschaftlichen Entwicklung in den Herkunftsländern leisten.

Migrationspolitik:

- Länder entwickeln Migrationspolitiken, um den Zustrom, Aufenthalt und die Integration von Migranten zu regeln. Diese Politiken können restriktiv oder auf Integration ausgerichtet sein und hängen oft von politischen, wirtschaftlichen und sozialen Bedingungen ab.

Multikulturalismus:

- Multikulturalismus bezieht sich auf die Anerkennung und Förderung verschiedener Kulturen innerhalb einer Gesellschaft. Dieser Ansatz soll die Integration von Migranten fördern, während gleichzeitig ihre kulturelle Vielfalt geschätzt wird.

Umweltauslöser für Migration:

- Klimawandel und Umweltveränderungen können zu Umweltmigration führen, wenn Menschen aufgrund von Naturkatastrophen, Dürren oder anderen Umweltauslösern ihre Heimat verlassen.

Migration ist ein komplexes und vielschichtiges Phänomen, das erhebliche Auswirkungen auf die Herkunfts- und Zielländer sowie auf die Migranten selbst hat. Die Diskussion über Migration umfasst soziale, wirtschaftliche, politische und kulturelle Aspekte.

Migrationsberatung

Migrationsberatung bezieht sich auf Beratungsdienste, die Menschen bei ihren Migrationsplänen und -prozessen unterstützen. Diese Beratungsdienste können ein breites Themenspektrum abdecken, das von rechtlichen Aspekten bis hin zu sozialen Integrationsschritten reicht.

Rechtsberatung:

- Migrationsberater bieten häufig rechtliche Beratung in Bezug auf Einwanderungsbestimmungen und -vorschriften an. Dies kann die Klärung von Visumsoptionen, Einwanderungsanträgen, Asylverfahren und anderen rechtlichen Aspekten umfassen.

Soziale Integration:

- Beratungsdienste können Migranten bei der sozialen Integration unterstützen, indem sie Informationen über lokale Gemeinschaften, kulturelle Anpassung, Bildungssysteme, Gesundheitsdienste und andere relevante soziale Aspekte bereitstellen.

Berufliche Integration:

- Migrationsberatung kann auch berufliche Orientierung und Unterstützung bei der Jobsuche bieten. Dies kann Informationen über lokale Arbeitsmärkte, Anerkennung von Qualifikationen und berufliche Weiterbildung einschließen.

Bildungsberatung:

- Migranten, insbesondere Studierende, können von Bildungsberatungsdiensten profitieren. Dies umfasst Informationen über Bildungseinrichtungen, Zulassungsvoraussetzungen, Studienmöglichkeiten und Finanzierungsquellen.

Familienzusammenführung:

- Bei Migranten, die ihre Familien nachziehen lassen möchten, kann die Migrationsberatung Unterstützung bei den Anforderungen und Verfahren für die Familienzusammenführung bieten.

Krisenintervention:

- In Situationen, in denen Migranten mit Krisen oder schwierigen Umständen konfrontiert sind, kann die Migrationsberatung auch eine Form der Krisenintervention umfassen. Dies kann psychosoziale Unterstützung und Verweisungen auf spezialisierte Dienstleistungen beinhalten.

Gesundheitswesen und soziale Dienste:

- Migrationsberater können Informationen über das Gesundheitssystem, Zugang zu medizinischer Versorgung, soziale Dienste und andere Gesundheitsaspekte bereitstellen.

Dolmetscherdienste:

- Da Sprachbarrieren ein häufiges Hindernis für Migranten darstellen, können Migrationsberatungsdienste auch Dolmetscherdienste anbieten oder auf entsprechende Ressourcen verweisen.

Kulturvermittlung:

- Kulturvermittlung ist ein wichtiger Bestandteil der Migrationsberatung. Dies umfasst die Vermittlung von kulturellen Unterschieden, interkultureller Kommunikation und dem Verständnis der kulturellen Kontexte im Gastland.

Aufenthaltstitel und Integration:

- Beratungsdienste können bei der Klärung von Aufenthaltsstatusfragen und Integrationsschritten, einschließlich Sprachkursen und Bürgerrechten, behilflich sein.

Migrationsberatung ist von entscheidender Bedeutung, um Migranten bei der Bewältigung der vielfältigen Herausforderungen des Migrationsprozesses zu unterstützen. Professionelle Berater können zu einem reibungslosen Übergang und einer erfolgreichen Integration im Aufnahmeland beitragen.

Nachhaltigkeit

Nachhaltigkeit bezieht sich auf die Fähigkeit, die Bedürfnisse der Gegenwart zu befriedigen, ohne die Möglichkeiten künftiger Generationen zu gefährden, ihre eigenen Bedürfnisse zu befriedigen. Es ist ein mehrdimensionales Konzept, das ökologische, soziale und wirtschaftliche Aspekte umfasst und darauf abzielt, eine ausgewogene und langfristige Entwicklung zu gewährleisten.

Ökologische Nachhaltigkeit:

- Dieser Aspekt bezieht sich auf die Bewahrung und nachhaltige Nutzung der natürlichen Ressourcen, um die Umwelt zu schützen. Dies umfasst den verantwortungsbewussten Umgang mit Wasser, Luft, Boden, Artenvielfalt und die Reduzierung von Umweltverschmutzung.

Soziale Nachhaltigkeit:

- Soziale Nachhaltigkeit konzentriert sich darauf, soziale Gerechtigkeit, Chancengleichheit und eine hohe Lebensqualität für alle Menschen zu gewährleisten. Dazu gehört der Zugang zu Bildung, Gesundheitsversorgung, sozialer Sicherheit und die Förderung von Vielfalt und Inklusion.

Wirtschaftliche Nachhaltigkeit:

- Wirtschaftliche Nachhaltigkeit zielt darauf ab, ein Gleichgewicht zwischen wirtschaftlichem Wachstum, Effizienz und der Sicherung von Ressourcen für die Zukunft zu schaffen. Dies beinhaltet die Förderung von Innovation, fairen Handel, ethische Geschäftspraktiken und die Reduzierung der Abhängigkeit von nicht erneuerbaren Ressourcen.

Ressourceneffizienz:

- Nachhaltigkeit erfordert eine effiziente Nutzung von Ressourcen, um Verschwendung zu minimieren. Dies umfasst Maßnahmen wie Recycling, erneuerbare Energien und die Entwicklung umweltfreundlicher Technologien.

Kreislaufwirtschaft:

- Die Idee der Kreislaufwirtschaft bezieht sich auf das Konzept, dass Ressourcen in geschlossenen Kreisläufen gehalten werden sollten, anstatt als Abfall zu enden. Dies trägt dazu bei, den

Ressourcenverbrauch zu minimieren und Abfall zu reduzieren.

Klimaschutz:

- Der Schutz vor den Auswirkungen des Klimawandels ist ein zentraler Bestandteil der Nachhaltigkeit. Maßnahmen zur Reduzierung von Treibhausgasemissionen, Anpassung an den Klimawandel und Förderung nachhaltiger Praktiken spielen eine entscheidende Rolle.

Partizipation und Beteiligung:

- Nachhaltigkeit erfordert die Beteiligung und Mitbestimmung aller relevanten Akteure, einschließlich Regierungen, Unternehmen, Zivilgesellschaft und Einzelpersonen. Die Förderung von Partizipation trägt dazu bei, breite Unterstützung für nachhaltige Maßnahmen zu schaffen.

Globale Zusammenarbeit:

- Da viele Nachhaltigkeitsprobleme globaler Natur sind, ist internationale Zusammenarbeit entscheidend. Dies umfasst den Austausch von Wissen, Technologien und Ressourcen, um gemeinsame Herausforderungen anzugehen.

Bildung für nachhaltige Entwicklung:

- Bildung spielt eine entscheidende Rolle bei der Förderung von Nachhaltigkeit. Die Bildung für nachhaltige Entwicklung zielt darauf ab, Menschen das Verständnis für die komplexen Zusammenhänge von Umwelt, Gesellschaft und Wirtschaft zu vermitteln.

Zeitliche Perspektive:

- Nachhaltigkeit erfordert eine langfristige Perspektive, die die Auswirkungen von

Entscheidungen und Handlungen auf zukünftige Generationen berücksichtigt. Es geht darum, eine Balance zwischen den Bedürfnissen der Gegenwart und der Zukunft zu finden.

Nachhaltigkeit ist ein grundlegendes Konzept für die Gestaltung einer zukunftsfähigen Welt, die den Bedürfnissen der heutigen Generation entspricht, ohne die Möglichkeiten künftiger Generationen zu gefährden. Es ist ein ganzheitlicher Ansatz, der ökologische, soziale und ökonomische Dimensionen integriert.

Opferentschädigung

Opferentschädigung bezieht sich auf finanzielle und rechtliche Maßnahmen, die ergriffen werden, um Opfer von Verbrechen oder anderen schädigenden Handlungen zu unterstützen und zu entschädigen. Die genaue Art und der Umfang der Opferentschädigung können je nach Rechtssystem und spezifischen Gesetzen eines Landes variieren.

Finanzielle Entschädigung:
- Opfer von Verbrechen können Anspruch auf finanzielle Entschädigung haben, um die Kosten im Zusammenhang mit dem Verbrechen zu decken. Dazu gehören medizinische Kosten, Therapieausgaben, Einkommensverluste, Sachschäden und andere finanzielle Belastungen.

Rehabilitationsunterstützung:

- Opfer von schweren Verbrechen, insbesondere solche, die zu physischen oder psychischen Verletzungen führen, können Unterstützung bei der Rehabilitation erhalten. Dies kann medizinische Versorgung, psychologische Betreuung und andere Formen der Unterstützung umfassen.

Rechtliche Unterstützung:

- Opfer können Anspruch auf rechtliche Unterstützung haben, um ihre Interessen im Strafverfahren zu vertreten. Dies kann die Bereitstellung von Rechtsanwälten oder Unterstützung bei der Beantragung von Schutzanordnungen umfassen.

Opferschutz:

- Opferentschädigung beinhaltet oft Maßnahmen zum Schutz der Opfer vor weiteren Gefahren oder Belästigungen. Dies kann beispielsweise Schutzanordnungen gegen den Täter oder den Zugang zu speziellen Schutzprogrammen umfassen.

Entschädigungsfonds:

- Viele Länder verfügen über spezielle Entschädigungsfonds oder -programme, die Opfern von Verbrechen finanzielle Unterstützung bieten. Diese Fonds können von staatlichen Stellen oder Nichtregierungsorganisationen verwaltet werden.

Anerkennung und Unterstützung:

- Opferentschädigung geht oft über finanzielle Aspekte hinaus und umfasst die Anerkennung und Unterstützung der Opfer. Dies kann durch Beratungsdienste, Unterstützung bei der Bewältigung von Traumata und die Förderung von sozialer Unterstützung erfolgen.

Antragstellung und Verfahren:

- In vielen Rechtssystemen müssen Opfer einen Antrag auf Opferentschädigung stellen. Die Verfahren und Anforderungen können je nach Land und Gesetzgebung unterschiedlich sein.

Opferrechte:

- Die Gewährleistung von Opferrechten, wie das Recht auf Information, Beteiligung am Strafverfahren und Schutz vor Belästigung, ist ein wichtiger Bestandteil der Opferentschädigung.

Prävention von Opferentschädigung:

- Neben der Unterstützung von Opfern ist es ebenso wichtig, Präventionsmaßnahmen zu ergreifen, um Verbrechen und schädliche Handlungen zu verhindern. Dies kann Schulungen, Sensibilisierungskampagnen und verbesserte Sicherheitsmaßnahmen umfassen.

Die Opferentschädigung ist ein wichtiger Bestandteil des Justizsystems, mit dem die Rechte und das Wohlergehen von Opfern geschützt werden sollen.

Partizipation

Partizipation bezeichnet die aktive und gleichberechtigte Teilhabe von Menschen an gesellschaftlichen, politischen, wirtschaftlichen oder kulturellen Prozessen und Entscheidungen. Es geht darum, dass Individuen und Gruppen die Möglichkeit haben, ihre Meinung zu äußern, sich an Entscheidungsprozessen zu beteiligen und am gesellschaftlichen Leben teilzuhaben.

Politische Partizipation:

- Dies bezieht sich auf die Teilnahme der Bürger an politischen Prozessen und Entscheidungen. Dazu gehören das Wahlrecht, die Teilnahme an politischen Versammlungen, die Beteiligung an Bürgerinitiativen und die aktive Mitarbeit in politischen Organisationen.

Soziale Partizipation:

- Soziale Partizipation umfasst die Teilnahme von Menschen an sozialen Aktivitäten und Gemeinschaftsleben. Dies kann ehrenamtliche Arbeit, Mitgliedschaft in sozialen Gruppen, Teilnahme an Veranstaltungen und die Förderung von Solidarität und sozialer Integration einschließen.

Wirtschaftliche Partizipation:

- Dies bezieht sich auf die Beteiligung von Menschen am wirtschaftlichen Leben. Dazu gehört die Möglichkeit, am Arbeitsmarkt teilzunehmen, wirtschaftliche Entscheidungen zu treffen, Unternehmer zu sein oder in Genossenschaften mitzuwirken.

Bildung und Partizipation:

- Bildung spielt eine wichtige Rolle bei der Förderung von Partizipation, indem sie Menschen die notwendigen Fähigkeiten und das Wissen vermittelt, um aktiv an verschiedenen Aspekten des Lebens teilzunehmen.

Kulturelle Partizipation:

- Kulturelle Partizipation bezieht sich auf die aktive Beteiligung an kulturellen Aktivitäten. Dies kann die Teilnahme an künstlerischen Veranstaltungen,

die Förderung von kulturellem Austausch und die
Mitgestaltung kultureller Inhalte umfassen.

Partizipation von Minderheiten:

- Eine inklusive Gesellschaft fördert die Partizipation
  von Minderheiten, um sicherzustellen, dass alle
  Mitglieder der Gemeinschaft gleiche Rechte und
  Chancen haben, sich zu äußern und an
  Entscheidungen teilzunehmen.

Partizipation in der digitalen Welt:

- Die Digitalisierung hat neue Formen der
  Partizipation ermöglicht, wie etwa die Beteiligung
  an Online-Diskussionen, das Teilen von
  Informationen in sozialen Medien oder die
  Nutzung von digitalen Plattformen zur Beteiligung
  an Entscheidungsprozessen.

Partizipative Forschung:

- In der Wissenschaft kann partizipative Forschung
  (auch als partizipative Forschungsmethoden
  bekannt) die aktive Einbeziehung von Menschen in
  den Forschungsprozess bedeuten, um
  sicherzustellen, dass ihre Perspektiven und
  Erfahrungen angemessen berücksichtigt werden.

Partizipation von Jugendlichen:

- Die Beteiligung von Jugendlichen an
  Entscheidungsprozessen, sei es in Schulen,
  Gemeinden oder auf nationaler Ebene, ist ein
  wichtiger Aspekt der Jugendförderung und
  demokratischen Entwicklung.

Partizipative Stadtentwicklung:

- In städtischen Planungsprozessen beteiligen sich
  Bürger zunehmend aktiv an der Gestaltung ihrer
  städtischen Umgebung, indem sie Ideen
  einbringen, an Workshops teilnehmen und an

Entscheidungen über Stadtentwicklungsprojekte teilhaben.

Partizipation ist eine Grundvoraussetzung für eine funktionierende Demokratie und eine inklusive Gesellschaft. Sie fördert Selbstbestimmung, Empowerment und gemeinsame Verantwortung für das Gemeinwohl. Wirksame Partizipation erfordert offene Kommunikation, Zugang zu Informationen, die Bereitschaft der Gesellschaft, Meinungsvielfalt zu akzeptieren, und die Schaffung von Strukturen, die Partizipation erleichtern.

Partizipationsorientierung

Partizipationsorientierung bezieht sich auf eine Ausrichtung von Prozessen, Institutionen oder Projekten, die darauf abzielt, die aktive Beteiligung und Mitbestimmung der betroffenen Personen oder Gruppen zu fördern. Dieser Ansatz strebt eine demokratische Gestaltung von Entscheidungsprozessen und Maßnahmen an, indem er sicherstellt, dass diejenigen, die von bestimmten Entscheidungen oder Maßnahmen betroffen sind, die Möglichkeit haben, ihre Perspektiven einzubringen und Einfluss zu nehmen.

Inklusive Entscheidungsprozesse:
- Partizipationsorientierung bedeutet, Entscheidungsprozesse offen zu gestalten und sicherzustellen, dass verschiedene Interessengruppen und Betroffene eingeladen

sind, ihre Meinungen, Bedenken und Vorschläge einzubringen.

Empowerment:

- Der Ansatz der Partizipationsorientierung zielt darauf ab, die Selbstbestimmung und das Empowerment der betroffenen Personen zu fördern, indem ihnen die Möglichkeit gegeben wird, aktiv an Entscheidungen teilzunehmen, die ihre Lebensbedingungen beeinflussen.

Transparenz und Information:

- Eine wichtige Voraussetzung für Partizipationsorientierung ist die Bereitstellung von klaren Informationen über Prozesse, Entscheidungen und deren Auswirkungen. Transparenz schafft die Grundlage für informierte Beteiligung.

Dialog und Kommunikation:

- Der Austausch von Informationen und der Dialog zwischen den Beteiligten sind zentral für die Partizipationsorientierung. Dies kann in Form von öffentlichen Diskussionen, Workshops, Bürgerforen oder anderen partizipativen Formaten erfolgen.

Vielfalt der Perspektiven:

- Partizipationsorientierung strebt an, eine Vielfalt von Perspektiven und Erfahrungen einzubeziehen. Dies schließt die Berücksichtigung von unterschiedlichen sozialen, kulturellen, ethnischen und geschlechtsspezifischen Hintergründen ein.

Partnerschaftliche Zusammenarbeit:

- Statt top-down-Entscheidungsstrukturen fördert die Partizipationsorientierung eine partnerschaftliche Zusammenarbeit zwischen den

Entscheidungsträgern und den betroffenen
Personen oder Gruppen.

Gemeinwohlorientierung:
- Partizipationsorientierung ist darauf ausgerichtet,
  Entscheidungen und Maßnahmen im Sinne des
  Gemeinwohls zu gestalten. Dies bedeutet, dass die
  Beteiligten gemeinsam an der Entwicklung von
  Lösungen arbeiten, die für die Gesellschaft als
  Ganzes förderlich sind.

Partizipative Evaluation:
- Nach Umsetzung von Maßnahmen oder Projekten
  wird eine partizipative Evaluation durchgeführt, bei
  der die betroffenen Personen oder Gruppen aktiv
  einbezogen werden, um die Auswirkungen zu
  bewerten und mögliche Anpassungen
  vorzunehmen.

Berücksichtigung von Vulnerabilität:
- Partizipationsorientierung berücksichtigt die
  unterschiedlichen Machtpositionen und
  Vulnerabilitäten der Beteiligten. Es zielt darauf ab,
  sicherzustellen, dass auch benachteiligte Gruppen
  eine Stimme haben.

Legitimität und Akzeptanz:
- Durch Partizipationsorientierung wird die
  Legitimität von Entscheidungen gestärkt, da sie
  durch den breiten Einbezug von Beteiligten mehr
  Akzeptanz in der Gesellschaft finden.

Partizipation ist in verschiedenen Bereichen wie Politik,
Verwaltung, Bildung, Sozialarbeit und
Unternehmensführung von großer Bedeutung. Sie fördert
demokratische Werte, stärkt das Vertrauen der Beteiligten
und führt zu nachhaltigeren und effektiveren Lösungen.

Partizipative Forschung

Partizipative Forschung, auch partizipative Forschungsmethoden oder partizipative Forschungsansätze genannt, ist ein Forschungsansatz, bei dem diejenigen, die von der Forschung betroffen sind, aktiv in den Forschungsprozess einbezogen werden. Dieser Ansatz zielt darauf ab, die Perspektiven und Erfahrungen der Beteiligten zu berücksichtigen und sicherzustellen, dass die Forschung relevante, praktische und sozial gerechte Ergebnisse hervorbringt.

Einbeziehung der Beteiligten:
- Partizipative Forschung zielt darauf ab, die Beteiligten aktiv in den Forschungsprozess einzubeziehen. Dies können Gemeinschaftsmitglieder, Patienten, Schüler, Mitarbeiter oder andere Gruppen sein, die einen unmittelbaren Bezug zum Forschungsthema haben.

Gemeinsame Definition des Forschungsziels:
- Die Forschungsfrage und -ziele werden gemeinsam von den Forschenden und den Beteiligten definiert. Dies stellt sicher, dass die Forschung für alle relevant ist und die Bedürfnisse der Betroffenen adressiert.

Partizipative Datenerhebung:
- Die Datenerhebung erfolgt auf partizipative Weise. Das kann bedeuten, dass die Beteiligten selbst Daten sammeln, an Interviews teilnehmen, an

Fokusgruppen diskutieren oder auf andere Weise
aktiv am Forschungsprozess beteiligt sind.

Dialog und Kommunikation:
- Der Austausch von Informationen und der Dialog
  zwischen Forschenden und Beteiligten stehen im
  Zentrum der partizipativen Forschung. Dies fördert
  eine offene Kommunikation und schafft Vertrauen.

Bedeutung von Erfahrungswissen:
- Partizipative Forschung erkennt die Bedeutung des
  Erfahrungswissens der Beteiligten an. Dieses
  Wissen wird als gleichwertig mit
  wissenschaftlichem Wissen betrachtet und trägt
  dazu bei, eine umfassendere Perspektive auf das
  Forschungsthema zu gewinnen.

Empowerment der Beteiligten:
- Durch die aktive Teilnahme am Forschungsprozess
  sollen die Beteiligten empowert werden. Das
  bedeutet, dass sie Einfluss auf die Forschung
  haben und die Ergebnisse dazu verwenden
  können, positive Veränderungen in ihrer
  Lebenswelt zu bewirken.

Gleichberechtigte Zusammenarbeit:
- Partizipative Forschung fördert eine
  gleichberechtigte Zusammenarbeit zwischen
  Forschenden und Beteiligten. Es wird vermieden,
  dass die Forschenden eine übergeordnete Position
  einnehmen, und stattdessen wird auf Partnerschaft
  und gemeinsame Entscheidungen Wert gelegt.

Anpassungsfähigkeit des Forschungsprozesses:
- Die partizipative Forschung zeichnet sich durch
  eine hohe Anpassungsfähigkeit aus. Der

Forschungsprozess kann je nach Bedarf und Entwicklungen angepasst werden, um den sich ändernden Anforderungen der Beteiligten gerecht zu werden.

Ethik und Verantwortung:

- Partizipative Forschung betont ethische Prinzipien und Verantwortung gegenüber den Beteiligten. Dies schließt den Schutz ihrer Privatsphäre, die Offenlegung von Forschungszielen und die transparente Kommunikation ein.

Anwendungsorientierte Ergebnisse:

- Das Ziel partizipativer Forschung ist oft die Entwicklung von anwendungsorientierten Ergebnissen, die direkt in die Praxis umgesetzt werden können. Dies trägt dazu bei, die Relevanz und Praktikabilität der Forschungsergebnisse zu erhöhen.

Partizipative Forschung wird in einer Vielzahl von Disziplinen angewandt, darunter Sozialwissenschaften, Gesundheitswissenschaften, Bildung, Umweltforschung und viele andere. Sie bietet die Möglichkeit, die Reichweite und den Einfluss der Forschung zu vergrößern und sicherzustellen, dass die Stimmen derer, die oft an den Rand gedrängt werden, gehört werden.

Partnerschaftlichkeit

Partnerschaft im sozialen oder beruflichen Kontext bezieht sich auf eine Zusammenarbeit, in der alle Beteiligten als gleichberechtigte Partner angesehen werden. Es geht darum, eine gleichberechtigte Beziehung aufzubauen, in der die Bedürfnisse, Perspektiven und Beiträge aller Parteien respektiert und berücksichtigt werden.

Gegenseitiger Respekt:
- Partnerschaftlichkeit basiert auf einem gegenseitigen Respekt für die Fähigkeiten, Erfahrungen und Meinungen aller Beteiligten. Jede Partei wird als wichtiger Beitragender zur Zusammenarbeit betrachtet.

Gleichberechtigung:
- Gleichberechtigung ist ein zentrales Prinzip der Partnerschaftlichkeit. Alle Partner haben das Recht, gleichberechtigt an Entscheidungen teilzunehmen und Einfluss auf den Verlauf der Zusammenarbeit zu nehmen.

Gemeinsame Entscheidungsfindung:
- In partnerschaftlichen Beziehungen wird die Entscheidungsfindung gemeinsam gestaltet. Dies schließt die Einbeziehung aller relevanten Stakeholder in den Prozess ein, um sicherzustellen, dass verschiedene Perspektiven berücksichtigt werden.

Transparente Kommunikation:
- Klare und offene Kommunikation ist entscheidend für Partnerschaftlichkeit. Alle Beteiligten teilen Informationen und kommunizieren ihre Bedürfnisse und Erwartungen, um ein Verständnis aufzubauen.

Verantwortungsteilung:
- Partnerschaftlichkeit beinhaltet die gemeinsame Verantwortung für die Ziele und Aufgaben der Zusammenarbeit. Die Aufgaben werden aufgeteilt, basierend auf den Fähigkeiten und Ressourcen jedes Partners.

Flexibilität und Anpassungsfähigkeit:

- Partnerschaftliche Beziehungen sind flexibel und passen sich den sich ändernden Bedingungen an. Dies ermöglicht es den Partnern, gemeinsam auf Herausforderungen zu reagieren und Lösungen zu finden.

Anerkennung von Vielfalt:

- Partnerschaftlichkeit respektiert die Vielfalt der beteiligten Akteure. Dies schließt kulturelle, soziale und individuelle Unterschiede ein und fördert eine inklusive Zusammenarbeit.

Langfristige Perspektive:

- Partnerschaftlichkeit ist oft auf eine langfristige Zusammenarbeit ausgerichtet. Es geht darum, Beziehungen aufzubauen, die über einzelne Projekte hinausgehen und auf Vertrauen und Kontinuität basieren.

Zielorientierung:

- Partnerschaftliche Beziehungen sind darauf ausgerichtet, gemeinsame Ziele zu erreichen. Alle Beteiligten arbeiten zusammen, um Ergebnisse zu erzielen, die für die gesamte Partnerschaft von Nutzen sind.

Partnerschaftlichkeit in verschiedenen Kontexten:

- Partnerschaftlichkeit findet in verschiedenen Kontexten Anwendung, sei es in sozialen Dienstleistungen, Bildungseinrichtungen, Unternehmen, zwischen Regierung und Zivilgesellschaft oder in internationalen Kooperationen.

Partnerschaft fördert eine positive und nachhaltige Zusammenarbeit auf der Grundlage von Respekt, Gleichberechtigung und gemeinsamer Verantwortung. Im Bereich der sozialen Dienste und der sozialen Arbeit ist

Partnerschaft oft ein Schlüsselprinzip, um wirksame
Unterstützung und Interventionen zu gewährleisten.

Paarberatung/Partnerschaftsberatung

Paarberatung ist eine Form der psychosozialen Beratung,
die Paare dabei unterstützt, ihre Beziehung zu verbessern,
Konflikte zu bewältigen und ihre
Kommunikationsfähigkeit zu stärken. Paarberatung kann
von verschiedenen Fachleuten wie Psychologen,
Therapeuten, Sozialarbeitern oder Eheberatern
durchgeführt werden.

Kommunikationsverbesserung:
- Ein häufiges Ziel der Paarberatung ist die
  Verbesserung der Kommunikation zwischen den
  Partnern. Dies umfasst das Erlernen effektiver
  Kommunikationstechniken, das Zuhören und das
  Ausdrücken von Bedürfnissen und Gefühlen.

Konfliktlösung:
- Paarberatung unterstützt Paare dabei, Konflikte
  konstruktiv zu bewältigen. Dies beinhaltet das
  Verstehen der Ursachen von Konflikten, das
  Erlernen von Strategien zur Konfliktlösung und das
  Entwickeln von Kompromissfähigkeiten.

Beziehungsstärkung:
- Paarberatung konzentriert sich darauf, die
  bestehende Beziehung zu stärken. Dies kann durch
  das Erkennen und Fördern von positiven Aspekten
  der Partnerschaft sowie das gemeinsame
  Erarbeiten von Zielen und Werten erreicht werden.

Verständnis der Partnerdynamik:

- Therapeuten in der Paarberatung helfen den Partnern, die Dynamiken ihrer Beziehung zu verstehen. Dies kann beinhalten, Muster in der Kommunikation oder Verhaltensweisen zu identifizieren, die zu Problemen führen.

Intimität und Nähe fördern:

- Paarberatung kann dazu beitragen, Intimität und Nähe in der Beziehung zu fördern. Dies kann durch das Schaffen von emotionaler Verbundenheit, das Wiederbeleben von romantischen Elementen und das Entwickeln von gemeinsamen Aktivitäten geschehen.

Bewältigung von Lebensveränderungen:

- Paarberatung ist oft hilfreich bei der Bewältigung von Lebensveränderungen, wie zum Beispiel der Geburt eines Kindes, beruflichen Veränderungen, dem Verlust eines geliebten Menschen oder anderen Stressfaktoren.

Unterstützung bei sexuellen Problemen:

- Paarberatung kann auch sexuelle Probleme ansprechen und unterstützen, sei es durch das Offenlegen von sexuellen Bedürfnissen, die Bewältigung von Unstimmigkeiten oder das Erkunden neuer Wege, die Intimität zu verbessern.

Förderung der emotionalen Intelligenz:

- Paarberatung kann dazu beitragen, die emotionale Intelligenz der Partner zu stärken, indem sie ihnen hilft, ihre eigenen Emotionen zu verstehen und angemessen auf die Emotionen des Partners zu reagieren.

Vorbereitung auf Ehe oder Lebenspartnerschaft:

- Manchmal suchen Paare vor der Ehe oder dem Zusammenziehen Hilfe, um sich auf die Herausforderungen des Zusammenlebens vorzubereiten. Paarberatung kann dazu beitragen, realistische Erwartungen zu setzen und eine starke Grundlage für die gemeinsame Zukunft zu schaffen.

Ressourcen für den Umgang mit Schwierigkeiten:

* Paarberatung bietet den Partnern auch Ressourcen und Werkzeuge, um eigenständig mit zukünftigen Schwierigkeiten umzugehen. Dies beinhaltet oft die Entwicklung von Strategien zur langfristigen Aufrechterhaltung einer gesunden Beziehung.

Wichtig ist, dass Paarberatung individuell auf die Bedürfnisse und Ziele des jeweiligen Paares zugeschnitten ist. Sie bietet einen unterstützenden Raum, in dem Paare lernen können, zusammen zu wachsen und Herausforderungen gemeinsam zu bewältigen.

Paraphrasierung

Paraphrasieren bedeutet, einen Text oder eine Aussage in eigenen Worten wiederzugeben, ohne den Sinn zu verändern. Paraphrasieren ist eine wichtige Fertigkeit der schriftlichen Kommunikation, die in verschiedenen Kontexten, einschließlich akademischer und beruflicher Texte, angewendet wird. Durch Paraphrasieren können komplexe Ideen oder Informationen klar und verständlich wiedergegeben werden, ohne dass es zu einem Plagiat kommt.

Wortwahl:

- Bei der Paraphrasierung ist es wichtig, die ursprüngliche Wortwahl zu ändern, um eine eindeutige und originale Formulierung zu gewährleisten. Synonyme können dabei hilfreich sein, um Vielfalt in der Sprache beizubehalten.

Umfassendes Verständnis:

- Um effektiv zu paraphrasieren, ist ein tiefes Verständnis des ursprünglichen Texts erforderlich. Dies schließt das Verständnis der Hauptideen, Schlüsselbegriffe und Struktur mit ein.

Veränderung der Satzstruktur:

- Neben der Veränderung von Wörtern ist es oft erforderlich, die Struktur der Sätze zu ändern. Dies umfasst die Umstellung von Satzteilen, die Verwendung verschiedener Satztypen oder die Variation der Satzlänge.

Beibehaltung der Bedeutung:

- Die Paraphrasierung soll die ursprüngliche Bedeutung des Texts beibehalten. Man sollte sicherzustellen, dass die neu formulierte Passage die gleichen Kernideen wie der Ausgangstext vermittelt.

Zusammenfassung:

- Paraphrasierung kann auch eine Form der Zusammenfassung sein, bei der der Text auf seine wichtigsten Punkte reduziert wird, ohne die wesentliche Bedeutung zu verlieren.

Angepasste Formulierung:

- Die Paraphrasierung erfordert eine Anpassung der Formulierung an den eigenen Schreibstil. Dies ermöglicht es, die Worte und Strukturen so zu wählen, dass sie gut in den Kontext des eigenen Texts passen.

Vermeidung von Plagiat:

- Eine korrekte Paraphrasierung verhindert Plagiat, da sie den Text auf eine Weise neu formuliert, die als eigenständige Arbeit betrachtet werden kann. Es ist jedoch wichtig, Quellen ordnungsgemäß zu zitieren, wenn Ideen oder Informationen aus anderen Texten übernommen werden.

Die Fähigkeit zur Paraphrasierung ist in vielen schriftlichen Kontexten wichtig, insbesondere in akademischen Arbeiten, Berichten oder anderen Formen der schriftlichen Kommunikation. Sie trägt dazu bei, die eigene Originalität und das Verständnis des Materials unter Beweis zu stellen.

Peers

Der Begriff "Peers" bezieht sich auf Menschen, die sich auf einer ähnlichen Ebene befinden, oft in Bezug auf Erfahrungen, Zugehörigkeiten oder Lebenssituationen. Der Begriff wird in verschiedenen Zusammenhängen verwendet und kann unterschiedliche Bedeutungen haben. Im Folgenden sind einige der gebräuchlichsten Verwendungen des Begriffs "Peers" aufgeführt:

Gleichaltrige (Peer Group):

- In der Jugend- und Sozialforschung bezieht sich "Peers" oft auf Gleichaltrige oder Mitglieder derselben Altersgruppe. Die Peer Group spielt eine wichtige Rolle in der Entwicklung von Jugendlichen, da Gleichaltrige einen Einfluss auf

Verhalten, Einstellungen und soziale Identität
haben.

Peer-Unterstützung:

- Im Bereich der psychischen Gesundheit und
  Rehabilitation bezeichnet "Peer-Unterstützung"
  den Austausch von Erfahrungen und Ressourcen
  zwischen Personen, die ähnliche
  Herausforderungen, Krankheiten oder
  Lebenssituationen erlebt haben. Peer-Unterstützer
  können eine einzigartige Perspektive und
  Verständnis bieten.

Peer-Education:

- Der Begriff wird auch in der Bildung verwendet,
  insbesondere in der Peer-Education. Hier
  übernehmen Schüler oder Studenten die Rolle von
  Lehrern oder Beratern für ihre Altersgenossen.
  Dies kann dazu beitragen, dass Informationen
  besser verstanden und akzeptiert werden, wenn sie
  von Gleichaltrigen vermittelt werden.

Peer-Review:

- In der wissenschaftlichen Forschung bezieht sich
  "Peer-Review" auf den Prozess, bei dem
  wissenschaftliche Arbeiten von Experten auf dem
  gleichen Fachgebiet geprüft werden, bevor sie in
  wissenschaftlichen Zeitschriften veröffentlicht
  werden. Diese Experten gelten als Peers.

Peer-Coaching:

- Im Coachingumfeld kann "Peer-Coaching"
  bedeuten, dass Kollegen oder Gleichrangige sich
  gegenseitig coachen, um berufliche Fähigkeiten zu
  verbessern oder berufliche Herausforderungen zu
  bewältigen.

Peer-to-Peer-Netzwerke:

- In der Technologie bezeichnet "Peer-to-Peer"
  (P2P) eine dezentrale Form der Datenübertragung,

bei der Computer direkt miteinander
kommunizieren, ohne einen zentralen Server.
Dieses Konzept wird auch in anderen Bereichen
verwendet, um auf gleicher Ebene oder direkt
zwischen Personen zu bedeuten.

Peer-Pressure (Gruppendruck):

- Dieser Begriff beschreibt den Einfluss, den
  Gleichaltrige auf das Verhalten, die
  Entscheidungen oder die Einstellungen einer
  Person ausüben können. Der Peer-Pressure kann
  positiv oder negativ sein.

Peer-Recognition:

- In Organisationen bezieht sich "Peer-Recognition"
  auf die Anerkennung und Wertschätzung von
  Leistungen durch Kollegen auf derselben
  Hierarchieebene.

Die Verwendung des Begriffs "Peers" hängt stark vom
jeweiligen Kontext ab. In vielen Fällen steht er für
Gleichberechtigung, geteilte Erfahrungen und eine
gemeinsame Perspektive.

Physiotherapie

Physiotherapie, auch Krankengymnastik genannt, ist eine
medizinische Therapieform, die darauf abzielt, die
körperliche Funktionsfähigkeit, Mobilität und
Lebensqualität von Menschen zu verbessern oder
wiederherzustellen. Physiotherapie wird von
ausgebildeten Fachkräften, den Physiotherapeuten,
durchgeführt.

Bewertung und Diagnose:

- Physiotherapeuten führen eine umfassende Bewertung durch, um die Ursachen von körperlichen Beschwerden oder Funktionsstörungen zu identifizieren. Dies beinhaltet die Beurteilung von Bewegung, Muskelkraft, Gelenkfunktion und anderen relevanten Aspekten.

Erstellung eines individuellen Behandlungsplans:

- Basierend auf der Bewertung entwickeln Physiotherapeuten einen individuellen Behandlungsplan für jeden Patienten. Dieser Plan kann Übungen, manuelle Therapie, Elektrotherapie, Wärme- oder Kältetherapie und andere Techniken umfassen.

Bewegungsübungen und Rehabilitation:

- Kernaspekt der Physiotherapie sind Bewegungsübungen, die darauf abzielen, die Muskeln zu stärken, die Gelenkfunktion zu verbessern und die Flexibilität zu erhöhen. Rehabilitation nach Verletzungen oder Operationen ist ebenfalls ein wichtiger Bereich.

Manuelle Therapie:

- Physiotherapeuten verwenden häufig manuelle Techniken wie Massage, Mobilisation und Manipulation, um Muskelverspannungen zu lösen, Gelenke zu mobilisieren und die Durchblutung zu fördern.

Schmerzmanagement:

- Physiotherapeuten arbeiten oft an der Verbesserung von Schmerzsymptomen, sei es durch die Anwendung von spezifischen Techniken, die Verbesserung der Haltung oder die Vermittlung von Selbstmanagementstrategien.

Atemtherapie:

- In bestimmten Fällen, wie bei Atembeschwerden oder Lungenerkrankungen, können Physiotherapeuten Atemtechniken und Atemübungen anwenden, um die Atemfunktion zu verbessern.

Ganganalyse:

- Die Analyse des Gangbilds ist ein wichtiger Teil der Physiotherapie, um Gangstörungen zu identifizieren und entsprechende Interventionen vorzunehmen.

Anleitung zur Selbsthilfe:

- Ein zentraler Aspekt der Physiotherapie ist die Schulung von Patienten in Selbsthilfe-Techniken. Dies kann die Durchführung spezifischer Übungen zu Hause, die Anpassung der Lebensgewohnheiten oder die Vermeidung von Fehlbelastungen umfassen.

Prävention und Gesundheitsförderung:

- Physiotherapeuten arbeiten nicht nur an der Behandlung von bestehenden Problemen, sondern auch an der Prävention von Verletzungen und der Förderung allgemeiner Gesundheit und Wohlbefinden.

Zusammenarbeit im interdisziplinären Team:

- Physiotherapeuten arbeiten oft im Rahmen eines interdisziplinären Teams, insbesondere wenn es um die Rehabilitation von Patienten mit komplexen medizinischen Bedingungen geht. Die Zusammenarbeit mit Ärzten, Krankenschwestern und anderen Fachleuten ist entscheidend.

Physiotherapie wird in einer Vielzahl von Kontexten eingesetzt, einschließlich Krankenhäusern,

Rehabilitationszentren, ambulanten Praxen, Pflegeeinrichtungen, Sportmannschaften und vielen anderen. Sie spielt eine wichtige Rolle bei der Wiederherstellung und Verbesserung der Lebensqualität von Menschen mit unterschiedlichen Gesundheitsproblemen.

Prävention

Prävention bezieht sich auf Maßnahmen, die ergriffen werden, um das Auftreten von Krankheiten, Verletzungen oder anderen unerwünschten Zuständen zu verhindern oder zu minimieren. Der Schwerpunkt liegt auf der Erkennung potenzieller Risikofaktoren, der frühzeitigen Intervention und der Verhinderung des Auftretens von Gesundheitsproblemen.

Primärprävention:
- Primärprävention zielt darauf ab, Krankheiten oder Verletzungen zu verhindern, bevor sie überhaupt auftreten. Dies kann durch Aufklärung, Impfungen, Verhaltensänderungen und andere Maßnahmen erfolgen, die das Risiko verringern.

Sekundärprävention:
- Sekundärprävention konzentriert sich darauf, das Fortschreiten von Krankheiten in einem frühen Stadium zu stoppen oder zu verlangsamen. Dies umfasst Screening- und Früherkennungsprogramme, um Krankheiten in einem frühen, behandelbaren Stadium zu identifizieren.

Tertiärprävention:

- Tertiärprävention bezieht sich auf Maßnahmen, die ergriffen werden, um die Auswirkungen einer bestehenden Krankheit oder Verletzung zu minimieren und Rückfälle zu verhindern. Rehabilitationsprogramme sind ein Beispiel für tertiäre Prävention.

Gesundheitsförderung:

- Gesundheitsförderung ist ein breiterer Ansatz, der darauf abzielt, die allgemeine Gesundheit und das Wohlbefinden zu fördern. Dies kann durch Aufklärung, Lebensstilinterventionen, Zugang zu gesunden Lebensmitteln, Bewegungsförderung und andere Maßnahmen erreicht werden.

Aufklärung und Bewusstseinsbildung:

- Eine wichtige Komponente der Prävention ist die Aufklärung der Öffentlichkeit über gesundheitliche Risiken, Schutzmaßnahmen und gesunde Lebensgewohnheiten. Bewusstseinsbildung trägt dazu bei, dass Menschen informierte Entscheidungen über ihre Gesundheit treffen können.

Impfungen:

- Impfungen sind ein effektives Mittel der Primärprävention und helfen, Infektionskrankheiten zu verhindern. Sie tragen dazu bei, die Verbreitung von Krankheitserregern zu stoppen oder zu minimieren.

Gesundheitsvorsorgeuntersuchungen:

- Regelmäßige Gesundheitsvorsorgeuntersuchungen und Screenings ermöglichen die Früherkennung von Krankheiten, bevor sie Symptome verursachen. Dies erleichtert eine rechtzeitige Intervention.

Lebensstiländerungen:

- Die Förderung gesunder Lebensgewohnheiten, wie ausgewogene Ernährung, regelmäßige körperliche Aktivität, ausreichender Schlaf und Stressbewältigung, trägt wesentlich zur Prävention bei.

Arbeitsschutzmaßnahmen:

- In Arbeitsumgebungen sind präventive Maßnahmen wichtig, um Verletzungen und berufsbedingte Krankheiten zu verhindern. Dies kann die Bereitstellung von Schutzausrüstung, Schulungen und sicheren Arbeitspraktiken umfassen.

Gesundheitspolitik:

- Politische Maßnahmen auf Regierungs- und Gemeindeebene können einen erheblichen Einfluss auf die Prävention haben. Dies schließt Gesetze, die den Zugang zu gesundheitsfördernden Ressourcen fördern, sowie Maßnahmen zur Reduzierung von Umweltauslösern von Krankheiten ein.

Prävention ist ein integraler Bestandteil des Gesundheitssystems und trägt dazu bei, die Belastung durch Krankheiten und Verletzungen zu verringern. Ein ganzheitlicher Ansatz, der sowohl die Verantwortung des Einzelnen als auch gesellschaftliche Maßnahmen umfasst, ist für die Förderung der Gesundheit der Bevölkerung von entscheidender Bedeutung.

Psychotherapie

Psychotherapie ist eine Form der Behandlung psychischer Störungen, emotionaler Probleme und zwischenmenschlicher Schwierigkeiten mit Hilfe von Gesprächsmethoden. Ein speziell ausgebildeter Psychotherapeut führt die Therapie durch, um den Patienten zu helfen, ihre Gedanken, Gefühle, Verhaltensmuster und zwischenmenschlichen Beziehungen besser zu verstehen und positive Veränderungen herbeizuführen.

Zielgerichteter Prozess:
- Die Psychotherapie ist ein zielgerichteter Prozess, der darauf abzielt, spezifische Probleme zu identifizieren, zu verstehen und zu bewältigen. Ziele können von der Reduzierung von Symptomen bis zur Verbesserung der Lebensqualität reichen.

Vertraulichkeit:
- Ein zentraler Grundsatz der Psychotherapie ist die Vertraulichkeit. Therapeutische Sitzungen sind vertraulich, und Informationen über den Patienten werden ohne Zustimmung nicht weitergegeben.

Therapeutische Beziehung:
- Die Beziehung zwischen dem Therapeuten und dem Patienten spielt eine entscheidende Rolle. Eine unterstützende und verständnisvolle therapeutische Beziehung schafft ein sicheres Umfeld für die Exploration von Gedanken und Gefühlen.

Verschiedene Therapieansätze:
- Es gibt verschiedene therapeutische Ansätze, die in der Psychotherapie angewendet werden, darunter

257

kognitive Verhaltenstherapie, psychoanalytische
Therapie, humanistische Therapie, systemische
Therapie und andere. Die Auswahl hängt von den
individuellen Bedürfnissen des Patienten und der
Ausrichtung des Therapeuten ab.

Gesprächsbasiert:

- Die Psychotherapie basiert auf Gesprächen
  zwischen Therapeut und Patient. Durch Gespräche
  werden Gedanken, Emotionen und
  Verhaltensmuster erkundet, um Veränderungen
  herbeizuführen.

Selbstreflexion:

- Die Psychotherapie fördert die Selbstreflexion,
  indem sie dazu ermutigt, über eigene Denkmuster,
  Überzeugungen und Verhaltensweisen
  nachzudenken.

Problemlösung:

- Ein wichtiger Aspekt der Psychotherapie besteht
  darin, dem Patienten dabei zu helfen, Probleme zu
  identifizieren und positive Lösungen zu entwickeln.
  Dies kann die Entwicklung neuer
  Bewältigungsstrategien und die Förderung von
  Selbstmanagementfähigkeiten umfassen.

Dauer und Häufigkeit:

- Die Dauer und Häufigkeit der Psychotherapie
  können je nach den Bedürfnissen des Patienten
  variieren. Manchmal ist eine kurzfristige Therapie
  für akute Probleme ausreichend, während andere
  Patienten von einer langfristigen Unterstützung
  profitieren können.

Interkulturelle Kompetenz:

- Psychotherapeuten streben an, interkulturelle
  Kompetenz zu entwickeln, um die Vielfalt der
  Patienten besser zu verstehen und angemessen
  auf ihre Bedürfnisse einzugehen.

Evaluierung und Feedback:
- Der Therapiefortschritt wird regelmäßig evaluiert, und Patienten haben die Möglichkeit, Feedback zu geben. Dies ermöglicht es, die Effektivität der Therapie zu überprüfen und bei Bedarf Anpassungen vorzunehmen.

Beachtet werden sollte, dass Psychotherapie nicht nur bei psychischen Störungen, sondern auch bei verschiedenen Lebensherausforderungen und persönlichem Wachstum unterstützend wirken kann. Der Erfolg einer Therapie hängt oft von der Zusammenarbeit zwischen Therapeut und Patient ab.

Qualitätsmanagement

Qualitätsmanagement (QM) ist ein systematischer Ansatz zur Planung, Lenkung und Verbesserung von Prozessen, Produkten und Dienstleistungen in Organisationen, um Kundenzufriedenheit und Effizienz zu gewährleisten.

Qualitätsstandards:
- Qualitätsmanagement umfasst die Festlegung von klaren Qualitätsstandards, die die Erwartungen an Produkte oder Dienstleistungen definieren. Diese Standards können branchenspezifisch oder durch internationale Normen wie ISO 9001 festgelegt sein.

Qualitätsziele:
- Organisationen setzen sich Qualitätsziele, um sicherzustellen, dass die Qualitätsstandards erfüllt

oder übertroffen werden. Diese Ziele sollten
messbar, realistisch und an den Bedürfnissen der
Kunden ausgerichtet sein.

Prozessmanagement:

- QM beinhaltet die Identifizierung, Dokumentation
  und Überwachung von Geschäftsprozessen. Durch
  die Optimierung von Prozessen können
  Effizienzsteigerungen und
  Qualitätsverbesserungen erreicht werden.

Kundenorientierung:

- Ein wesentlicher Grundsatz des
  Qualitätsmanagements ist die Kundenorientierung.
  Organisationen sollten die Bedürfnisse und
  Erwartungen ihrer Kunden verstehen und
  sicherstellen, dass ihre Produkte oder
  Dienstleistungen diese Anforderungen erfüllen.

Risikomanagement:

- QM beinhaltet die Identifizierung und Bewertung
  von Risiken, die die Qualität beeinträchtigen
  könnten. Maßnahmen zur Risikovermeidung oder -
  minderung werden implementiert.

Dokumentation und Berichterstattung:

- Alle relevanten Prozesse und Verfahren sollten
  dokumentiert werden. Dies ermöglicht eine
  transparente Kommunikation innerhalb der
  Organisation und bietet Grundlagen für Audits
  und Überprüfungen.

Qualitätsprüfung und -messung:

- Die regelmäßige Überwachung und Messung der
  Qualitätsleistung sind entscheidend. Dies kann
  durch Audits, Inspektionen, Befragungen und
  andere Methoden erfolgen.

Kontinuierliche Verbesserung:

- Ein zentraler Grundsatz des Qualitätsmanagements
  ist die kontinuierliche Verbesserung.

Organisationen sollen systematisch nach
Möglichkeiten suchen, ihre Prozesse, Produkte und
Dienstleistungen zu verbessern.

Schulung und Entwicklung:

- Mitarbeiter sollten in den Prinzipien des
Qualitätsmanagements geschult werden. Dies
umfasst sowohl technische Schulungen als auch
Schulungen zur Förderung einer Qualitätskultur
und zur Entwicklung von Fähigkeiten zur
kontinuierlichen Verbesserung.

Zertifizierung und Akkreditierung:

- Einige Organisationen streben eine Zertifizierung
nach internationalen Standards wie ISO 9001 an,
um ihre Qualitätspraktiken zu validieren. Dies kann
das Vertrauen von Kunden und Stakeholdern
stärken.

Kundenrückmeldungen nutzen:

- Kundenrückmeldungen sind wertvoll für das
Qualitätsmanagement. Organisationen sollten auf
Kundenbeschwerden reagieren, positives Feedback
nutzen und kontinuierlich die Kundenzufriedenheit
bewerten.

Qualitätsmanagement ist in vielen Branchen von
entscheidender Bedeutung, um die Wettbewerbsfähigkeit
zu sichern, Kundenanforderungen zu erfüllen und
langfristigen Erfolg zu gewährleisten. Es ist ein
dynamischer Prozess, der auf kontinuierlicher
Überwachung, Bewertung und Anpassung beruht.

Rehabilitation

Rehabilitation ist ein zentraler Begriff in der Sozialen
Arbeit und bezeichnet den Prozess der Wiederherstellung
oder Verbesserung von Fähigkeiten, Funktionen und
Lebensqualität von Menschen, die durch Krankheit,
Verletzung, Sucht oder andere Lebensumstände
beeinträchtigt sind. Das Hauptziel der Rehabilitation in der
Sozialen Arbeit ist es, Menschen dabei zu unterstützen,
ein möglichst selbständiges und selbstbestimmtes Leben
zu führen. Beispiele für Rehabilitation in der Sozialen
Arbeit können vielfältig sein und hängen von den
individuellen Bedürfnissen der Klienten ab:

Körperliche Rehabilitation:
- Ein Unfallopfer, das eine schwere Verletzung
  erlitten hat, könnte eine physiotherapeutische
  Rehabilitation erhalten, um die Beweglichkeit und
  Kraft wiederherzustellen.

Suchtbehandlung:
- Eine Person, die von Alkohol oder Drogen
  abhängig ist, könnte an einem
  Rehabilitationsprogramm teilnehmen, das
  medizinische, psychologische und soziale
  Unterstützung bietet, um die Abhängigkeit zu
  überwinden.

Berufliche Rehabilitation:
- Menschen mit Behinderungen könnten
  Unterstützung bei der beruflichen Rehabilitation
  erhalten, um ihre beruflichen Fähigkeiten zu
  entwickeln oder umzuschulen und so ihre
  Integration in den Arbeitsmarkt zu fördern.

Psychosoziale Rehabilitation:
- Individuen mit psychischen Erkrankungen könnten an Programmen teilnehmen, die darauf abzielen, ihre sozialen Fertigkeiten, Selbstvertrauen und ihre Fähigkeit zur sozialen Integration zu stärken.

Rehabilitation im Strafvollzug:
- Gefangene, die eine Haftstrafe verbüßen, könnten Programme zur sozialen Rehabilitation durchlaufen, um ihre Reintegration in die Gesellschaft zu unterstützen und die Wahrscheinlichkeit von Rückfällen zu verringern.

Rehabilitation von Kindern und Jugendlichen:
- Kinder und Jugendliche, die aufgrund von Vernachlässigung oder Missbrauch traumatische Erfahrungen gemacht haben, könnten an Therapieprogrammen teilnehmen, um ihre emotionalen und sozialen Kompetenzen zu stärken.

Diese Beispiele zeigen, wie vielfältig Rehabilitation in der Sozialen Arbeit sein kann und wie sie an unterschiedliche Bedürfnisse und Lebenssituationen angepasst werden kann. Der Ansatz sollte immer ganzheitlich sein und körperliche, psychische, soziale und berufliche Aspekte gleichermaßen berücksichtigen.

Rehabilitationsmanagement

Rehabilitationsmanagement bezieht sich auf die koordinierte und systematische Planung, Organisation und Überwachung von Rehabilitationsmaßnahmen. In der

Sozialarbeit spielt das Rehabilitationsmanagement eine entscheidende Rolle, um sicherzustellen, dass die Bedürfnisse der Klienten effektiv erfüllt werden und sie die bestmögliche Unterstützung bei der Wiederherstellung ihrer Lebensqualität erhalten.

Bedarfsanalyse:

- Eine gründliche Bewertung der individuellen Bedürfnisse des Klienten ist der Ausgangspunkt für das Rehabilitationsmanagement. Dies kann medizinische, psychosoziale, berufliche und andere Aspekte umfassen.

Zielsetzung und Zielplanung:

- Gemeinsam mit dem Klienten werden realistische und erreichbare Ziele für die Rehabilitation festgelegt. Diese Ziele können sich auf verschiedene Lebensbereiche beziehen, wie beispielsweise Gesundheit, soziale Integration oder berufliche Wiedereingliederung.

Ressourcenkoordination:

- Das Rehabilitationsmanagement umfasst die Koordination verschiedener Ressourcen, einschließlich medizinischer Dienstleistungen, Therapeuten, Sozialarbeiter, beruflicher Trainer und anderer Fachleute. Die Zusammenarbeit dieser Ressourcen gewährleistet eine umfassende Unterstützung.

Monitoring und Evaluation:

- Der Fortschritt des Klienten wird kontinuierlich überwacht und bewertet. Dies ermöglicht eine Anpassung der Rehabilitationspläne entsprechend den sich verändernden Bedürfnissen und Fortschritten des Klienten.

Interdisziplinäre Zusammenarbeit:

- Das Rehabilitationsmanagement erfordert oft die Zusammenarbeit verschiedener Fachleute aus unterschiedlichen Disziplinen. Dies könnte Ärzte, Psychologen, Sozialarbeiter, Physiotherapeuten und andere einschließen, die gemeinsam an der Umsetzung des Rehabilitationsplans arbeiten.

Familien- und Netzwerkeinbindung:

- Das Einbeziehen von Familie und sozialem Netzwerk ist oft entscheidend. Das Rehabilitationsmanagement sollte sicherstellen, dass unterstützende Bezugspersonen aktiv in den Prozess einbezogen werden, um die Nachhaltigkeit der Rehabilitation zu fördern.

Kontinuität und Nachsorge:

- Das Rehabilitationsmanagement endet nicht mit dem Erreichen der gesetzten Ziele. Eine langfristige Nachsorge ist entscheidend, um sicherzustellen, dass die erzielten Fortschritte aufrechterhalten werden und der Klient langfristig in seiner Lebensqualität unterstützt wird.

Rehabilitationsmanagement erfordert sorgfältige Planung, Flexibilität und einen ressourcenorientierten Ansatz, um die bestmögliche Unterstützung für Menschen in Rehabilitationsprozessen zu gewährleisten.

Resilienz

Resilienz bezeichnet die Fähigkeit eines Menschen, sich an Belastungen, Krisen oder schwierige Lebenssituationen anzupassen, sich davon zu erholen und gestärkt daraus hervorzugehen. In der Sozialen Arbeit ist die Förderung von Resilienz ein wichtiger Ansatz, um Menschen dabei zu unterstützen, ihre psychische Widerstandsfähigkeit zu stärken und besser mit den Herausforderungen des Lebens umzugehen.

Widerstandsfähigkeitsfaktoren:
- Resilienz basiert auf verschiedenen Faktoren, die die Fähigkeit einer Person beeinflussen, mit Stress umzugehen. Dazu gehören soziale Unterstützung, emotionale Intelligenz, Selbstwirksamkeit (der Glaube an die eigene Handlungsfähigkeit), eine positive Grundhaltung und die Fähigkeit zur Problemlösung.

Stressbewältigung:
- Resilienz beinhaltet die Fähigkeit, Stressoren zu bewältigen und konstruktiv mit ihnen umzugehen. Dies kann die Entwicklung effektiver Coping-Strategien, wie zum Beispiel das Suchen nach sozialer Unterstützung, das Setzen realistischer Ziele und das Annehmen von Veränderungen, einschließen.

Selbstregulation:
- Resiliente Menschen können ihre Emotionen gut regulieren und haben die Fähigkeit, sich selbst zu beruhigen und sich auf positive Aspekte zu konzentrieren, selbst in schwierigen Situationen.

Flexibilität:

* Resiliente Individuen zeigen eine hohe Anpassungsfähigkeit und Flexibilität. Sie können sich auf neue Umstände einstellen, alternative Lösungen finden und aus Erfahrungen lernen.

Soziale Unterstützung:

* Ein starkes soziales Netzwerk und unterstützende Beziehungen sind entscheidend für die Resilienz. Die Fähigkeit, Unterstützung von anderen zu erhalten und selbst unterstützend zu sein, trägt dazu bei, Stress abzubauen.

Akzeptanz von Veränderungen:

* Resiliente Menschen sind in der Lage, Veränderungen zu akzeptieren und sich an neue Gegebenheiten anzupassen. Dies schließt die Fähigkeit ein, aus Misserfolgen zu lernen und sie als Chancen für persönliches Wachstum zu betrachten.

Selbstreflexion:

* Die Fähigkeit zur Selbstreflexion ermöglicht es resilienten Menschen, ihre eigenen Reaktionen und Denkmuster zu verstehen. Dies unterstützt sie dabei, positive Veränderungen in ihrem Denken und Verhalten vorzunehmen.

In der Sozialen Arbeit ist die Förderung von Resilienz ein wichtiger Bestandteil von Interventionen, insbesondere wenn es um die Unterstützung von Menschen in belastenden Lebenssituationen geht. Durch die Stärkung der Resilienz können Menschen besser mit den Herausforderungen des Lebens umgehen und ihre Fähigkeit zur eigenständigen Bewältigung erhöhen.

Resozialisierung

Resozialisierung bezeichnet den Prozess der Wiedereingliederung straffällig gewordener Menschen in die Gesellschaft. Ziel der Resozialisierung ist es, die Betroffenen zu befähigen, ein straffreies und eigenverantwortliches Leben zu führen. Dieser Prozess spielt im Strafvollzug und in der Sozialen Arbeit eine wichtige Rolle.

Individuelle Bedarfsanalyse:
- Jeder Straffällige hat individuelle Bedürfnisse, Herausforderungen und Stärken. Eine umfassende Analyse dieser Aspekte ist entscheidend, um einen maßgeschneiderten Resozialisierungsplan zu erstellen.

Bildung und berufliche Rehabilitation:
- Bildung und berufliche Qualifikationen spielen eine zentrale Rolle bei der Resozialisierung. Programme zur Aus- und Weiterbildung helfen den Betroffenen, berufliche Fähigkeiten zu erwerben oder zu verbessern, was ihre Chancen auf dem Arbeitsmarkt erhöht.

Therapeutische Interventionen:
- Psychologische und soziale Unterstützung sind oft notwendig, um die zugrunde liegenden Ursachen von strafbarem Verhalten anzugehen. Therapeutische Interventionen, wie kognitive Verhaltenstherapie oder Suchtbehandlung, können Teil des Resozialisierungsprozesses sein.

Soziale Integration:
- Die Resozialisierung strebt eine vollständige Integration in die Gemeinschaft an. Dies beinhaltet die Förderung sozialer Fertigkeiten, die Teilnahme

an sozialen Aktivitäten und die Schaffung von
unterstützenden Netzwerken.

Restorative Justice (Wiedergutmachende Justiz):

- Ein Ansatz, der in der Resozialisierung verwendet
  wird, ist die wiedergutmachende Justiz. Dieser
  Ansatz betont die Wiedergutmachung des
  angerichteten Schadens und die Verantwortlichkeit
  gegenüber den Opfern als Schlüsselkomponenten
  der Strafjustiz.

Nachsorge und Unterstützung:

- Nach der Entlassung aus dem Strafvollzug ist eine
  kontinuierliche Nachsorge und Unterstützung
  entscheidend, um die erfolgreiche
  Wiedereingliederung sicherzustellen. Hierzu
  können Mentoring-Programme, Unterstützung bei
  der Wohnungssuche und Hilfe bei der
  Arbeitssuche gehören.

**Gesellschaftliche Akzeptanz und Abbau von
Stigmatisierung:**

- Die Resozialisierung erfordert nicht nur die
  Bemühungen der Einzelperson, sondern auch die
  Akzeptanz und Unterstützung der Gesellschaft.
  Stigmatisierung und Vorurteile gegenüber
  ehemals straffälligen Personen können die
  Wiedereingliederung erschweren, daher ist
  Aufklärung und Sensibilisierung wichtig.

Resozialisierung ist ein komplexer Prozess, der eine enge
Zusammenarbeit zwischen Strafvollzugsanstalten,
Sozialarbeitern, psychosozialen Diensten,
Bildungseinrichtungen und der Gesellschaft erfordert. Ein
ganzheitlicher Ansatz, der die individuellen Bedürfnisse
und den Kontext berücksichtigt, ist entscheidend, um
nachhaltige positive Veränderungen zu fördern.

Ressourcenorientierung

Ressourcenorientierung ist ein zentraler Ansatz in der Sozialen Arbeit, der darauf abzielt, die vorhandenen Stärken und Potenziale von Individuen und Gemeinschaften zu erkennen, zu fördern und zu nutzen. Anstatt sich ausschließlich auf Defizite und Probleme zu konzentrieren, liegt der Fokus auf den positiven Ressourcen, die Menschen zur Verfügung stehen.

Stärkenbasierte Perspektive:
- Die Ressourcenorientierung basiert auf einer stärkenbasierten Perspektive, die davon ausgeht, dass jede Person über individuelle Stärken, Fähigkeiten und Ressourcen verfügt. Diese positiven Elemente werden identifiziert, anerkannt und in den Hilfe- und Entwicklungsprozess einbezogen.

Empowerment:
- Der Ansatz der Ressourcenorientierung zielt darauf ab, Menschen zu ermächtigen, indem ihre Fähigkeiten und Kompetenzen gestärkt werden. Durch die Förderung von Selbstwirksamkeit und Selbstbestimmung sollen Individuen in die Lage versetzt werden, ihr Leben positiv zu gestalten.

Kollaborative Arbeit:
- Ressourcenorientierung fördert die Zusammenarbeit zwischen Sozialarbeitern, Klienten und anderen relevanten Akteuren. Gemeinsam werden Ziele identifiziert, und Strategien werden entwickelt, um vorhandene Ressourcen optimal zu nutzen.

Netzwerk- und Gemeinschaftsarbeit:

- Der Blick auf Ressourcen bezieht sich nicht nur auf individuelle Stärken, sondern auch auf die Ressourcen innerhalb von Familien, Gemeinschaften und Netzwerken. Die Stärkung von sozialen Bindungen und Gemeinschaftsressourcen ist ein wichtiger Aspekt.

Lösungsorientierung:

- Die Ressourcenorientierung betont lösungsorientierte Ansätze. Anstatt sich auf Probleme zu konzentrieren, werden gemeinsam mit den Klienten konkrete Schritte erarbeitet, um positive Veränderungen zu bewirken.

Wertschätzung der Vielfalt:

- Ressourcenorientierung berücksichtigt die Vielfalt von Ressourcen, die in unterschiedlichen Kulturen, Lebenskontexten und individuellen Lebensgeschichten vorhanden sind. Die Wertschätzung dieser Vielfalt ist entscheidend.

Präventiver Ansatz:

- Ein ressourcenorientierter Ansatz kann auch präventiv eingesetzt werden, um bereits vorhandene Ressourcen zu stärken und mögliche Probleme zu verhindern, bevor sie sich verschärfen.

Ressourcenorientierung in der Sozialen Arbeit trägt dazu bei, dass Unterstützung und Interventionen besser auf die individuellen Bedürfnisse der Klienten abgestimmt werden können. Durch den Fokus auf Stärken und Ressourcen wird eine positive Basis für Veränderung und Entwicklung geschaffen.

Salutogenese

Salutogenese ist ein von Aaron Antonovsky entwickeltes
Konzept, das sich auf die Entstehung von Gesundheit und
nicht auf die Ursachen von Krankheit konzentriert. Der
Begriff "Salutogenese" leitet sich von den lateinischen
Wörtern "salus" (Gesundheit) und "genesis" (Entstehung)
ab. Im Gegensatz zur Pathogenese, die sich mit den
Ursachen von Krankheit beschäftigt, untersucht die
Salutogenese die Faktoren, die zur Entstehung und
Erhaltung von Gesundheit beitragen.

Kohärenzgefühl (Sense of Coherence):
- Ein zentrales Konzept in der Salutogenese ist das
  Kohärenzgefühl, das Antonovsky als die
  grundlegende Ausrichtung einer Person
  gegenüber ihrer Umwelt definiert hat. Das
  Kohärenzgefühl setzt sich aus drei Komponenten
  zusammen: Verstehbarkeit (die Fähigkeit,
  Lebensereignisse zu verstehen und zu erklären),
  Handhabbarkeit (die Überzeugung, dass man in
  der Lage ist, mit Herausforderungen umzugehen)
  und Bedeutsamkeit (die Überzeugung, dass es
  lohnenswert ist, sich mit Herausforderungen
  auseinanderzusetzen).

Gesundheitsfördernde Ressourcen:
- Die Salutogenese betont die Bedeutung
  gesundheitsfördernder Ressourcen, die
  individuelle, soziale und gemeinschaftliche
  Faktoren umfassen. Dazu gehören persönliche
  Fähigkeiten, soziale Unterstützung, Bildung,
  wirtschaftliche Ressourcen und kulturelle Einflüsse.

Widerstandsressourcen:

- Ein weiteres Konzept in der Salutogenese sind die Widerstandsressourcen. Dies sind Faktoren, die Menschen helfen, mit Stress und belastenden Situationen umzugehen. Dazu gehören adaptive Bewältigungsstrategien, die Fähigkeit zur Selbstregulation und die Verfügbarkeit von sozialer Unterstützung.

Gesundheitsfördernde Lebensführung:

- Die Salutogenese hebt die Bedeutung eines gesundheitsfördernden Lebensstils hervor. Dazu gehören eine ausgewogene Ernährung, regelmäßige körperliche Aktivität, ausreichend Schlaf und andere Verhaltensweisen, die zur Förderung der Gesundheit beitragen.

Partizipation und Empowerment:

- Die Salutogenese betont die aktive Beteiligung der Individuen an ihrem eigenen Gesundheitsprozess. Empowerment, also die Stärkung der Selbstwirksamkeit und Selbstbestimmung, wird als entscheidend für die Entstehung von Gesundheit betrachtet.

Ganzheitlicher Ansatz:

- Die Salutogenese fördert einen ganzheitlichen Ansatz für Gesundheit, der physische, psychische, soziale und spirituelle Dimensionen umfasst. Sie erkennt die Komplexität der Gesundheit an und sieht diese als einen dynamischen Prozess.

Die Salutogenese hat wichtige Implikationen für die Gestaltung von Gesundheitsförderungsmaßnahmen und die Entwicklung von Interventionen in der Sozialen Arbeit. Durch die Fokussierung auf gesundheitsfördernde Faktoren und die Stärkung des Kohärenzgefühls trägt die Salutogenese dazu bei, positive gesundheitliche

Entwicklungen auf individueller und kollektiver Ebene zu unterstützen.

Schuldnerberatung

Schuldnerberatung ist ein Bereich der Sozialen Arbeit, der sich auf die Unterstützung von Menschen mit finanziellen Schwierigkeiten oder Schuldenproblemen konzentriert. Hauptziel der Schuldnerberatung ist es, den Betroffenen zu helfen, ihre finanzielle Situation zu verbessern, Schulden abzubauen und langfristig eine stabile finanzielle Situation zu erreichen.

Finanzanalyse:
- In einem ersten Schritt führen Schuldnerberater eine umfassende Finanzanalyse durch, um die genaue finanzielle Situation des Klienten zu verstehen. Dies umfasst die Erfassung aller Einkommensquellen, Ausgaben, Schulden und Vermögenswerte.

Budgetplanung:
- Basierend auf der Finanzanalyse unterstützt die Schuldnerberatung die Klienten bei der Erstellung eines realistischen Budgets. Ziel ist es, Einnahmen und Ausgaben auszugleichen und dabei genügend Spielraum für die Tilgung von Schulden zu schaffen.

Verhandlungen mit Gläubigern:
- Schuldnerberater können mit Gläubigern in Verhandlungen treten, um Zahlungspläne zu vereinbaren, Zinsen zu reduzieren oder andere

Vereinbarungen zu treffen, die die finanzielle Belastung für den Schuldner verringern.

Information und Aufklärung:

- Schuldnerberatung umfasst auch die Bereitstellung von Informationen und Aufklärung über finanzielle Angelegenheiten. Dies kann Schulungen zu finanzieller Bildung, Schuldenmanagement und Verbraucherrechten einschließen.

Vermittlung von Unterstützungsleistungen:

- Schuldnerberater können Klienten bei der Inanspruchnahme staatlicher Unterstützungsleistungen oder anderer finanzieller Hilfsprogramme unterstützen, um ihre finanzielle Situation zu stabilisieren.

Prävention von erneuter Verschuldung:

- Neben der Bewältigung bestehender Schulden zielt die Schuldnerberatung darauf ab, Strategien zur Verhinderung erneuter Verschuldung zu entwickeln. Dies kann die Förderung eines verantwortungsbewussten Umgangs mit Geld und die Entwicklung von langfristigen finanziellen Zielen umfassen.

Psychosoziale Unterstützung:

- Finanzielle Probleme können erheblichen Stress und emotionale Belastung verursachen. Schuldnerberatung bietet daher auch psychosoziale Unterstützung, um mit den emotionalen Auswirkungen von Schulden umzugehen und den Klienten bei der Stärkung ihrer Stressbewältigungsfähigkeiten zu helfen.

Langfristige Begleitung:

- Die Schuldnerberatung kann auch eine langfristige Begleitung beinhalten, um sicherzustellen, dass die Klienten ihre finanziellen Ziele erreichen und aufrechterhalten. Dies kann regelmäßige

Überprüfungen des Budgets und der Fortschritte umfassen.

Schuldnerberatung ist eine wichtige Dienstleistung, die dazu beiträgt, Menschen aus finanziellen Krisen herauszuhelfen und ihnen die Instrumente und das Wissen an die Hand zu geben, um eine nachhaltige finanzielle Gesundheit zu erreichen.

Schwerbehinderung

Der Begriff "Schwerbehinderung" bezieht sich auf einen rechtlichen Status, der in vielen Ländern existiert und Menschen mit erheblichen gesundheitlichen Beeinträchtigungen betrifft.

Definition:

- Eine Schwerbehinderung liegt vor, wenn eine Person aufgrund von körperlichen, geistigen oder seelischen Beeinträchtigungen in ihrer Teilhabe am gesellschaftlichen Leben erheblich eingeschränkt ist. Die genaue Definition kann je nach Land variieren.

Gesetzliche Grundlagen:

- In vielen Ländern gibt es Gesetze und Regelungen, die den Status der Schwerbehinderung regeln. Diese Gesetze legen die Kriterien fest, die erfüllt sein müssen, um als schwerbehindert anerkannt zu werden, und gewähren spezifische Rechte und Vergünstigungen.

Feststellung der Schwerbehinderung:

- Die Feststellung der Schwerbehinderung erfolgt oft durch spezialisierte Ärzte oder Gutachter. In vielen Ländern ist eine amtliche Anerkennung notwendig, um die Rechte und Vergünstigungen in Anspruch nehmen zu können.

Rechte und Vergünstigungen:

- Menschen mit Schwerbehinderung haben in vielen Ländern bestimmte Rechte und Vergünstigungen. Dazu gehören beispielsweise steuerliche Erleichterungen, finanzielle Hilfen, Zugang zu barrierefreiem Wohnraum, Sonderurlaub, Schutz vor Kündigung, kostenlose Mitnahme einer Begleitperson im öffentlichen Verkehr und andere Unterstützungsleistungen.

Arbeitsplatz und Integration:

- In vielen Ländern existieren Regelungen, die darauf abzielen, Menschen mit Schwerbehinderung in den Arbeitsmarkt zu integrieren. Dies kann die Schaffung von barrierefreien Arbeitsplätzen, Anpassungen am Arbeitsplatz und andere Maßnahmen umfassen.

Inklusion und Barrierefreiheit:

- Der Status der Schwerbehinderung ist oft mit dem Ziel der Inklusion und Barrierefreiheit verbunden. Gesellschaften sollen so gestaltet werden, dass Menschen mit Behinderungen möglichst gleichberechtigt am gesellschaftlichen Leben teilnehmen können.

Grad der Behinderung:

- In vielen Ländern wird der Grad der Behinderung in Prozenten angegeben. Dieser Grad dient dazu, die Schwere der Behinderung zu quantifizieren und ist oft ausschlaggebend für die Zuerkennung von Rechten und Vergünstigungen.

Die genauen Regelungen und Definitionen von Schwerbehinderung können unterschiedlich sein. Es ist ratsam, sich über die spezifischen Gesetze und Regelungen des jeweiligen Landes zu informieren, um ein genaues Verständnis der Rechte und Unterstützungsmöglichkeiten für Menschen mit einer Schwerbehinderung zu erhalten.

Selbstbestimmung

Selbstbestimmung bezieht sich auf die Fähigkeit und das Recht eines Individuums, Entscheidungen über sein eigenes Leben zu treffen, seine eigenen Ziele zu verfolgen und seinen eigenen Weg zu gestalten. Dieses Konzept ist in verschiedenen Bereichen der Sozialen Arbeit von zentraler Bedeutung und gilt als grundlegendes Menschenrecht.

Autonomie und Unabhängigkeit:

- Selbstbestimmung beinhaltet die Autonomie und Unabhängigkeit einer Person, ihre eigenen Entscheidungen zu treffen. Dies schließt die Freiheit ein, eigene Überzeugungen, Werte und Ziele zu entwickeln.

Persönliche Wahlmöglichkeiten:

- Selbstbestimmung umfasst die Möglichkeit, aus verschiedenen Handlungsalternativen auszuwählen. Dies bezieht sich nicht nur auf grundlegende Lebensentscheidungen, sondern auch auf alltägliche Angelegenheiten.

Respekt vor persönlichen Entscheidungen:

- Die Achtung der persönlichen Entscheidungen und Lebenswege anderer Menschen ist ein wesentlicher Bestandteil von Selbstbestimmung. Selbst wenn Entscheidungen unterschiedlich sind, sollten sie respektiert und akzeptiert werden.

Inklusion und Partizipation:

- Selbstbestimmung bedeutet auch, dass Menschen aktiv an gesellschaftlichen Prozessen teilnehmen können. Dies umfasst die Teilnahme an Bildung, Arbeit, sozialen Aktivitäten und anderen Bereichen des Lebens.

Barrierefreiheit:

- Barrierefreiheit ist entscheidend für die Förderung von Selbstbestimmung. Dies schließt nicht nur physische Zugänglichkeit ein, sondern auch den Abbau von Barrieren auf sozialer, kultureller und institutioneller Ebene.

Gesundheitswesen und Selbstbestimmung:

- Im Gesundheitswesen spielt Selbstbestimmung eine wichtige Rolle, insbesondere bei medizinischen Entscheidungen. Menschen sollten das Recht haben, über ihre medizinische Behandlung informiert zu werden und aktiv an Entscheidungen über ihre Gesundheitsversorgung beteiligt zu sein.

Unterstützung und Empowerment:

- Selbstbestimmung bedeutet nicht, dass Menschen alles alleine bewältigen müssen. Es beinhaltet auch die Möglichkeit, Unterstützung zu erhalten und aktiv am Prozess des Empowerments teilzunehmen, um die eigenen Fähigkeiten zu stärken.

Kulturelle Sensibilität:
- Kulturelle Unterschiede und individuelle Lebenskontexte sollten bei der Förderung von Selbstbestimmung berücksichtigt werden. Ein respektvoller Umgang mit kultureller Vielfalt ist entscheidend.

In der Sozialen Arbeit ist es ein Grundprinzip, die Selbstbestimmung der Klienten zu respektieren und zu fördern. Dies beinhaltet die Schaffung eines unterstützenden Umfelds, das Entscheidungsfreiheit und aktive Teilhabe am gesellschaftlichen Leben ermöglicht.

Selbsthilfe

Selbsthilfe bezeichnet den Prozess, in dem Menschen, die mit ähnlichen Herausforderungen oder Problemen konfrontiert sind, sich gegenseitig unterstützen, um ihre Lebensqualität zu verbessern. Selbsthilfeorganisationen bieten Raum für den Austausch von Erfahrungen, Informationen und emotionaler Unterstützung.

Gemeinschaft und Solidarität:
- Selbsthilfegruppen schaffen eine Gemeinschaft von Menschen, die ähnliche Erfahrungen teilen. Die Solidarität innerhalb der Gruppe ermöglicht den Mitgliedern, sich verstanden zu fühlen und unterstützt zu wissen.

Informationsaustausch:
- Selbsthilfegruppen dienen als Plattform für den Austausch von Informationen über spezifische

Themen oder Herausforderungen. Dies kann praktische Ratschläge, bewährte Praktiken und Ressourcen umfassen.

Emotionale Unterstützung:

- Ein zentraler Aspekt der Selbsthilfe ist die emotionale Unterstützung. Menschen können in einer vertrauensvollen Umgebung über ihre Gefühle sprechen und erfahren, dass sie nicht allein sind.

Empowerment:

- Selbsthilfe fördert das Empowerment der Teilnehmer, indem sie dazu ermutigt werden, aktiv an ihrer eigenen Lösung oder Bewältigung ihrer Herausforderungen zu arbeiten. Das Gefühl der Selbstwirksamkeit wird gestärkt.

Gesundheitsförderung:

- Selbsthilfe trägt zur Gesundheitsförderung bei, indem sie den Mitgliedern ermöglicht, aktiv an ihrer physischen und psychischen Gesundheit zu arbeiten. Der Fokus liegt oft auf präventiven Maßnahmen und der Förderung von Lebensqualität.

Erfahrungswissen nutzen:

- Selbsthilfegruppen ermöglichen es den Teilnehmern, ihr persönliches Erfahrungswissen zu teilen und zu nutzen. Dieses Erfahrungswissen kann oft ebenso wertvoll sein wie fachliche Expertise.

Selbstverantwortung:

- Selbsthilfe fördert die Selbstverantwortung. Teilnehmer werden ermutigt, aktiv an ihrer eigenen Genesung oder Bewältigung zu arbeiten und Verantwortung für ihre Entscheidungen zu übernehmen.

Barrierefreiheit:

- Selbsthilfegruppen sind oft barrierefrei und bieten einen niedrigschwelligen Zugang. Menschen können sich freiwillig und ohne formelle Verpflichtungen der Gruppe anschließen.

Vielfalt der Themen:

- Selbsthilfeorganisationen gibt es für eine Vielzahl von Themen, von gesundheitlichen Herausforderungen über psychische Belastungen bis hin zu sozialen Anliegen. Dadurch kann eine breite Palette von Bedürfnissen abgedeckt werden.

Aktive Teilnahme an Entscheidungen:

- Selbsthilfegruppen ermöglichen es den Teilnehmern, aktiv an Entscheidungen teilzunehmen, die die Gruppe betreffen. Dies fördert die Demokratie und gemeinsame Verantwortung.

Selbsthilfe leistet einen wertvollen Beitrag zur psychosozialen Unterstützung und zur Förderung der Lebensqualität. Der Selbsthilfegedanke ist in verschiedenen Lebensbereichen anwendbar und spielt eine wichtige Rolle in der Gesundheitsförderung und im sozialen Wandel.

Selbstreflexion

Selbstreflexion bezieht sich auf den bewussten Prozess, in dem eine Person über ihre eigenen Gedanken, Gefühle, Erfahrungen, Handlungen und Werte nachdenkt. Selbstreflexion ist eine wichtige Fähigkeit, die dazu beiträgt, sich selbst zu verstehen, persönliches Wachstum zu fördern und das eigene Handeln zu verbessern.

Bewusstsein über eigene Gedanken und Gefühle:

- Selbstreflexion beginnt mit einem Bewusstsein über die eigenen Gedanken und Gefühle. Dies beinhaltet die Fähigkeit, sich selbst zu beobachten und die eigenen emotionalen Reaktionen auf verschiedene Situationen zu verstehen.

Selbstkritik und Selbstakzeptanz:

- Selbstreflexion beinhaltet sowohl die Fähigkeit zur Selbstkritik als auch zur Selbstakzeptanz. Es geht darum, ehrlich mit sich selbst zu sein, ohne sich zu verurteilen, und die Bereitschaft, aus Erfahrungen zu lernen.

Identifikation von Werthaltungen und Überzeugungen:

- Selbstreflexion hilft dabei, die eigenen Werthaltungen und Überzeugungen zu identifizieren. Dies ermöglicht es, sich bewusst zu machen, wie diese Werte das Denken und Handeln beeinflussen.

Analyse von Erfahrungen:

- Durch Selbstreflexion können Erfahrungen analysiert werden, um Erkenntnisse über die eigenen Handlungen, Entscheidungen und die Dynamik von Beziehungen zu gewinnen.

Persönliches Wachstum:

- Selbstreflexion ist ein Instrument des persönlichen Wachstums. Durch das Verstehen der eigenen Stärken und Schwächen kann eine Person gezielt an ihrer Entwicklung arbeiten.

Beziehungsgestaltung:

- Selbstreflexion spielt eine wichtige Rolle bei der Gestaltung von Beziehungen. Indem man sich seiner eigenen Kommunikationsmuster, emotionalen Reaktionen und Beziehungsdynamiken bewusst ist, kann man effektiver mit anderen interagieren.

Verbesserung der Selbstregulation:

- Selbstreflexion trägt zur Entwicklung der Selbstregulation bei. Dies bedeutet, dass man besser in der Lage ist, Emotionen zu kontrollieren, Entscheidungen bewusst zu treffen und sich auf Ziele zu fokussieren.

Anpassung von Verhaltensweisen:

- Die Fähigkeit zur Selbstreflexion ermöglicht es, Verhaltensweisen zu identifizieren, die möglicherweise nicht förderlich sind, und Anpassungen vorzunehmen. Dies kann dazu beitragen, positive Veränderungen im eigenen Verhalten zu bewirken.

Selbstverständnis:

- Selbstreflexion trägt zur Entwicklung eines tieferen Selbstverständnisses bei. Dies schließt die Erkenntnis eigener Motivationen, Bedürfnisse und Ziele ein.

Entwicklung von Empathie:

- Durch die Reflexion über die eigenen Erfahrungen und Emotionen kann Empathie für die Erfahrungen anderer entwickelt werden, was die zwischenmenschliche Kommunikation stärkt.

Die Fähigkeit zur Selbstreflexion ist in vielen beruflichen und persönlichen Kontexten von Vorteil, einschließlich der sozialen Arbeit, der beruflichen Entwicklung und der persönlichen Beziehungen. Sie ermöglicht ein bewussteres Leben und eine tiefere Verbindung zu sich selbst und zu anderen.

Selbstwertgefühl

Das Selbstwertgefühl bezieht sich auf die Einschätzung und Wertschätzung, die eine Person von sich selbst hat. Es spielt eine entscheidende Rolle für die psychische Gesundheit und beeinflusst das Wohlbefinden, die Beziehungen, die Leistungsfähigkeit und die allgemeine Lebenszufriedenheit.

Selbstannahme:
- Selbstwertgefühl beinhaltet die Fähigkeit, sich selbst zu akzeptieren, mit Stärken und Schwächen. Es ist die Grundlage für ein positives Selbstbild.

Selbstachtung:
- Selbstwertgefühl beinhaltet die Wertschätzung der eigenen Person und die Achtung vor sich selbst. Dies schließt die Anerkennung eigener Leistungen und Erfolge ein.

Selbstvertrauen:
- Ein gesundes Selbstwertgefühl ist mit Selbstvertrauen verbunden. Menschen mit einem positiven Selbstwertgefühl glauben an ihre Fähigkeiten und fühlen sich in der Lage, Herausforderungen zu bewältigen.

Selbstwirksamkeit:
- Selbstwertgefühl ist eng mit der Selbstwirksamkeit verbunden, dem Glauben an die eigene Fähigkeit, Einfluss auf das eigene Leben zu nehmen und positive Veränderungen herbeizuführen.

Selbstbild:
- Das Selbstwertgefühl beeinflusst das Selbstbild einer Person, also die Art und Weise, wie sie sich selbst wahrnimmt. Ein gesundes Selbstwertgefühl fördert ein realistisches und positives Selbstbild.

Bewältigung von Niederlagen:

- Menschen mit einem starken Selbstwertgefühl können Niederlagen und Misserfolge besser bewältigen. Sie sehen diese Ereignisse nicht als persönliche Abwertung, sondern als Gelegenheit zur persönlichen Entwicklung.

Zufriedenheit mit sich selbst:

- Ein gesundes Selbstwertgefühl geht oft mit einer höheren Lebenszufriedenheit einher. Menschen, die sich selbst wertschätzen, neigen dazu, positiver auf ihr Leben zu blicken.

Soziale Beziehungen:

- Das Selbstwertgefühl beeinflusst auch die Qualität sozialer Beziehungen. Menschen mit einem positiven Selbstwertgefühl können oft authentischere und unterstützende Beziehungen aufbauen.

Schutz vor psychischen Belastungen:

- Ein starkes Selbstwertgefühl wirkt oft als Schutzfaktor vor psychischen Belastungen wie Depression und Angst. Es stärkt die psychische Widerstandsfähigkeit (Resilienz).

Selbstfürsorge:

- Menschen mit einem gesunden Selbstwertgefühl neigen dazu, sich selbst besser zu pflegen und für ihre physische und psychische Gesundheit zu sorgen.

Das Selbstwertgefühl ist nicht statisch und kann sich im Laufe des Lebens verändern. Positive Erfahrungen, persönliche Entwicklung, Unterstützung durch andere und die Fähigkeit zur Selbstreflexion können dazu beitragen, ein gesundes Selbstwertgefühl zu fördern. Professionelle Unterstützung, z. B. in Form von Psychotherapie oder Beratung, kann ebenfalls dazu beitragen, das

Selbstwertgefühl zu stärken, insbesondere wenn es durch negative Erfahrungen oder Selbstwertprobleme beeinträchtigt ist.

Selbstwirksamkeit

Selbstwirksamkeit bezieht sich auf die Überzeugung einer Person, dass sie in der Lage ist, bestimmte Handlungen auszuführen und bestimmte Ziele zu erreichen, die ihre Lebensumstände beeinflussen. Dieses von Albert Bandura entwickelte Konzept spielt eine Schlüsselrolle für Motivation, Verhalten und Erfolg.

Eigenmotivation:
- Selbstwirksamkeit ist eng mit der Motivation verbunden. Menschen mit hoher Selbstwirksamkeit sind motivierter, Herausforderungen anzunehmen und aktiv an ihrer Zielerreichung zu arbeiten.

Glaube an eigene Fähigkeiten:
- Selbstwirksamkeit beinhaltet den Glauben an die eigenen Fähigkeiten und die Überzeugung, dass man in der Lage ist, erfolgreich zu handeln. Es ist ein Vertrauen in die eigenen Kompetenzen.

Einfluss auf das Handeln:
- Die Überzeugung der Selbstwirksamkeit beeinflusst maßgeblich das Handeln einer Person. Menschen, die sich wirksam fühlen, neigen dazu, aktivere Strategien zu wählen und Hindernisse zu überwinden.

Herausforderungen annehmen:

- Menschen mit hoher Selbstwirksamkeit nehmen eher Herausforderungen an und sind bereit, sich neuen Aufgaben zu stellen, auch wenn sie komplex oder anspruchsvoll sind.

Ausdauer in schwierigen Situationen:

- Selbstwirksame Personen zeigen in schwierigen Situationen eine höhere Ausdauer. Sie geben nicht so schnell auf und sind eher bereit, Rückschläge als Lerngelegenheiten zu betrachten.

Selbstregulation:

- Selbstwirksamkeit ist mit der Fähigkeit zur Selbstregulation verbunden. Menschen, die sich selbst wirksam fühlen, können ihre eigenen Emotionen, Verhaltensweisen und Denkweisen effektiver regulieren.

Positives Denken:

- Die Überzeugung der Selbstwirksamkeit fördert positives Denken. Menschen mit hoher Selbstwirksamkeit neigen dazu, sich auf ihre Stärken und Ressourcen zu konzentrieren, auch in herausfordernden Situationen.

Lernverhalten:

- Selbstwirksame Menschen sind eher bereit, neue Fähigkeiten zu erlernen und sich weiterzuentwickeln. Sie sehen Lernen als einen Prozess der Selbststärkung.

Erfolgsorientierung:

- Menschen mit hoher Selbstwirksamkeit haben eine Erfolgsorientierung. Sie setzen sich realistische Ziele und glauben daran, dass ihre Anstrengungen zu positiven Ergebnissen führen können.

Sozialer Einfluss:

- Selbstwirksamkeit kann durch sozialen Einfluss gestärkt oder beeinträchtigt werden. Positive

Erfahrungen, unterstützende soziale Netzwerke und Vorbilder können die Selbstwirksamkeit erhöhen.

Die Förderung der Selbstwirksamkeit ist ein wichtiger Aspekt in verschiedenen Bereichen, einschließlich Bildung, Arbeit, Psychotherapie und Persönlichkeitsentwicklung. Strategien zur Stärkung der Selbstwirksamkeit können Beratung, Coaching, die Schaffung unterstützender Lernumgebungen und positives Feedback für erreichte Ziele umfassen. Menschen, die sich selbstwirksam fühlen, sind oft besser in der Lage, die Herausforderungen des Lebens zu meistern und ihre Ziele zu erreichen.

Setting

Der Begriff "Setting" bezieht sich allgemein auf den Kontext oder Rahmen, in dem eine Handlung, eine Aktivität oder ein Ereignis stattfindet. In der Sozialen Arbeit und Psychologie wird der Begriff "Setting" häufig verwendet, um die Umgebung oder den Kontext zu beschreiben, in dem professionelle Interventionen, Therapien oder soziale Dienstleistungen stattfinden.

Therapeutisches Setting:
- Das therapeutische Setting bezieht sich auf den Ort und die Bedingungen, unter denen psychotherapeutische oder beratende Interventionen stattfinden. Dies kann eine Praxis, eine Klinik oder ein anderer Ort sein, der darauf

ausgerichtet ist, einen sicheren Raum für therapeutische Gespräche zu bieten.

Schulsetting:

- Das Schulsetting umfasst die Umgebung, in der schulische Aktivitäten stattfinden. Dazu gehören Klassenzimmer, Schulgebäude, Pausenhöfe und andere Bereiche, die für Bildungsaktivitäten relevant sind.

Arbeitsplatzsetting:

- Das Arbeitsplatzsetting beschreibt den Ort und die Bedingungen am Arbeitsplatz. In der Sozialen Arbeit kann dies auch auf Settings in Unternehmen oder Organisationen verweisen, in denen soziale Dienstleistungen oder Programme implementiert werden.

Gesundheitswesen-Setting:

- Im Gesundheitswesen umfasst das Setting die Umgebung von Krankenhäusern, Kliniken, Arztpraxen oder anderen Gesundheitseinrichtungen, in denen medizinische oder therapeutische Versorgung stattfindet.

Familien- oder Familiensystem-Setting:

- Das Familiensetting bezieht sich auf die häusliche Umgebung, in der familiäre Interaktionen und Beziehungen stattfinden. In der Therapie kann auch das Familiensystem-Setting betrachtet werden, um die Dynamiken innerhalb einer Familie zu verstehen.

Gemeinde-Setting:

- Das Gemeindesetting bezieht sich auf den Kontext einer Gemeinschaft, einschließlich sozialer, kultureller und wirtschaftlicher Elemente. In der Sozialen Arbeit spielt das Gemeindesetting eine wichtige Rolle bei der Entwicklung von

Programmen und Dienstleistungen für die
Gemeinschaft.

Gruppensetting:

- Gruppensettings beziehen sich auf den Kontext, in
  dem Gruppenaktivitäten oder Gruppentherapie
  stattfinden. Dies kann ein Gruppenraum in einer
  Einrichtung oder ein speziell dafür vorgesehener
  Ort sein.

Online-Setting:

- Mit der zunehmenden Digitalisierung werden auch
  Online-Settings relevanter. Hier finden
  Interventionen, Beratungen oder
  Therapiesitzungen virtuell über das Internet statt.

Notfall- oder Kriseninterventions-Setting:

- In Notfallsituationen oder Kriseninterventions-
  Settings werden spezielle Maßnahmen ergriffen,
  um Menschen in akuten emotionalen oder
  psychologischen Notlagen zu unterstützen. Dies
  kann in Kliniken, Hotlines oder anderen
  Einrichtungen stattfinden.

Wohnsetting:

- Das Wohnsetting bezieht sich auf den Wohnort
  einer Person, sei es in einer eigenen Wohnung,
  einem Wohnheim oder einer anderen Wohnform.
  In der Sozialen Arbeit ist das Wohnsetting wichtig,
  um die Lebensumstände und Bedürfnisse der
  Klienten zu verstehen.

Die Berücksichtigung des Umfelds ist entscheidend, um
Interventionen und Dienstleistungen effektiv anzupassen
und sicherzustellen, dass sie den Bedürfnissen der
Menschen in ihrem spezifischen Kontext entsprechen.

Soldatenversorgungsgesetz (SVG)

Das Soldatenversorgungsgesetz (SVG) ist ein deutsches Gesetz, das die Versorgung und Unterstützung von Personen regelt, die als Soldaten gedient haben und infolge einer Wehrdienstbeschädigung oder anderer besonderer Umstände gesundheitlich beeinträchtigt sind. Das SVG sieht verschiedene Leistungen zur sozialen Sicherung und Integration ehemaliger Soldaten vor.

Anwendungsbereich:
- Das Soldatenversorgungsgesetz gilt für Personen, die als Soldaten im Dienst der Bundeswehr gestanden haben. Dazu gehören Soldaten auf Zeit, Berufssoldaten, Wehrpflichtige und Soldaten auf Zeit der Reserve.

Dienstbeschädigung:
- Leistungen nach dem SVG werden insbesondere bei Dienstbeschädigungen gewährt. Dienstbeschädigungen können körperliche oder psychische Beeinträchtigungen sein, die während oder durch den Dienst in der Bundeswehr verursacht wurden.

Leistungen bei Dienstbeschädigung:
- Das SVG sieht verschiedene Leistungen vor, darunter Verletztenrente, Unterhaltsbeiträge, Pflegegeld, Heilbehandlung, berufliche Rehabilitation, Hilfe zur Beschaffung einer angemessenen Wohnung und andere finanzielle Unterstützungsleistungen.

Hinterbliebenenversorgung:
- Das Gesetz regelt auch die Hinterbliebenenversorgung. Wenn ein Soldat aufgrund von Dienstbeschädigungen stirbt,

können Hinterbliebene Anspruch auf
Hinterbliebenenrente oder andere Leistungen
haben.

Grad der Schädigungsfolgen:

- Wie beim Bundesversorgungsgesetz (BVG) erfolgt
die Feststellung des Grades der
Schädigungsfolgen (GdB - Grad der Behinderung)
durch medizinische Begutachtung. Der GdB
bestimmt die Höhe der Leistungen.

Rehabilitation:

- Das SVG sieht verschiedene Formen der
Rehabilitation vor, sowohl medizinisch als auch
beruflich, um die Wiedereingliederung ehemaliger
Soldaten in das zivile Leben zu fördern.

Besondere Versorgung:

- In einigen Fällen können bestimmte besondere
Versorgungsleistungen gewährt werden, wie zum
Beispiel die Versorgung mit speziellen Hilfsmitteln
oder die Finanzierung von barrierefreiem
Wohnraum.

Antragsverfahren:

- Personen, die Leistungen nach dem
Soldatenversorgungsgesetz in Anspruch nehmen
möchten, müssen einen Antrag stellen. Dies erfolgt
in der Regel bei den Versorgungsämtern.

Versorgungsmedizinische Grundsätze:

- Die versorgungsmedizinischen Grundsätze sind
Richtlinien, die die Feststellung des Grades der
Schädigungsfolgen regeln. Sie dienen als
Grundlage für die medizinische Begutachtung.

Das Soldatenversorgungsgesetz trägt zur sozialen
Sicherung und Integration ehemaliger Soldaten bei, die
infolge einer Wehrdienstbeschädigung gesundheitlich
beeinträchtigt sind. Es bietet finanzielle Hilfen und

Rehabilitationsmaßnahmen zur Förderung der Lebensqualität und der beruflichen Teilhabe.

Sozialarbeit im Bereich der Flüchtlingshilfe

Soziale Arbeit in der Flüchtlingshilfe ist eine spezielle Form der Sozialen Arbeit, die auf die Unterstützung und Integration von Menschen abzielt, die aufgrund von Konflikten, Verfolgung oder Naturkatastrophen ihr Heimatland verlassen haben. Diese Form der Sozialarbeit erfordert einen ganzheitlichen und kultursensiblen Ansatz.

Grundbedürfnisse und Notversorgung:
- Die Soforthilfe umfasst die Sicherstellung von grundlegenden Bedürfnissen wie Unterkunft, Nahrung, Wasser, Kleidung und medizinischer Versorgung für neu ankommende Flüchtlinge.

Psychosoziale Unterstützung:
- Flüchtlinge haben oft traumatische Erfahrungen durch Krieg, Vertreibung oder andere belastende Umstände gemacht. Die Sozialarbeit im Bereich der Flüchtlingshilfe beinhaltet psychosoziale Unterstützung, um Traumata zu bewältigen und die psychische Gesundheit zu fördern.

Soziale Integration:
- Die Sozialarbeit strebt die soziale Integration von Flüchtlingen an, um ihre Teilhabe an der Gesellschaft zu fördern. Dies kann Unterstützung bei der Erlernung der Landessprache, kulturelle Orientierung und Vermittlung von Grundlagen über das neue Lebensumfeld beinhalten.

Bildung und Berufliche Integration:

- Die Unterstützung bei der Bildung und beruflichen Integration ist entscheidend. Dies beinhaltet den Zugang zu Bildungseinrichtungen, Qualifizierungsmaßnahmen und Unterstützung bei der Arbeitsplatzsuche.

Rechtsberatung und Unterstützung:

- Sozialarbeiter im Bereich der Flüchtlingshilfe bieten oft rechtliche Unterstützung, um Flüchtlingen bei der Klärung ihres Status, bei Asylanträgen und anderen rechtlichen Angelegenheiten zu helfen.

Familienzusammenführung:

- Die Sozialarbeit unterstützt bei der Wiedervereinigung von getrennten Familienmitgliedern und bietet Hilfe bei bürokratischen Verfahren und Anträgen.

Vernetzung mit lokalen Ressourcen:

- Sozialarbeiter bauen Brücken zu lokalen Gemeinschaften, Ressourcen und Organisationen auf, um die Integration von Flüchtlingen zu erleichtern und Vorurteile abzubauen.

Kinder- und Jugendarbeit:

- Besondere Aufmerksamkeit wird der Unterstützung von Kindern und Jugendlichen gewidmet, um ihre schulische Integration, psychosoziale Entwicklung und Traumabewältigung zu fördern.

Interkulturelle Kompetenz:

- Die Sozialarbeit im Bereich der Flüchtlingshilfe erfordert interkulturelle Kompetenz, um kulturelle Sensibilität und Verständnis für die unterschiedlichen Bedürfnisse der Flüchtlinge zu gewährleisten.

Empowerment und Partizipation:

- Sozialarbeiter fördern das Empowerment von Flüchtlingen, indem sie ihre Selbstbestimmung und Teilhabe am Entscheidungsprozess stärken. Dies kann durch Schulungen, Beteiligungsprojekte und die Förderung von Selbsthilfeinitiativen erfolgen.

Soziale Arbeit in der Flüchtlingshilfe ist anspruchsvoll und erfordert ein umfassendes Verständnis der individuellen Bedürfnisse, kulturellen Hintergründe und politischen Rahmenbedingungen. Im Vordergrund steht die Unterstützung der Flüchtlinge beim Aufbau eines neuen Lebens und bei der Integration in die neue Umgebung.

Sozialarbeit im Gesundheitswesen

Sozialarbeit im Gesundheitswesen umfasst eine Vielzahl von Aufgaben und Interventionen, die darauf abzielen, die sozialen und emotionalen Bedürfnisse von Menschen in Gesundheitseinrichtungen zu unterstützen.

Psycho-soziale Unterstützung:

- Sozialarbeiter im Gesundheitswesen bieten psycho-soziale Unterstützung für Patienten und deren Familien an. Dies kann die Bewältigung von Krankheitsdiagnosen, die Unterstützung bei emotionalen Herausforderungen und die Förderung der psychischen Gesundheit umfassen.

Kriseninvervention:

- Sozialarbeiter spielen eine wichtige Rolle in der Krisenintervention. Sie unterstützen Menschen, die mit akuten körperlichen oder psychischen Gesundheitskrisen konfrontiert sind, und helfen bei der Entwicklung von Bewältigungsstrategien.

Beratung:

- Die Beratung ist ein zentraler Bestandteil der Sozialarbeit im Gesundheitswesen. Sozialarbeiter bieten individuelle oder familiäre Beratung an, um Patienten bei der Verarbeitung von Krankheitsdiagnosen, bei Entscheidungen über medizinische Behandlungen und bei der Bewältigung von Lebensveränderungen zu unterstützen.

Ressourcenvermittlung:

- Sozialarbeiter helfen dabei, Ressourcen für Patienten zu identifizieren und zugänglich zu machen. Dies kann finanzielle Unterstützung, Unterbringungsmöglichkeiten, Rehabilitationsdienste und andere unterstützende Dienstleistungen umfassen.

Koordination der Pflege:

- Sozialarbeiter spielen oft eine koordinierende Rolle im interdisziplinären Pflegeteam. Sie fördern die Zusammenarbeit zwischen verschiedenen Gesundheitsdienstleistern, um sicherzustellen, dass die Bedürfnisse der Patienten umfassend und koordiniert erfüllt werden.

Palliativ- und Hospizbetreuung:

- Sozialarbeiter im Gesundheitswesen unterstützen Patienten und ihre Familien in palliativen und hospizbezogenen Situationen. Dies umfasst die Förderung von Lebensqualität, emotionale

Unterstützung und die Planung für das Lebensende.

Ethikberatung:

- Sozialarbeiter sind oft in die Ethikberatung eingebunden, insbesondere wenn es um schwierige Entscheidungen im Gesundheitswesen geht. Sie unterstützen Patienten, Familien und medizinisches Personal bei ethischen Überlegungen und Entscheidungen.

Gesundheitsförderung und Prävention:

- Sozialarbeiter engagieren sich in Gesundheitsförderungs- und Präventionsaktivitäten. Dies kann die Aufklärung über Gesundheitsrisiken, die Förderung eines gesunden Lebensstils und die Unterstützung bei der Prävention von Krankheiten umfassen.

Patientenadvokatur:

- Sozialarbeiter fungieren als Anwälte für die Bedürfnisse und Rechte der Patienten. Sie helfen dabei, sicherzustellen, dass Patienten angemessene Versorgung und Ressourcen erhalten und ihre Wünsche und Präferenzen berücksichtigt werden.

Kulturelle Sensibilität:

- Sozialarbeiter im Gesundheitswesen berücksichtigen kulturelle Unterschiede und Sensibilitäten, um sicherzustellen, dass die Pflege und Unterstützung den individuellen Bedürfnissen der Patienten gerecht wird.

Sozialarbeit im Gesundheitswesen spielt eine entscheidende Rolle bei der Bewältigung der komplexen sozialen, emotionalen und praktischen Herausforderungen, die mit Gesundheitsproblemen verbunden sind. Die Unterstützung durch Sozialarbeiter trägt dazu bei, die Lebensqualität der Patienten zu verbessern und einen ganzheitlichen Ansatz in der Gesundheitsversorgung zu fördern.

Sozialarbeit im Strafvollzug

Sozialarbeit im Strafvollzug ist eine spezialisierte Form der Sozialarbeit, die darauf abzielt, Gefangene während ihrer Haftzeit zu unterstützen, ihre sozialen Fähigkeiten zu stärken, ihre Resozialisierung zu fördern und ihre Wiedereingliederung in die Gesellschaft nach der Entlassung zu erleichtern. Die Sozialarbeit im Strafvollzug umfasst folgende Hauptbereiche:

Resozialisierung:
- Ein Hauptziel der Sozialarbeit im Strafvollzug ist die Resozialisierung von Gefangenen. Sozialarbeiter entwickeln Programme und Interventionen, um Insassen auf ein Leben außerhalb des Gefängnisses vorzubereiten und ihre Chancen auf eine erfolgreiche Wiedereingliederung zu verbessern.

Individuelle Assessments:
- Sozialarbeiter führen individuelle Assessments durch, um die Bedürfnisse, Fähigkeiten und Herausforderungen jedes Insassen zu verstehen. Dies bildet die Grundlage für maßgeschneiderte Interventionspläne.

Therapeutische Interventionen:

- Sozialarbeiter bieten therapeutische Unterstützung an, um Insassen bei der Bewältigung von psychischen Gesundheitsproblemen, Suchtproblemen und anderen emotionalen Herausforderungen zu helfen.

Bildung und berufliche Weiterentwicklung:

- Programme zur Förderung von Bildung und beruflicher Weiterentwicklung werden von Sozialarbeitern entwickelt, um Insassen auf den Arbeitsmarkt vorzubereiten. Dies kann Schulunterricht, berufliche Schulungen und Job-Coaching umfassen.

Familienunterstützung:

- Sozialarbeiter bieten Unterstützung für die Familien der Insassen an, um die Beziehungen aufrechtzuerhalten und eine stabilere Umgebung für die Rückkehr der Insassen in die Gemeinschaft zu schaffen.

Konfliktlösung und Aggressionsbewältigung:

- Sozialarbeiter fördern Konfliktlösungsfähigkeiten und Aggressionsbewältigung, um das Risiko von Gewalt innerhalb der Gefängnisumgebung zu reduzieren und den Insassen alternative Strategien beizubringen.

Rechtsberatung:

- Sozialarbeiter bieten Rechtsberatung an, um sicherzustellen, dass Insassen ihre Rechte verstehen und rechtliche Fragen im Zusammenhang mit ihrer Haftzeit klären können.

Vorbereitung auf die Entlassung:

- Sozialarbeiter unterstützen Insassen bei der Planung ihrer Entlassung, indem sie Ressourcen für Wohnen, Beschäftigung und andere lebenspraktische Bedürfnisse identifizieren.

Suchtberatung und Rehabilitation:

- Sozialarbeiter bieten Programme zur Suchtberatung und -rehabilitation an, um Insassen bei der Überwindung von Suchtproblemen zu unterstützen und die Wahrscheinlichkeit von Rückfällen zu verringern.

Nachsorge:

- Sozialarbeiter bieten Nachsorgeunterstützung nach der Entlassung an, um sicherzustellen, dass ehemalige Insassen eine kontinuierliche Unterstützung bei der Bewältigung von Herausforderungen im Zusammenhang mit der Wiedereingliederung erhalten.

Die Sozialarbeit im Strafvollzug spielt eine entscheidende Rolle bei der Vorbereitung der Gefangenen auf eine erfolgreiche Wiedereingliederung in die Gesellschaft und bei der Reduzierung der Rückfallquote. Durch ganzheitliche und individuell angepasste Interventionen tragen die Sozialarbeiter dazu bei, dass die Gefangenen die notwendigen Ressourcen und Fähigkeiten entwickeln, um positive Veränderungen in ihrem Leben herbeizuführen.

Sozialarbeit in der Behindertenhilfe

Soziale Arbeit in der Behindertenhilfe konzentriert sich auf die Unterstützung von Menschen mit unterschiedlichen Behinderungen, die Verbesserung ihrer Lebensqualität, die Förderung ihrer Teilhabe an der Gesellschaft und die Stärkung ihrer Selbstbestimmung.

Individuelle Bedarfsanalyse:

- Sozialarbeiter führen eine individuelle Bedarfsanalyse durch, um die spezifischen Bedürfnisse, Fähigkeiten und Ressourcen von Menschen mit Behinderungen zu verstehen.

Förderung von Selbstbestimmung:

- Die Sozialarbeit in der Behindertenhilfe zielt darauf ab, die Selbstbestimmung von Menschen mit Behinderungen zu fördern. Das bedeutet, ihre Entscheidungsfreiheit zu respektieren und sie in Entscheidungen, die ihr Leben betreffen, einzubeziehen.

Soziale Integration:

- Die Unterstützung bei der sozialen Integration ist ein zentrales Anliegen. Sozialarbeiter fördern die Teilhabe von Menschen mit Behinderungen an verschiedenen Lebensbereichen, wie Bildung, Beschäftigung, Freizeit und sozialen Aktivitäten.

Familienunterstützung:

- Sozialarbeiter bieten Unterstützung für Familien von Menschen mit Behinderungen an. Dies kann Beratung, Ressourcenvermittlung und Unterstützung bei der Planung für die Zukunft umfassen.

Bildung und berufliche Integration:

- Programme zur Förderung von Bildung und beruflicher Integration werden entwickelt, um Menschen mit Behinderungen die Teilnahme an Bildungseinrichtungen und am Arbeitsmarkt zu ermöglichen.

Barrierefreiheit:

- Sozialarbeiter setzen sich für die Schaffung von barrierefreien Umgebungen ein, sowohl physisch als auch sozial. Dies beinhaltet den Abbau von

Zugangsbarrieren und die Förderung von
inklusiven Praktiken.

Assistenzdienste:

- Sozialarbeiter helfen bei der Organisation von
  Assistenzdiensten, die Menschen mit
  Behinderungen im Alltag unterstützen, sei es bei
  persönlicher Pflege, Mobilität oder anderen
  Aktivitäten.

Psychosoziale Unterstützung:

- Menschen mit Behinderungen können
  psychosoziale Unterstützung benötigen, sei es
  aufgrund von Belastungen durch die Behinderung
  selbst oder aufgrund sozialer Herausforderungen.
  Sozialarbeiter bieten therapeutische
  Interventionen an, um diese Bedürfnisse zu
  adressieren.

Interkulturelle Kompetenz:

- Interkulturelle Sensibilität ist wichtig, um die
  Vielfalt der Bedürfnisse und Hintergründe von
  Menschen mit Behinderungen zu berücksichtigen,
  insbesondere wenn es um kulturelle Unterschiede
  in der Wahrnehmung von Behinderungen geht.

Inklusive Freizeit- und Sportangebote:

- Sozialarbeiter fördern inklusive Freizeit- und
  Sportangebote, um die Beteiligung von Menschen
  mit Behinderungen an kulturellen und
  gesellschaftlichen Aktivitäten zu unterstützen.

Sozialarbeit in der Behindertenhilfe hat zum Ziel, Barrieren
abzubauen, Chancengleichheit zu fördern und Menschen
mit Behinderung zu einem selbstbestimmten und erfüllten
Leben zu verhelfen. Durch gezielte Unterstützung tragen
Sozialarbeiter dazu bei, dass Menschen mit Behinderung
ihre Potenziale entfalten können und als gleichberechtigte
Mitglieder der Gesellschaft anerkannt werden.

Sozialarbeit in der psychosozialen Versorgung

Sozialarbeit in der psychosozialen Versorgung umfasst verschiedene Interventionen und Unterstützungsmaßnahmen, um Menschen mit psychischen Gesundheitsproblemen und ihren Familien zu helfen. Diese Form der Sozialarbeit zielt darauf ab, das Wohlbefinden, die psychische Gesundheit und die soziale Integration zu fördern.

Psychosoziale Beratung:
- Sozialarbeiter bieten psychosoziale Beratung für Einzelpersonen und Gruppen an, um bei der Bewältigung von psychischen Gesundheitsproblemen, Beziehungsproblemen und Lebenskrisen zu unterstützen.

Krisenintervention:
- Krisenintervention ist ein wichtiger Bestandteil der psychosozialen Versorgung. Sozialarbeiter helfen Menschen in akuten Krisensituationen, bieten emotionale Unterstützung und vermitteln ggf. weitere professionelle Hilfe.

Case Management:
- Sozialarbeiter übernehmen oft die Rolle des Case Managers, indem sie die Bedürfnisse von Personen mit psychischen Gesundheitsproblemen analysieren, individuelle Unterstützungspläne entwickeln und die Koordination von Dienstleistungen sicherstellen.

Familienunterstützung:
- Psychische Gesundheitsprobleme können das Familienleben stark beeinflussen. Sozialarbeiter bieten Unterstützung für Familienmitglieder von Menschen mit psychischen Erkrankungen an, um

den Umgang mit der Situation zu erleichtern und die familiäre Unterstützung zu stärken.

Rehabilitationsplanung:

- Sozialarbeiter unterstützen bei der Entwicklung von Rehabilitationsplänen, die darauf abzielen, die Fähigkeiten und das Selbstmanagement von Menschen mit psychischen Gesundheitsproblemen zu fördern.

Soziale Integration:

- Die Sozialarbeit in der psychosozialen Versorgung fördert die soziale Integration von Menschen mit psychischen Gesundheitsproblemen, sei es durch die Teilnahme an sozialen Aktivitäten oder die Wiedereingliederung in den Arbeitsmarkt.

Unterstützung bei der Medikamenteneinnahme:

- Insbesondere bei Menschen, die Medikamente zur Behandlung psychischer Erkrankungen einnehmen, bieten Sozialarbeiter Unterstützung und Informationen zur Medikamenteneinnahme und arbeiten dabei oft eng mit anderen Gesundheitsdienstleistern zusammen.

Förderung von Lebensqualität:

- Sozialarbeiter fördern die Lebensqualität von Menschen mit psychischen Gesundheitsproblemen, indem sie ihre persönlichen Ziele identifizieren, ihre Ressourcen stärken und ihnen helfen, ein erfülltes Leben zu führen.

Entwicklung von Selbsthilfegruppen:

- Sozialarbeiter können Selbsthilfegruppen organisieren und fördern, um Menschen mit ähnlichen Erfahrungen zusammenzubringen, den Austausch von Informationen und Unterstützung zu ermöglichen.

Prävention von Stigmatisierung:

- Sozialarbeiter setzen sich für die Prävention von Stigmatisierung im Zusammenhang mit psychischen Gesundheitsproblemen ein, um das Verständnis in der Gesellschaft zu fördern und Vorurteile abzubauen.

Sozialarbeit in der psychosozialen Versorgung zielt darauf ab, individuelle Bedürfnisse zu erkennen, Ressourcen zu stärken und umfassende Unterstützung anzubieten, um die Lebensqualität von Menschen mit psychischen Gesundheitsproblemen zu verbessern. Dies kann durch eine Kombination von therapeutischen, beratenden und praktischen Interventionen erreicht werden.

Sozialarbeit in der Suchthilfe

Die Soziale Arbeit in der Suchthilfe konzentriert sich auf die Unterstützung von Menschen mit Suchterkrankungen und deren Familien. Ziel ist es, Prävention, Intervention und Rehabilitation anzubieten, um die Abhängigkeit zu reduzieren und die Lebensqualität der Betroffenen zu verbessern.

Prävention:

- Sozialarbeiter setzen sich für präventive Maßnahmen ein, um Suchtprobleme zu verhindern. Dies kann Aufklärung, Schulungsprogramme und Sensibilisierung in Schulen, Gemeinden und Arbeitsplätzen umfassen.

Beratung und Intervention:

- Sozialarbeiter bieten individuelle oder Gruppenberatung für Menschen mit Suchtproblemen an. Interventionen können krisenorientiert sein und auf die Bewältigung von akuten Problemen abzielen.

Ressourcenvermittlung:

- Die Vermittlung von Ressourcen ist ein wichtiger Aspekt der Suchthilfe. Sozialarbeiter helfen dabei, geeignete Therapieeinrichtungen, Selbsthilfegruppen und andere Unterstützungsdienste zu identifizieren.

Case Management:

- Sozialarbeiter übernehmen oft die Rolle des Case Managers, indem sie die individuellen Bedürfnisse analysieren, Unterstützungspläne entwickeln und die Koordination von Dienstleistungen sicherstellen.

Familienunterstützung:

- Suchterkrankungen können erhebliche Auswirkungen auf Familien haben. Sozialarbeiter bieten Unterstützung und Beratung für Familienmitglieder an, um den Umgang mit den Auswirkungen der Sucht zu erleichtern.

Entzug und Rehabilitation:

- Sozialarbeiter arbeiten mit Menschen zusammen, die einen Entzug durchlaufen oder sich in einer Rehabilitationsphase befinden. Sie unterstützen bei der Entwicklung von Lebenskompetenzen, Stressbewältigung und der Prävention von Rückfällen.

Wiedereingliederung in den Arbeitsmarkt:

- Die Rückkehr in den Arbeitsmarkt kann eine Herausforderung für Menschen mit Suchterkrankungen sein. Sozialarbeiter bieten

Unterstützung bei der beruflichen
Wiedereingliederung, einschließlich
Berufsberatung und Training.

Selbsthilfegruppen:

- Die Förderung und Organisation von
Selbsthilfegruppen ist ein wichtiger Bestandteil der
Suchthilfe. Sozialarbeiter unterstützen bei der
Gründung und Leitung von Gruppen, um den
Erfahrungsaustausch und die gegenseitige
Unterstützung zu fördern.

Gemeinschaftsintegration:

- Sozialarbeiter fördern die Integration von
Menschen in der Gemeinschaft, indem sie
Aktivitäten und Programme organisieren, die eine
positive, nüchterne Lebensweise unterstützen.

Ursachenforschung und Prävention:

- Sozialarbeiter setzen sich dafür ein, die Ursachen
von Suchterkrankungen zu verstehen und
entwickeln Präventionsprogramme, die auf
individuelle, soziale und Umweltfaktoren abzielen.

Soziale Arbeit in der Suchthilfe ist ganzheitlich
ausgerichtet und integriert medizinische, psychologische,
soziale und berufliche Aspekte. Ziel ist es, Menschen mit
Suchtproblemen zu helfen, ein stabiles, suchtfreies Leben
zu führen und ihre Lebensqualität zu verbessern.

Sozialarbeit in Schulen

Schulsozialarbeit zielt darauf ab, Schülerinnen und Schüler
und ihre Familien in verschiedenen Lebensbereichen zu

unterstützen. Hauptziele sind die Förderung der emotionalen und sozialen Entwicklung, die Bewältigung schulischer und persönlicher Herausforderungen und die Schaffung eines positiven Lernumfelds.

Schulische Intervention:

- Sozialarbeiter bieten schulische Interventionen an, um Schülerinnen und Schüler bei schulischen Herausforderungen zu unterstützen, sei es durch Nachhilfe, Verhaltensmanagement oder spezielle Förderprogramme.

Individuelle Beratung:

- Ein zentraler Aspekt der Sozialarbeit in Schulen ist die individuelle Beratung von Schülerinnen und Schülern. Dies kann Themen wie persönliche Entwicklung, soziale Beziehungen, schulische Leistungen und Zukunftsplanung umfassen.

Familienunterstützung:

- Sozialarbeiter bieten Unterstützung für Familien an, um eine positive Zusammenarbeit zwischen Schule und Familie zu fördern. Dies kann Elternberatung, Familienkonfliktlösung und Unterstützung bei der Bewältigung von familiären Herausforderungen umfassen.

Prävention von Schulabbruch:

- Sozialarbeiter arbeiten daran, Schulabbruch zu verhindern, indem sie Schülerinnen und Schüler, die gefährdet sind, unterstützen. Das umfasst die Identifizierung von Risikofaktoren und die Entwicklung von Maßnahmen zur Aufrechterhaltung der Schulbeteiligung.

Konfliktlösung und Mediation:

- Sozialarbeiter fördern Konfliktlösungsfähigkeiten und bieten Mediationsdienste an, um den Umgang

mit Konflikten zwischen Schülern, Lehrern oder
innerhalb von Gruppen zu erleichtern.

Verhaltensmanagement:

- Sozialarbeiter arbeiten an
  Verhaltensmanagementstrategien, um Schülern
  mit Verhaltensauffälligkeiten oder disziplinarischen
  Herausforderungen zu helfen. Dies kann
  individuelle Betreuung und die Entwicklung von
  Verhaltensplänen umfassen.

Anti-Mobbing-Programme:

- Sozialarbeiter engagieren sich in der Entwicklung
  und Umsetzung von Anti-Mobbing-Programmen,
  um ein sicheres und unterstützendes Schulklima zu
  fördern.

Gesundheitsförderung:

- Die Gesundheitsförderung ist ein wichtiger Aspekt
  der Sozialarbeit in Schulen. Das kann die
  Förderung von gesunden Lebensstilen, Aufklärung
  über psychische Gesundheit und Unterstützung
  bei Gesundheitsproblemen umfassen.

Vermittlung von außerschulischen Ressourcen:

- Sozialarbeiter vernetzen Schulen mit
  außerschulischen Ressourcen und
  Dienstleistungen, die den Bedürfnissen der
  Schülerinnen und Schüler entsprechen, sei es
  durch gemeinnützige Organisationen,
  Therapeuten oder andere Unterstützungsdienste.

Berufsberatung und Zukunftsplanung:

- Sozialarbeiter unterstützen Schülerinnen und
  Schüler bei der Berufsberatung und der Planung
  ihrer Zukunft. Das umfasst die Förderung von
  Bildung und beruflicher Entwicklung.

Schulsozialarbeit trägt zur Schaffung einer umfassenden
Unterstützungsstruktur für Schülerinnen und Schüler bei.

Durch die Zusammenarbeit mit Lehrern, Eltern und anderen Fachkräften im schulischen Umfeld tragen Sozialarbeiter dazu bei, ein positives und förderliches Lernumfeld zu schaffen.

Sozialarbeit mit älteren Menschen

Sozialarbeit mit älteren Menschen zielt darauf ab, die Lebensqualität, das Wohlbefinden und die soziale Integration älterer Menschen zu fördern.

Individuelle Beratung:
- Sozialarbeiter bieten individuelle Beratung für ältere Menschen an, um sie bei der Bewältigung von altersbedingten Herausforderungen, Verlusten, Gesundheitsproblemen und anderen Lebensaspekten zu unterstützen.

Pflegebedarfsbewertung:
- Sozialarbeiter führen Pflegebedarfsbewertungen durch, um den individuellen Bedarf älterer Menschen an Unterstützung und Pflege zu ermitteln. Dies bildet die Grundlage für die Entwicklung von Pflegeplänen und die Vermittlung von Dienstleistungen.

Förderung der Selbstständigkeit:
- Die Sozialarbeit zielt darauf ab, die Selbstständigkeit älterer Menschen zu fördern. Dies kann die Entwicklung von Bewältigungsstrategien, die Nutzung von Assistenztechnologien und die Anpassung der Umgebung umfassen.

Soziale Integration:

- Sozialarbeiter fördern die soziale Integration
  älterer Menschen, sei es durch die Teilnahme an
  sozialen Aktivitäten, die Vernetzung mit
  Gemeinschaftsressourcen oder die Förderung von
  sozialen Beziehungen.

Hilfe bei der Bewältigung von Verlusten:

- Verluste, sei es durch den Tod von Angehörigen,
  den Verlust von Freunden oder Veränderungen im
  Gesundheitszustand, können ältere Menschen
  stark beeinflussen. Sozialarbeiter bieten
  emotionale Unterstützung und Hilfe bei der
  Bewältigung solcher Verluste an.

Häusliche Pflege und Betreuung:

- Sozialarbeiter unterstützen ältere Menschen bei
  der Organisation von häuslicher Pflege und
  Betreuung, sei es durch professionelle
  Pflegedienste, ehrenamtliche Unterstützung oder
  die Vermittlung von Pflegepersonal.

Finanzielle Beratung:

- Die finanzielle Situation kann im Alter eine
  Herausforderung darstellen. Sozialarbeiter bieten
  finanzielle Beratung an, um älteren Menschen bei
  der Verwaltung ihres Budgets, der Beantragung
  von Unterstützungsleistungen und anderen
  finanziellen Angelegenheiten zu helfen.

Aktivitäten für Senioren:

- Die Organisation von Aktivitäten und Programmen
  für Senioren trägt zur Förderung von Geselligkeit,
  körperlicher Aktivität und geistiger Stimulation bei.
  Sozialarbeiter unterstützen bei der Identifizierung
  und Teilnahme an solchen Aktivitäten.

Pflegeheimplatzsuche und Unterstützung:

- Wenn der Umzug in ein Pflegeheim notwendig
  wird, unterstützen Sozialarbeiter ältere Menschen

und ihre Familien bei der Auswahl geeigneter
Einrichtungen, bei der Anpassung an die neue
Umgebung und bei der Bewältigung von
Veränderungen.

Vermittlung von Unterstützungsdiensten:

- Sozialarbeiter vernetzen ältere Menschen mit
  verschiedenen Unterstützungsdiensten, sei es im
  Gesundheitswesen, bei der häuslichen Pflege, bei
  der Mahlzeitenzubereitung oder anderen
  Dienstleistungen, die den individuellen
  Bedürfnissen entsprechen.

Soziale Arbeit mit älteren Menschen basiert auf einem
ganzheitlichen Ansatz, der körperliche, soziale, emotionale
und finanzielle Aspekte berücksichtigt. Durch gezielte
Unterstützung tragen Sozialarbeiter dazu bei, dass ältere
Menschen ein würdiges und erfülltes Leben führen
können, unabhängig von den Herausforderungen des
Alters.

Sozialarbeit mit Kindern und Jugendlichen

Sozialarbeit mit Kindern und Jugendlichen zielt darauf ab,
die Entwicklung, das Wohlbefinden und die soziale
Integration junger Menschen zu fördern.

Individuelle Beratung:

- Sozialarbeiter bieten individuelle Beratung für
  Kinder und Jugendliche an, um sie bei
  persönlichen Herausforderungen, schulischen

Problemen, familiären Schwierigkeiten und anderen Lebensfragen zu unterstützen.

Familienunterstützung:

- Sozialarbeiter arbeiten eng mit Familien zusammen, um Unterstützung bei der Bewältigung von Herausforderungen zu bieten, das Familienleben zu stabilisieren und positive Beziehungen zu fördern.

Krisenintervention:

- In Krisensituationen bieten Sozialarbeiter schnelle und effektive Unterstützung, sei es bei familiären Krisen, traumatischen Ereignissen oder persönlichen Problemen, um die Sicherheit und das Wohlbefinden der Kinder und Jugendlichen zu gewährleisten.

Schulische Intervention:

- Sozialarbeiter arbeiten in Schulen, um Schülerinnen und Schüler bei schulischen Herausforderungen zu unterstützen, sei es durch Lernunterstützung, Verhaltensmanagement oder die Bewältigung von sozialen Problemen.

Jugendhilfe und Jugendgerichtshilfe:

- In der Jugendhilfe und Jugendgerichtshilfe unterstützen Sozialarbeiter junge Menschen, die in Konflikte mit dem Gesetz geraten sind, durch Interventionen, Beratung und Entwicklung von Alternativen zum Strafvollzug.

Frühintervention:

- Sozialarbeiter engagieren sich in der Frühintervention, um frühzeitig mögliche Risiken und Bedürfnisse bei Kindern und Jugendlichen zu erkennen und entsprechende Unterstützung bereitzustellen.

Suchtprävention und -beratung:

- Sozialarbeiter bieten Programme zur Suchtprävention an, um Kinder und Jugendliche über die Risiken von Suchtverhalten aufzuklären, sowie Beratung für junge Menschen mit Suchtproblemen.

Freizeit- und Jugendarbeit:

- Die Organisation von Freizeit- und Jugendarbeitsprogrammen fördert positive soziale Aktivitäten, Engagement und Gemeinschaftsgefühl unter jungen Menschen.

Übergang in das Erwachsenenleben:

- Sozialarbeiter unterstützen Jugendliche beim Übergang ins Erwachsenenleben, indem sie Berufsberatung, Hilfe bei der Ausbildungssuche und Unterstützung bei der Entwicklung von Lebenskompetenzen anbieten.

Inklusion und Diversität:

- Sozialarbeiter setzen sich für die Inklusion aller Kinder und Jugendlichen ein, unabhängig von Geschlecht, ethnischer Zugehörigkeit, Religion oder Behinderung. Sie fördern ein Umfeld, das die Vielfalt respektiert und unterstützt.

Sozialarbeit mit Kindern und Jugendlichen zielt darauf ab, ein sicheres, unterstützendes und förderndes Umfeld zu schaffen, in dem junge Menschen ihr Potenzial entfalten können. Durch die Zusammenarbeit mit Familien, Schulen, Gemeinden und anderen Akteuren tragen Sozialarbeiter dazu bei, positive Entwicklungsverläufe von Kindern und Jugendlichen zu fördern und mögliche Risiken zu minimieren.

Sozialarbeit mit obdachlosen Menschen

Die Sozialarbeit mit wohnungslosen Menschen konzentriert sich auf die individuellen Bedürfnisse, die Erleichterung des Zugangs zu grundlegenden Ressourcen und die Unterstützung bei der langfristigen Stabilisierung.

Straßensozialarbeit:

- Sozialarbeiter gehen aktiv auf die Straße, um obdachlose Menschen direkt zu unterstützen. Sie bieten Basisdienstleistungen wie Essen, Kleidung und Hygieneartikel an, um akute Bedürfnisse zu decken.

Notunterkünfte und Unterkunftssuche:

- Sozialarbeiter helfen obdachlosen Menschen bei der Suche nach Notunterkünften, Übergangshäusern oder langfristigen Unterkunftslösungen. Dies kann die Koordination mit Unterkunftseinrichtungen, Vermietern und anderen relevanten Akteuren umfassen.

Gesundheitsversorgung:

- Der Zugang zur Gesundheitsversorgung ist für obdachlose Menschen von entscheidender Bedeutung. Sozialarbeiter unterstützen bei der Vermittlung von medizinischer Versorgung, psychologischer Betreuung und Suchtbehandlung.

Existenzsicherung:

- Sozialarbeiter helfen obdachlosen Menschen dabei, existenzielle Bedürfnisse zu sichern, einschließlich finanzieller Unterstützung, Zugang zu staatlichen Leistungen, Nahrungsmitteln und Kleidung.

Soziale Integration:

- Die Sozialarbeit mit obdachlosen Menschen zielt darauf ab, ihre soziale Integration zu fördern. Das beinhaltet die Teilnahme an Gemeinschaftsaktivitäten, die Bildung von sozialen Netzwerken und die Reduzierung von Stigmatisierung.

Arbeitsvermittlung und Bildung:

- Sozialarbeiter unterstützen obdachlose Menschen bei der beruflichen Integration durch Arbeitsvermittlung, berufliche Schulungen und die Entwicklung von Fähigkeiten, um ihre Beschäftigungsfähigkeit zu verbessern.

Suchthilfe und psychosoziale Unterstützung:

- Da viele obdachlose Menschen mit Suchtproblemen und psychischen Gesundheitsproblemen konfrontiert sind, bieten Sozialarbeiter Suchthilfe und psychosoziale Unterstützung an.

Rehabilitation und Resozialisierung:

- Sozialarbeiter arbeiten daran, obdachlose Menschen zu rehabilitieren und ihre Resozialisierung zu fördern, indem sie Unterstützung bei der Bewältigung von Herausforderungen und dem Aufbau eines stabilen Lebensumfelds bieten.

Rechtliche Unterstützung:

- Sozialarbeiter bieten rechtliche Unterstützung an, um obdachlosen Menschen bei rechtlichen Fragen, wie Wohnungslosigkeit und rechtlichen Rechten, zu helfen.

Prävention von Wohnungslosigkeit:

- Ein wichtiger Aspekt der Sozialarbeit mit obdachlosen Menschen ist die Prävention von Wohnungslosigkeit. Sozialarbeiter setzen sich dafür ein, die Ursachen von Wohnungslosigkeit zu verstehen und frühzeitig geeignete Unterstützung zu bieten, um den Verlust von Unterkünften zu verhindern.

Die Sozialarbeit mit wohnungslosen Menschen erfordert einen ganzheitlichen Ansatz, der auf akute Bedürfnisse eingeht und gleichzeitig auf langfristige Stabilisierung und soziale Integration abzielt. Durch die Bereitstellung individuell zugeschnittener Dienstleistungen tragen Sozialarbeiter dazu bei, das Leben wohnungsloser Menschen zu verbessern und nachhaltige Veränderungen zu fördern.

Sozialarbeiterethik

Ethik in der Sozialarbeit spielt eine zentrale Rolle und bildet die Grundlage für professionelles Verhalten und die Beziehung zwischen Sozialarbeitern und Klienten. Im Folgenden werden einige grundlegende Prinzipien und Werte der Sozialarbeitsethik aufgeführt:

Selbstbestimmung und Autonomie:
- Sozialarbeiter respektieren das Recht der Klienten auf Selbstbestimmung und fördern ihre Autonomie. Das bedeutet, die Entscheidungen und Ziele der Klienten zu respektieren und sie dabei zu unterstützen, ihre eigenen Lebenswege zu wählen.

Wertschätzung der Einzigartigkeit:
- Sozialarbeiter behandeln jeden Klienten als einzigartiges Individuum mit eigenen Erfahrungen, Bedürfnissen, Werten und kulturellen Hintergründen. Die Wertschätzung der Vielfalt ist ein zentrales Prinzip der Ethik.

Nicht-Diskriminierung und Gerechtigkeit:
- Sozialarbeiter verpflichten sich, Diskriminierung in jeder Form zu vermeiden und sich für soziale Gerechtigkeit einzusetzen. Sie arbeiten aktiv daran, Ungleichheiten abzubauen und Chancengleichheit zu fördern.

Vertraulichkeit und Datenschutz:
- Sozialarbeiter wahren die Vertraulichkeit aller Informationen, die sie im Rahmen ihrer Arbeit erhalten. Sie respektieren die Privatsphäre ihrer Klienten und halten sich an ethische und rechtliche Standards im Umgang mit sensiblen Daten.

Professionalität und Integrität:

- Sozialarbeiter handeln mit Integrität und ethischer Professionalität. Das bedeutet, ehrlich, transparent und verantwortungsbewusst zu handeln, die eigenen Grenzen zu erkennen und sich gegenüber Klienten und anderen Fachleuten respektvoll zu verhalten.

Verantwortungsbewusstsein:

- Sozialarbeiter übernehmen Verantwortung für ihre Handlungen und Entscheidungen. Sie sind sich ihrer Rolle bewusst und bemühen sich, positive Veränderungen für ihre Klienten und die Gesellschaft insgesamt zu bewirken.

Kontinuierliche Weiterbildung:

- Ethik in der Sozialarbeit erfordert einen ständigen Lernprozess. Sozialarbeiter engagieren sich in kontinuierlicher Weiterbildung, um ihre Fähigkeiten und ihr Wissen zu aktualisieren und sicherzustellen, dass sie effektive und ethisch fundierte Praktiken anwenden.

Klientenzentrierter Ansatz:

- Der Fokus der Sozialarbeit liegt auf den Bedürfnissen und Wünschen der Klienten. Sozialarbeiter arbeiten zusammen mit ihren Klienten, um gemeinsam realistische Ziele zu setzen und Lösungen zu entwickeln.

Grenzachtung und Dualbeziehungen:

- Sozialarbeiter sind sich der Notwendigkeit bewusst, klare Grenzen zu wahren und Dualbeziehungen zu vermeiden, die die professionelle Integrität und das Wohl der Klienten beeinträchtigen könnten.

Reflexion und Supervision:

- Sozialarbeiter praktizieren Selbstreflexion und suchen regelmäßig Supervision, um ihre

Handlungen und Entscheidungen zu überdenken
und sicherzustellen, dass sie ethisch
verantwortungsbewusst handeln.

Die Berufsethik der Sozialarbeiter dient als Leitfaden für
professionelles Verhalten und trägt dazu bei, die Qualität
der Sozialarbeit zu sichern. Durch die Einhaltung ethischer
Grundsätze können Sozialarbeiter eine vertrauensvolle
und respektvolle Beziehung zu ihren Klienten aufbauen
und positive Veränderungen in deren Leben fördern.

Sozialarbeitsforschung

Sozialarbeitsforschung ist ein Bereich, der sich mit der
systematischen Untersuchung sozialer Phänomene,
Interventionen, Praktiken und Herausforderungen in der
Sozialen Arbeit befasst.

Forschungsziele:
- Die Sozialarbeitsforschung verfolgt verschiedene
  Ziele, darunter die Verbesserung von Praktiken, die
  Identifizierung von Best Practices, die Lösung
  sozialer Probleme, die Bewertung von
  Interventionen und die Erweiterung des Wissens
  im Bereich der Sozialarbeit.

Praktische Relevanz:
- Forschung in der Sozialarbeit ist darauf
  ausgerichtet, praxisrelevante Erkenntnisse zu
  generieren. Dies bedeutet, dass die Forschung
  dazu beitragen soll, die Qualität der
  Dienstleistungen zu verbessern und den

Bedürfnissen von Klienten besser gerecht zu werden.

Partizipative Forschung:

- Partizipative Forschung bezieht die betroffenen Personen aktiv in den Forschungsprozess mit ein. Dies fördert die Zusammenarbeit zwischen Forschern und Klienten, um realitätsnahe Einblicke und Lösungen zu entwickeln.

Programmevaluation:

- Forschung in der Sozialarbeit umfasst häufig Programmevaluationen, um die Effektivität von Interventionen und sozialen Programmen zu bewerten. Dies kann dazu beitragen, Ressourcen effizienter zu nutzen und positive Veränderungen zu fördern.

Empirische Methoden:

- Forschung in der Sozialarbeit verwendet eine Vielzahl empirischer Methoden, darunter qualitative und quantitative Ansätze. Dies können Interviews, Umfragen, Fallstudien, statistische Analysen und andere Techniken sein, um Daten zu sammeln und zu interpretieren.

Ethik in der Forschung:

- Die Forschungsethik spielt eine entscheidende Rolle in der Sozialarbeitsforschung. Dies umfasst den Schutz der Privatsphäre und Vertraulichkeit der Teilnehmer, die Gewährleistung ihrer informierten Zustimmung und die ethische Verantwortung gegenüber den betroffenen Gemeinschaften.

Interdisziplinäre Zusammenarbeit:

- Forschung in der Sozialarbeit profitiert oft von interdisziplinärer Zusammenarbeit. Durch die Zusammenarbeit mit Fachleuten aus anderen

Disziplinen können neue Perspektiven und Ansätze
in die Forschung einfließen.

Sozialpolitik und Advocacy:

- Sozialarbeitsforschung trägt zur Entwicklung von
Sozialpolitik bei, indem sie evidenzbasierte
Argumente für positive Veränderungen in
politischen Entscheidungsprozessen liefert.
Forschungsergebnisse können auch für Advocacy-
Zwecke genutzt werden.

Community-based Research:

- Community-based Research (CBR) betont die enge
Zusammenarbeit mit Gemeinschaften. Diese Form
der Forschung bezieht die Gemeinschaft aktiv in
den Forschungsprozess ein und fördert die
Umsetzung von Forschungsergebnissen in
konkrete Maßnahmen.

Forschungsförderung:

- Die Förderung von Forschung in der Sozialarbeit
ist entscheidend, um Ressourcen für Projekte,
Stipendien und Programme bereitzustellen, die
dazu beitragen, das Wissen im Bereich der
Sozialarbeit zu erweitern und zu vertiefen.

Sozialarbeitsforschung ist ein dynamischer Bereich, der
dazu beiträgt, die Wirksamkeit von Interventionen zu
verstehen, gute Praxis zu identifizieren und innovative
Ansätze für soziale Herausforderungen zu entwickeln.
Durch die Integration von Forschung in die Praxis wird die
Sozialarbeit als evidenzbasierte und effektive Disziplin
weiter gestärkt.

Sozialarbeitsmanagement

Sozialarbeitsmanagement bezieht sich auf die Planung, Organisation, Leitung und Kontrolle von sozialen Diensten und Programmen. Es umfasst auch den effizienten Einsatz von Ressourcen, die Zusammenarbeit mit verschiedenen Interessengruppen und die Sicherung der Qualität sozialer Dienste.

Programmplanung und Entwicklung:

- Sozialarbeitsmanagement umfasst die Planung und Entwicklung von Programmen, die den Bedürfnissen der Klienten gerecht werden. Dies beinhaltet die Festlegung von Zielen, Strategien und Ressourcen für die Umsetzung von sozialen Dienstleistungen.

Ressourcenmanagement:

- Effektives Ressourcenmanagement ist entscheidend für den Erfolg von sozialen Dienstleistungen. Dies umfasst die Verwaltung von Finanzmitteln, Personal, Zeit und anderen materiellen Ressourcen.

Personalführung und -entwicklung:

- Sozialarbeitsmanager sind für die Führung und Entwicklung ihrer Teams verantwortlich. Dies beinhaltet die Anleitung von Mitarbeitern, die Förderung ihrer beruflichen Entwicklung und die Gewährleistung eines positiven Arbeitsumfelds.

Qualitätsmanagement:

- Die Gewährleistung der Qualität von sozialen Dienstleistungen ist ein zentrales Element des Managements. Sozialarbeitsmanager entwickeln und implementieren Qualitätsstandards,

überwachen die Leistung und führen
Evaluierungen durch.

Kooperation und Vernetzung:

- Sozialarbeitsmanagement erfordert die Zusammenarbeit mit verschiedenen Stakeholdern, einschließlich Regierungsbehörden, gemeinnützigen Organisationen, Gemeinschaften und anderen Dienstleistungsanbietern. Die Bildung von Netzwerken ist entscheidend, um Ressourcen zu teilen und die Wirksamkeit von Dienstleistungen zu verbessern.

Budgetierung und Finanzmanagement:

- Sozialarbeitsmanager sind für die Erstellung und Überwachung von Budgets verantwortlich. Sie müssen sicherstellen, dass finanzielle Ressourcen effizient genutzt werden, um die Ziele der sozialen Dienstleistungen zu erreichen.

Politik und Advocacy:

- Sozialarbeitsmanager spielen eine Rolle in der Entwicklung von politischen Strategien und Advocacy-Bemühungen. Sie setzen sich für politische Maßnahmen ein, die die Bedürfnisse ihrer Klienten unterstützen, und vertreten die Interessen ihrer Organisationen auf politischer Ebene.

Informationstechnologie und Datenmanagement:

- Die effektive Nutzung von Informationstechnologie und Datenmanagement ist für das Sozialarbeitsmanagement von Bedeutung. Dies umfasst die Verwendung von Software zur Datenverwaltung, Berichterstattung und Analyse von Leistungskennzahlen.

Krisenmanagement:

- Sozialarbeitsmanager müssen in der Lage sein, in Krisensituationen zu handeln. Dies beinhaltet die

Entwicklung von Notfallplänen, die Schulung von
Mitarbeitern in Krisenintervention und die
Koordination von Ressourcen in Notsituationen.

Evaluation und Forschung:

- Die kontinuierliche Evaluation von Programmen
  und Dienstleistungen ist entscheidend.
  Sozialarbeitsmanager setzen Evaluationsmethoden
  ein, um die Wirksamkeit ihrer Interventionen zu
  bewerten und mögliche Verbesserungen zu
  identifizieren.

Das Management der Sozialarbeit erfordert eine
Kombination aus Führungsqualitäten, organisatorischen
Fähigkeiten und einem tiefen Verständnis für die
Bedürfnisse der Klienten. Durch effektives Management
können soziale Dienste optimiert und ihre positiven
Auswirkungen auf die Gemeinschaft maximiert werden.

Sozialarbeitspraxis

Die Praxis der Sozialarbeit bezieht sich auf die Anwendung von Theorien, Methoden und Techniken der Sozialarbeit, um Menschen in verschiedenen Lebenssituationen zu unterstützen und zu stärken.

Fallarbeit:
- Die Fallarbeit ist ein grundlegender Aspekt der Sozialarbeitspraxis. Sozialarbeiter arbeiten individuell mit Klienten zusammen, um deren spezifische Bedürfnisse zu verstehen, Ziele zu setzen und Interventionen zu entwickeln, um positive Veränderungen zu fördern.

Gruppenarbeit:
- In der Gruppenarbeit werden Interventionen in Gruppenkontexten durchgeführt. Dies kann die Leitung von Supportgruppen, sozialen Fähigkeiten-Training oder anderen Gruppenaktivitäten zur Förderung des sozialen Wohlbefindens umfassen.

Gemeinschaftsarbeit:
- Sozialarbeiter engagieren sich in der Gemeinschaftsarbeit, um soziale Probleme auf Makroebene anzugehen. Dies kann die Organisation von Gemeinschaftsprojekten, die Zusammenarbeit mit lokalen Organisationen und die Entwicklung von Ressourcen für die Gemeinschaft umfassen.

Beratung:
- Die Beratung ist ein wesentlicher Bestandteil der Sozialarbeitspraxis. Sozialarbeiter bieten emotionale Unterstützung, Rat und Anleitung in verschiedenen Lebensbereichen an, um

individuelle oder familiäre Herausforderungen zu bewältigen.

Krisenintervention:

- Sozialarbeiter sind in der Lage, in Krisensituationen effektiv zu intervenieren. Dies kann die Bereitstellung von Soforthilfe, die Koordination von Ressourcen und die Unterstützung bei der Bewältigung von akuten Belastungen umfassen.

Community Organizing:

- Community Organizing beinhaltet die Mobilisierung von Gemeinschaften, um gemeinsame Ziele zu erreichen. Sozialarbeiter spielen eine Rolle bei der Organisation von Advocacy-Bemühungen und der Förderung von sozialer Gerechtigkeit auf Gemeindeebene.

Anti-Oppression und Diversity:

- Die Sozialarbeitspraxis betont den Einsatz gegen Unterdrückung und die Förderung von Vielfalt und Inklusion. Sozialarbeiter setzen sich aktiv gegen Diskriminierung und Ungleichheit ein und berücksichtigen kulturelle Vielfalt in ihrer Arbeit.

Empowerment:

- Empowerment ist ein zentrales Prinzip der Sozialarbeitspraxis. Sozialarbeiter stärken ihre Klienten, indem sie ihre Fähigkeiten, Ressourcen und Selbstbestimmung fördern.

Systemisches Arbeiten:

- Systemisches Arbeiten in der Sozialarbeitspraxis berücksichtigt die Wechselwirkungen zwischen individuellen, familiären, sozialen und strukturellen Faktoren. Sozialarbeiter analysieren und intervenieren auf verschiedenen Ebenen, um umfassende Veränderungen zu fördern.

Evidenzbasierte Praxis:

- Evidenzbasierte Praxis bezieht sich auf die Integration von Forschungsergebnissen und bewährten Praktiken in die Sozialarbeit. Sozialarbeiter nutzen evidenzbasierte Ansätze, um effektive Interventionen zu identifizieren und ihre Praxis zu verbessern.

Die Praxis der Sozialarbeit ist vielfältig und erfordert ein breites Spektrum an Fähigkeiten, einschließlich Kommunikation, Empathie, kritischem Denken und kultureller Sensibilität. Durch die Anwendung bewährter Verfahren und kontinuierliche Reflexion tragen Sozialarbeiter zum Wohlergehen von Einzelpersonen, Familien und Gemeinschaften bei.

Sozialarbeitsrecht

Das Sozialarbeitsrecht umfasst die rechtlichen Rahmenbedingungen für die Praxis der Sozialen Arbeit. Es setzt Standards für den Schutz der Rechte und des Wohlergehens der Klienten sowie für die berufliche Verantwortung der Sozialarbeiter.

Datenschutz und Vertraulichkeit:

- Sozialarbeitsrecht legt Regeln für den Datenschutz und die Vertraulichkeit von Informationen fest. Sozialarbeiter sind verpflichtet, die Privatsphäre ihrer Klienten zu respektieren und sicherzustellen, dass persönliche Informationen geschützt sind.

Informed Consent (Informierte Einwilligung):

- Das Konzept der informierten Einwilligung ist im Sozialarbeitsrecht wichtig. Klienten müssen über die Art der Dienstleistungen, die Risiken und Vorteile informiert werden und ihre Einwilligung freiwillig und informiert erteilen.

Rechte von Minderjährigen:

- Das Sozialarbeitsrecht beinhaltet spezifische Bestimmungen zum Schutz der Rechte von Minderjährigen. Dies umfasst Fragen wie den Schutz vor Misshandlung, Vernachlässigung oder Ausbeutung sowie die Beteiligung von Kindern an Entscheidungen, die ihr Wohl betreffen.

Anti-Diskriminierung und Gleichstellung:

- Gesetze gegen Diskriminierung und für Gleichstellung sind im Sozialarbeitsrecht verankert. Sozialarbeiter sind verpflichtet, gegen jede Form der Diskriminierung vorzugehen und Chancengleichheit zu fördern.

Meldepflicht und Kinderschutz:

- Sozialarbeiter haben in vielen Jurisdiktionen eine Meldepflicht bei Verdacht auf Kindesmisshandlung oder Vernachlässigung. Das Sozialarbeitsrecht legt fest, wie und wann solche Meldungen gemacht werden müssen, um das Wohl des Kindes zu schützen.

Ethikrichtlinien:

- Ethikrichtlinien sind ein integraler Bestandteil des Sozialarbeitsrechts. Diese Richtlinien bieten Leitlinien für professionelles Verhalten, Integrität und ethische Standards, die von Sozialarbeitern eingehalten werden müssen.

Berufszulassung und Zertifizierung:

- Das Sozialarbeitsrecht regelt oft die Zulassung und Zertifizierung von Sozialarbeitern. Es legt die Qualifikationen und Anforderungen fest, die für die Ausübung des Berufs erforderlich sind.

Haftung und Risikomanagement:

- Haftungsfragen und Risikomanagement sind im Sozialarbeitsrecht von Bedeutung. Sozialarbeiter müssen sich bewusst sein, wie ihre Handlungen rechtliche Konsequenzen haben können, und sich gegen mögliche Risiken absichern.

Gesundheits- und Sicherheitsvorschriften:

- Das Sozialarbeitsrecht umfasst auch Vorschriften für Gesundheit und Sicherheit am Arbeitsplatz. Dies betrifft sowohl die Sicherheit der Sozialarbeiter als auch die Sicherheit der Klienten, wenn Dienstleistungen direkt erbracht werden.

Sozialpolitik und Sozialleistungen:

- Gesetzliche Regelungen im Bereich der Sozialpolitik und Sozialleistungen fallen ebenfalls unter das Sozialarbeitsrecht. Sozialarbeiter müssen sich über staatliche Unterstützungsprogramme, Sozialversicherung und andere relevante Rechtsvorschriften informieren.

Das Sozialarbeitsrecht bildet den rechtlichen Rahmen, der sicherstellt, dass Sozialarbeit ethisch verantwortlich und im Einklang mit den Rechten und Bedürfnissen der Klienten durchgeführt wird. Es ist wichtig, dass Sozialarbeiter sich über die geltenden Gesetze und Vorschriften informieren und diese in ihrer Praxis beachten.

Sozialhilfe

Sozialhilfe ist eine staatliche Unterstützung, die Menschen in finanziellen Notlagen gewährt wird, um ihre Existenz zu sichern und ihnen die Teilnahme am gesellschaftlichen Leben zu ermöglichen.

Ziel der Sozialhilfe:

- Das Hauptziel der Sozialhilfe ist es, bedürftigen Menschen in finanziellen Notlagen zu helfen und ihnen die Sicherung des Lebensunterhalts sowie die Teilhabe am gesellschaftlichen Leben zu ermöglichen.

Berechtigte Personen:

- Berechtigt für Sozialhilfe sind in der Regel Personen, die aufgrund von Arbeitslosigkeit, Krankheit, Behinderung, hohem Alter oder anderen besonderen Umständen nicht in der Lage sind, ihren Lebensunterhalt aus eigenen Mitteln zu bestreiten.

Lebensunterhaltssicherung:

- Die Sozialhilfe gewährleistet die Sicherung des Lebensunterhalts durch finanzielle Unterstützung in Form von Geldleistungen. Diese Leistungen sollen die Kosten für Nahrung, Kleidung, Unterkunft, Gesundheitspflege und andere grundlegende Bedürfnisse decken.

Bedarfsprüfung:

- Die Höhe der Sozialhilfeleistungen richtet sich nach einem individuellen Bedarfsprüfungsverfahren. Dabei werden die persönlichen und finanziellen Verhältnisse des Antragstellers berücksichtigt.

Arten von Sozialhilfe:

- Sozialhilfe kann verschiedene Formen annehmen, einschließlich Hilfe zum Lebensunterhalt, Grundsicherung im Alter und bei Erwerbsminderung, Hilfe zur Gesundheit, Eingliederungshilfe für Menschen mit Behinderungen und Hilfe zur Pflege.

Antragsverfahren:

- Um Sozialhilfe zu erhalten, müssen Antragsteller einen Antrag beim zuständigen Sozialamt stellen. In diesem Antrag müssen sie ihre persönlichen und finanziellen Verhältnisse offenlegen.

Nachrangigkeitsprinzip:

- Die Sozialhilfe folgt dem Prinzip der Nachrangigkeit, was bedeutet, dass Leistungen erst gewährt werden, wenn alle anderen möglichen Hilfs- und Unterstützungsmöglichkeiten ausgeschöpft sind, einschließlich des Einsatzes von eigenem Vermögen.

Einkommens- und Vermögensanrechnung:

- Bei der Berechnung der Sozialhilfe werden Einkommen und Vermögen des Antragstellers berücksichtigt. Es gibt Freibeträge, und bestimmte Einkünfte oder Vermögenswerte werden nicht angerechnet.

Sozialhilfe und Arbeitsintegration:

- In einigen Ländern gibt es Programme zur Arbeitsintegration von Sozialhilfeempfängern. Diese zielen darauf ab, die Integration in den Arbeitsmarkt zu fördern und die Abhängigkeit von staatlicher Unterstützung zu verringern.

Rechtlicher Rahmen:

- Die Regelungen zur Sozialhilfe können je nach Land oder Region unterschiedlich sein. Der rechtliche Rahmen und die genauen Bedingungen werden durch nationale oder regionale Gesetze und Verordnungen festgelegt.

Die Sozialhilfe spielt eine wichtige Rolle im System der sozialen Sicherheit, indem sie Menschen in Notlagen unterstützt und ihnen ein menschenwürdiges Leben ermöglicht.

Sozialdienst

Der Begriff "Sozialdienst" kann in verschiedenen Zusammenhängen unterschiedliche Bedeutungen haben. Hier einige mögliche Interpretationen, je nach Kontext:

Krankenhaussozialdienst:

- Der Krankenhaussozialdienst ist in medizinischen Einrichtungen tätig und bietet soziale Unterstützung und Beratung für Patienten und ihre Familien an. Das kann Hilfe bei sozialen, finanziellen oder emotionalen Fragen im Zusammenhang mit einer Krankheit oder medizinischen Behandlung umfassen.

Allgemeiner Sozialdienst im Sozialamt:

- In vielen Ländern gibt es den Allgemeinen Sozialdienst als Teil des Sozialamts oder Jugendamts. Diese Einrichtung bietet generelle soziale Dienstleistungen an, darunter finanzielle Unterstützung, Beratung in sozialen Fragen, Unterstützung bei der Bewältigung von Lebenskrisen und Schutzmaßnahmen für Kinder und Jugendliche.

Sozialdienst in Unternehmen:

- Einige größere Unternehmen haben einen betrieblichen Sozialdienst. Dieser unterstützt die Mitarbeiter bei persönlichen und beruflichen Herausforderungen. Die Dienstleistungen können von Beratungsdiensten bis zur Vermittlung von Unterstützungsleistungen reichen.

Sozialdienst in Schulen:

- Schulsozialarbeiter oder Sozialpädagogen in Schulen bieten Schülern und ihren Familien Unterstützung bei schulischen, sozialen und persönlichen Herausforderungen. Das kann Beratung, Präventionsarbeit, Konfliktlösung und Unterstützung bei schulischen Übergängen umfassen.

Sozialdienst in der Altenpflege:

- In Pflegeeinrichtungen für ältere Menschen gibt es oft Sozialdienste, die Bewohnern und ihren Familien soziale Unterstützung anbieten. Dies kann Hilfe bei der Anpassung an die Lebenssituation in der Einrichtung, psychosoziale Betreuung und Vermittlung von Unterstützungsleistungen beinhalten.

Sozialdienst in der Behindertenhilfe:

- Einrichtungen der Behindertenhilfe haben Sozialdienste, die Menschen mit Behinderungen und ihren Familien Unterstützung bieten. Das kann die Beratung bei der Auswahl von geeigneten Unterstützungsleistungen, Förderung der Teilhabe und Begleitung bei rechtlichen Fragen einschließen.

Sozialpädagogische Familienhilfe (SPFH)

Die Sozialpädagogische Familienhilfe (SPFH) ist eine intensive, aufsuchende Hilfeform der Jugendhilfe. Ihr Ziel ist es, Familien in belastenden Lebenssituationen zu unterstützen, um die Erziehungskompetenz der Eltern zu stärken und die Entwicklung der Kinder positiv zu beeinflussen.

Aufsuchende Hilfe:
- Die SPFH zeichnet sich durch ihre aufsuchende Form aus. Das bedeutet, dass die Fachkräfte direkt zu den Familien nach Hause gehen, um dort Unterstützung anzubieten.

Individuelle Unterstützung:
- Die Hilfe wird individuell auf die Bedürfnisse der Familie abgestimmt. Die Fachkräfte arbeiten eng mit den Familienmitgliedern zusammen, um gemeinsam Lösungen zu erarbeiten.

Familienzentrierte Arbeit:
- Der Fokus liegt auf der Familie als Ganzes. Die SPFH betrachtet nicht nur einzelne Personen, sondern berücksichtigt die Dynamik und Wechselwirkungen innerhalb der Familie.

Erziehungs- und Alltagskompetenzen stärken:
- Ein Hauptziel der SPFH ist die Stärkung der Erziehungs- und Alltagskompetenzen der Eltern. Dies kann beispielsweise die Vermittlung von Erziehungstechniken, Hilfestellung im Umgang mit Konflikten oder Unterstützung bei der Organisation des Familienalltags umfassen.

Krisenintervention:
- Die SPFH bietet auch Unterstützung in akuten Krisensituationen. Das können beispielsweise

Konflikte in der Familie, Schwierigkeiten in der
Schule oder andere akute Probleme sein.

Entwicklungsunterstützung für Kinder:

- Ein weiteres Ziel ist die positive Beeinflussung der
Entwicklung der Kinder. Dies umfasst die
Förderung von schulischen Leistungen, sozialen
Kompetenzen und eine positive
Lebensperspektive.

Kooperation mit anderen Institutionen:

- Die SPFH arbeitet oft eng mit anderen
Institutionen und Fachdiensten zusammen, um ein
umfassendes Netzwerk für die betreuten Familien
zu schaffen. Dazu gehören beispielsweise Schulen,
Ämter, Gesundheitseinrichtungen oder
therapeutische Dienste.

Partizipation der Familie:

- Die Familien werden aktiv in den Hilfeprozess
einbezogen. Ihre Mitwirkung und Mitbestimmung
sind wichtige Prinzipien, um die Hilfe möglichst
bedarfsorientiert und akzeptabel zu gestalten.

Langfristige Begleitung:

- Die Unterstützung durch die SPFH erfolgt in der
Regel über einen längeren Zeitraum. Durch eine
kontinuierliche Begleitung soll eine nachhaltige
Veränderung der Lebenssituation der Familie
erreicht werden.

Die Sozialpädagogische Familienhilfe ist eine wichtige
Form der Hilfen zur Erziehung, die sich besonders durch
ihre Nähe zur Lebenswelt der Familien und ihre
ganzheitliche, ressourcenorientierte Arbeitsweise
auszeichnet.

Sozialpsychiatrischer Dienst

Der Sozialpsychiatrische Dienst ist eine Einrichtung der Psychiatrie und Sozialarbeit, die sich mit der Unterstützung und Begleitung von Menschen mit psychischen Erkrankungen befasst. Er arbeitet oft interdisziplinär und bietet eine Vielzahl von Dienstleistungen an, um die Lebensqualität und die soziale Integration von Menschen mit psychischen Problemen zu verbessern.

Beratung und Unterstützung:
- Der Sozialpsychiatrische Dienst bietet Beratungsdienste für Menschen mit psychischen Problemen und deren Angehörige an. Dies kann Hilfe bei der Bewältigung von Herausforderungen im Alltag, bei der sozialen Integration und bei der Entwicklung von individuellen Bewältigungsstrategien umfassen.

Soziale Integration:
- Ein Schwerpunkt liegt auf der Förderung der sozialen Integration von Menschen mit psychischen Erkrankungen. Dies kann die Unterstützung bei der Suche nach geeigneten Wohnmöglichkeiten, Arbeitsplätzen und sozialen Aktivitäten umfassen.

Krisenintervention:
- Der Sozialpsychiatrische Dienst bietet oft Kriseninterventionsdienste an. Dies beinhaltet die Unterstützung von Menschen in akuten Krisensituationen, um eine stationäre psychiatrische Aufnahme zu vermeiden, wenn dies möglich und sinnvoll ist.

Kooperation mit anderen Einrichtungen:

- Der Dienst arbeitet eng mit anderen psychiatrischen Einrichtungen, Gesundheitsdiensten, Sozialdiensten, Selbsthilfegruppen und gemeindebasierten Organisationen zusammen, um eine umfassende Versorgung sicherzustellen.

Prävention und Aufklärung:

- Der Sozialpsychiatrische Dienst engagiert sich oft in präventiven Maßnahmen und der Aufklärung über psychische Gesundheit. Dies kann Schulungen, Informationsveranstaltungen und die Förderung von psychischer Gesundheit in der Gemeinschaft umfassen.

Hilfe bei Antragstellungen:

- Menschen mit psychischen Erkrankungen benötigen oft Unterstützung bei der Antragstellung für Leistungen und Unterstützung. Der Sozialpsychiatrische Dienst bietet Hilfe bei der Beantragung von Sozialleistungen, Renten, Wohnraumunterstützung und anderen relevanten Leistungen.

Ambulante Betreuung:

- Ein wichtiger Aspekt des Sozialpsychiatrischen Dienstes ist die ambulante Betreuung. Dies bedeutet, dass Unterstützung direkt im Lebensumfeld der betroffenen Person angeboten wird, um eine möglichst hohe Lebensqualität zu gewährleisten.

Förderung von Selbstbestimmung:

- Der Dienst fördert die Selbstbestimmung und Autonomie von Menschen mit psychischen Erkrankungen. Dies umfasst die Einbeziehung der betroffenen Personen in Entscheidungen über ihre Behandlung und Unterstützung.

Nachsorge:

- Nach psychiatrischen Aufenthalten oder anderen intensiven Interventionen bietet der Sozialpsychiatrische Dienst oft Nachsorgeleistungen an, um eine stabile und kontinuierliche Unterstützung sicherzustellen.

Der Sozialpsychiatrische Dienst spielt eine entscheidende Rolle bei der Schaffung eines inklusiven und unterstützenden Umfelds für Menschen mit psychischen Erkrankungen.

Soziale Gerechtigkeit

Soziale Gerechtigkeit ist ein zentraler Begriff in der Sozialen Arbeit und bezieht sich auf die gerechte Verteilung von Ressourcen, Chancen und Rechten in der Gesellschaft.

Gleichheit und Gleichstellung:

- Soziale Gerechtigkeit strebt nach Gleichheit und Gleichstellung. Dies bedeutet, dass alle Menschen unabhängig von ihrer Herkunft, Geschlecht, Rasse, Religion oder anderen Merkmalen gleiche Chancen und Rechte haben sollten.

Bekämpfung von Diskriminierung:

- Soziale Gerechtigkeit setzt sich gegen Diskriminierung ein und kämpft gegen Vorurteile, die zu Ungleichheiten führen. Dies schließt

Maßnahmen zur Beseitigung von strukturellen Barrieren und Vorurteilen ein.

Chancengleichheit:

- Das Konzept der sozialen Gerechtigkeit betont die Notwendigkeit der Chancengleichheit. Alle Menschen sollten gleichen Zugang zu Bildung, Beschäftigung, Gesundheitsversorgung und anderen grundlegenden Ressourcen haben.

Verteilungsgerechtigkeit:

- Verteilungsgerechtigkeit bezieht sich auf die faire Verteilung von Ressourcen in der Gesellschaft. Soziale Gerechtigkeit strebt nach einer Verteilung, die die Bedürfnisse der Menschen berücksichtigt und soziale Ungleichheiten minimiert.

Wirtschaftliche Gerechtigkeit:

- Soziale Gerechtigkeit beinhaltet auch wirtschaftliche Gerechtigkeit. Dies bedeutet, sich gegen Armut, soziale Ausgrenzung und wirtschaftliche Ungleichheit einzusetzen und Mechanismen zu schaffen, die eine gerechte Verteilung von Wohlstand ermöglichen.

Zugang zu Ressourcen:

- Soziale Gerechtigkeit fordert den ungehinderten Zugang zu grundlegenden Ressourcen wie Bildung, Gesundheitsversorgung, Wohnraum und sozialen Dienstleistungen für alle Mitglieder der Gesellschaft.

Partizipation und Mitbestimmung:

- Soziale Gerechtigkeit fördert die aktive Beteiligung und Mitbestimmung aller Menschen in gesellschaftlichen Entscheidungsprozessen. Dies schließt die Einbeziehung von Minderheitengruppen und benachteiligten Gemeinschaften ein.

Intersektionalität:

- Das Konzept der Intersektionalität ist eng mit sozialer Gerechtigkeit verbunden. Es berücksichtigt die Wechselwirkungen verschiedener sozialer Identitäten und erkennt an, dass Diskriminierung aufgrund von Geschlecht, Rasse, Klasse und anderen Faktoren miteinander verflochten sein kann.

Menschenrechte:

- Soziale Gerechtigkeit basiert auf dem Respekt und der Förderung der Menschenrechte. Sie setzt sich für die Wahrung der Würde und Rechte jedes Einzelnen ein.

Soziale Aktivismus und Advocacy:

- Um soziale Gerechtigkeit zu fördern, ist sozialer Aktivismus und Advocacy von entscheidender Bedeutung. Dies beinhaltet das Eintreten für Veränderungen auf politischer, sozialer und wirtschaftlicher Ebene, um Ungerechtigkeiten zu beseitigen.

Soziale Gerechtigkeit ist ein grundlegendes Prinzip der Sozialen Arbeit und bildet die Basis für Interventionen, Programme und politische Bemühungen zur Schaffung einer gerechteren und integrativeren Gesellschaft. Sozialarbeiter spielen eine entscheidende Rolle bei der Förderung sozialer Gerechtigkeit, indem sie Ungleichheiten bekämpfen und auf die Bedürfnisse benachteiligter Gruppen eingehen.

Soziale Netzwerkarbeit

Soziale Netzwerkarbeit in der Sozialarbeit bezieht sich auf die Nutzung und Förderung sozialer Netzwerke, um das Wohlbefinden und die Lebensqualität von Klienten zu verbessern.

Netzwerkassessment:
- Sozialarbeiter führen Netzwerkassessments durch, um die bestehenden sozialen Unterstützungssysteme der Klienten zu verstehen. Dies umfasst die Identifizierung von Familienmitgliedern, Freunden, Gemeinschaftsressourcen und anderen potenziellen Unterstützungspersonen.

Ressourcenmobilisierung:
- Ziel der sozialen Netzwerkarbeit ist es, Ressourcen zu mobilisieren. Dies beinhaltet die Identifizierung von Stärken und Potenzialen im sozialen Netzwerk des Klienten, um eine umfassende Unterstützung zu gewährleisten.

Netzwerkintervention:
- Sozialarbeiter intervenieren auf der Grundlage der Netzwerkanalyse, um positive Veränderungen zu fördern. Dies kann die Aktivierung von Unterstützungspersonen, die Koordination von Dienstleistungen und die Stärkung von Beziehungen innerhalb des sozialen Netzwerks umfassen.

Soziale Kapitalbildung:
- Soziale Netzwerkarbeit zielt darauf ab, soziales Kapital aufzubauen. Dies bezieht sich auf die Ressourcen, die aus Beziehungen und Netzwerken

resultieren, wie Vertrauen, Zusammenarbeit und
Unterstützung.

Familienarbeit:

- In der sozialen Netzwerkarbeit spielt die
  Zusammenarbeit mit Familien eine zentrale Rolle.
  Sozialarbeiter unterstützen Familien bei der
  Stärkung ihrer internen Beziehungen und bei der
  Erschließung externer Unterstützung.

Empowerment:

- Soziale Netzwerkarbeit fördert das Empowerment
  von Klienten, indem sie ihre Fähigkeit stärkt,
  Ressourcen in ihrem sozialen Netzwerk zu nutzen
  und positive Veränderungen herbeizuführen.

Kulturkompetenz:

- Kulturkompetenz ist in der sozialen Netzwerkarbeit
  entscheidend. Sozialarbeiter müssen die
  kulturellen Hintergründe und Werte der Klienten
  und ihrer Netzwerke verstehen, um effektive
  Interventionen zu entwickeln.

Kollaboration und Vernetzung:

- Soziale Netzwerkarbeit umfasst die
  Zusammenarbeit mit anderen Fachleuten und
  Organisationen. Dies kann die Schaffung von
  Partnerschaften mit Gemeinschaftsressourcen und
  die Koordination von Dienstleistungen für Klienten
  einschließen.

Krisenintervention:

- In Krisensituationen spielt die Unterstützung durch
  das soziale Netzwerk eine entscheidende Rolle.
  Sozialarbeiter helfen Klienten dabei, Unterstützung
  in ihrem Netzwerk zu mobilisieren, um mit Krisen
  umzugehen.

Evaluation und Monitoring:

- Die kontinuierliche Evaluation und Überwachung
  des sozialen Netzwerks sind Teil der sozialen

Netzwerkarbeit. Sozialarbeiter bewerten
regelmäßig die Wirksamkeit der Interventionen
und passen ihre Strategien an, um die Bedürfnisse
der Klienten zu erfüllen.

Soziale Netzwerkarbeit ist ein ganzheitlicher Ansatz, der
die Bedeutung sozialer Beziehungen und
Unterstützungssysteme betont. Durch die Stärkung
sozialer Netzwerke tragen Sozialarbeiter dazu bei, die
Widerstandsfähigkeit und das Wohlbefinden ihrer
Klienten zu fördern.

Sozialgerontologie

Die Soziale Gerontologie ist ein Teilgebiet der
Gerontologie, das sich mit den sozialen, psychologischen
und gesellschaftlichen Aspekten des Alterns befasst. Sie
untersucht, wie ältere Menschen in der Gesellschaft leben,
welche sozialen Bedingungen ihr Wohlbefinden
beeinflussen und wie soziale Dienste den Bedürfnissen
älterer Menschen gerecht werden können. Die
Sozialgerontologie befasst sich mit folgenden Aspekten

Sozialer Wandel und demografischer Wandel:
- Die Sozialgerontologie befasst sich mit dem
  sozialen Wandel im Zusammenhang mit dem
  demografischen Wandel, insbesondere mit den
  Auswirkungen einer alternden Bevölkerung auf
  Familienstrukturen, Arbeitsmärkte und soziale
  Systeme.

Soziale Unterstützungssysteme:
- Ein Schwerpunkt liegt auf der Untersuchung der sozialen Unterstützungssysteme für ältere Menschen. Dazu gehören familiäre Beziehungen, Gemeinschaftsnetzwerke, Freiwilligenarbeit und formelle Dienstleistungen.

Altersbilder und Stereotypen:
- Die Sozialgerontologie analysiert Altersbilder und Stereotypen in der Gesellschaft und deren Auswirkungen auf das Selbstbild älterer Menschen sowie auf die Art und Weise, wie sie von anderen wahrgenommen und behandelt werden.

Einsamkeit und soziale Isolation:
- Einsamkeit und soziale Isolation sind wichtige Themen in der Sozialgerontologie. Die Disziplin untersucht Ursachen und Folgen von Einsamkeit bei älteren Menschen und entwickelt Interventionen zur Prävention und Unterstützung.

Altersdiskriminierung:
- Die Sozialgerontologie beschäftigt sich mit Altersdiskriminierung und setzt sich für eine altersfreundliche Gesellschaft ein, die die Rechte und Ressourcen älterer Menschen schützt.

Pflege und Betreuung:
- Die Sozialgerontologie untersucht verschiedene Modelle der Pflege und Betreuung älterer Menschen, sowohl in familiären als auch in institutionellen Kontexten. Dabei steht die Frage im Mittelpunkt, wie die Bedürfnisse älterer Menschen angemessen berücksichtigt werden können.

Gesundheit und Wohlbefinden im Alter:
- Gesundheitliche Aspekte, einschließlich physischer und psychischer Gesundheit, spielen eine große Rolle in der Sozialgerontologie. Sie erforscht, wie

soziale Faktoren das Wohlbefinden älterer
Menschen beeinflussen.

Alterspolitik:

- Die Sozialgerontologie analysiert Alterspolitik und
  -programme, um sicherzustellen, dass sie den
  Bedürfnissen älterer Menschen gerecht werden.
  Dies schließt die Förderung von Inklusion, Teilhabe
  und sozialer Gerechtigkeit ein.

Partizipation und Engagement im Alter:

- Die Teilnahme älterer Menschen an sozialen,
  kulturellen und politischen Aktivitäten ist ein
  wichtiger Fokus. Die Sozialgerontologie
  untersucht, wie ältere Menschen aktiv in die
  Gesellschaft eingebunden werden können.

Ethik im Umgang mit älteren Menschen:

- Ethik spielt eine entscheidende Rolle in der
  Sozialgerontologie, insbesondere im Umgang mit
  vulnerablen älteren Menschen. Die Disziplin
  betrachtet Fragen der Autonomie, Würde und
  ethischen Pflichten gegenüber älteren Menschen.

Die Sozialgerontologie trägt zu einem besseren
Verständnis der sozialen Aspekte des Alterns bei und
befasst sich mit der Frage, wie die Gesellschaft ältere
Menschen besser unterstützen kann, damit sie ein
würdiges und erfülltes Leben führen können.

Sozialindikatoren

Soziale Indikatoren sind quantitative Messgrößen, die zur
Analyse, Bewertung und zum Vergleich sozialer
Phänomene verwendet werden. Diese Indikatoren bieten

Einblicke in verschiedene Aspekte des sozialen Lebens und ermöglichen es Forschern, Entscheidungsträgern und Sozialarbeitern, sozialen Fortschritt, Wohlstand, Ungleichheit und andere soziale Dimensionen zu bewerten.

Armut und Einkommensverteilung:

- Indikatoren wie das Armutsniveau, der Gini-Koeffizient und der Median des Einkommens ermöglichen die Bewertung der Einkommensverteilung und der Armutsrate in einer Gesellschaft.

Bildungsniveau:

- Bildungsindikatoren umfassen Dinge wie den Alphabetisierungsgrad, den Anteil der Bevölkerung mit Hochschulabschluss und die Teilnahmequoten an verschiedenen Bildungsstufen.

Gesundheit und Lebenserwartung:

- Sozialindikatoren im Gesundheitsbereich können die Lebenserwartung, die Kindersterblichkeit, die Verfügbarkeit von Gesundheitsdiensten und den Zugang zu sauberem Wasser umfassen.

Beschäftigung und Arbeitsbedingungen:

- Indikatoren in diesem Bereich berücksichtigen die Arbeitslosenquote, die Beschäftigungsrate, den Anteil der unsicheren Arbeitsplätze und andere Faktoren, die die Arbeitsbedingungen beeinflussen.

Wohnverhältnisse:

- Sozialindikatoren im Wohnbereich erfassen Aspekte wie den Anteil der Bevölkerung ohne angemessenen Wohnraum, die Wohnkostenbelastung und den Zugang zu grundlegenden Wohnbedingungen.

Soziale Ungleichheit:

- Indikatoren zur sozialen Ungleichheit können den Gini-Koeffizienten, den Palma-Index und andere Maße umfassen, um die Verteilung von Ressourcen in einer Gesellschaft zu bewerten.

Teilhabe und politische Beteiligung:

- Sozialindikatoren im Bereich der politischen Teilhabe messen die Wahlbeteiligung, die Mitgliedschaft in politischen Organisationen und die Partizipationsgrade an politischen Prozessen.

Kriminalitätsraten:

- Kriminalitätsindikatoren erfassen verschiedene Formen von Kriminalität, darunter die Rate von Gewaltverbrechen, Eigentumsdelikte und andere kriminelle Aktivitäten.

Soziale Kapitalbildung:

- Indikatoren zur sozialen Kapitalbildung können die Beteiligung an freiwilliger Arbeit, die Mitgliedschaft in sozialen Gruppen und die soziale Integration messen.

Umweltqualität:

- Sozialindikatoren im Umweltbereich berücksichtigen Faktoren wie Luft- und Wasserqualität, Zugang zu Grünflächen und Umweltauswirkungen auf die Gesundheit.

Sozialindikatoren dienen als Instrumente zur Überwachung, Bewertung und Planung sozialer und politischer Maßnahmen. Sie ermöglichen es, Trends im sozialen Bereich zu erkennen, Ungleichheiten zu identifizieren und die Wirksamkeit von Interventionen zu bewerten. Sozialarbeiter und Forscher nutzen diese Indikatoren, um das Wohlergehen von Gemeinschaften zu verbessern und gezielte Interventionen zu entwickeln.

Sozialisation

Sozialisation ist der Prozess, durch den Individuen die Normen, Werte, Verhaltensweisen und sozialen Fähigkeiten ihrer Gesellschaft oder Gemeinschaft erlernen und verinnerlichen. Dieser Prozess findet in der Regel während des gesamten Lebens statt und beeinflusst, wie Menschen sich selbst sehen, wie sie in Beziehungen handeln und wie sie in ihrem sozialen Umfeld funktionieren.

Primäre Sozialisation:

- Die primäre Sozialisation findet in den frühen Lebensjahren statt und erfolgt hauptsächlich durch die Familie und enge Bezugspersonen. In diesem Stadium lernen Kinder grundlegende Normen, Werte und Verhaltensweisen.

Sekundäre Sozialisation:

- Die sekundäre Sozialisation tritt in späteren Lebensphasen auf und bezieht andere soziale Institutionen wie Bildungseinrichtungen, Arbeitsplatz und Medien ein. Hier werden spezifischere Fähigkeiten und Werte vermittelt.

Agenten der Sozialisation:

- Agenten der Sozialisation sind Personen, Gruppen oder Institutionen, die den Sozialisationsprozess beeinflussen. Dazu gehören Eltern, Geschwister, Lehrer, Gleichaltrige, Medien und religiöse Institutionen.

Rollenlernen:

- Sozialisation beinhaltet das Erlernen von sozialen Rollen, die in einer bestimmten Gesellschaft oder Gruppe erwartet werden. Dies umfasst geschlechtsspezifische Rollen, berufliche Rollen und andere soziale Identitäten.

Normen und Werte:

- Normen sind soziale Regeln, die das akzeptable Verhalten in einer Gesellschaft festlegen, während Werte die grundlegenden Überzeugungen und Prinzipien sind, die als wünschenswert gelten. Beide werden während der Sozialisation internalisiert.

Identitätsentwicklung:

- Sozialisation spielt eine entscheidende Rolle in der Entwicklung der persönlichen Identität. Menschen lernen, wer sie sind, durch die Auseinandersetzung mit den Erwartungen und Werten ihrer sozialen Umgebung.

Sprachentwicklung:

- Die Sozialisation beeinflusst auch die Entwicklung der Sprache. Durch Interaktion mit anderen lernen Individuen nicht nur die Sprache selbst, sondern auch die Art und Weise, wie sie in verschiedenen sozialen Kontexten verwendet wird.

Entwicklung sozialer Fertigkeiten:

- Sozialisation trägt zur Entwicklung von sozialen Fertigkeiten bei, die für erfolgreiche zwischenmenschliche Beziehungen entscheidend sind. Dazu gehören Kommunikationsfähigkeiten, Empathie und Konfliktlösungskompetenzen.

Kulturelle Sozialisation:

- Kulturelle Sozialisation bezieht sich auf den Prozess, durch den Menschen die kulturellen Normen, Traditionen und Bräuche ihrer Gemeinschaft erlernen. Dies umfasst kulturelle Identität und kulturelles Bewusstsein.

Selbstkonzept:

- Sozialisation beeinflusst das Selbstkonzept, also die Vorstellung, die Individuen von sich selbst haben. Dies umfasst Aspekte wie Selbstwertgefühl, Selbstwirksamkeit und Selbstakzeptanz.

Sozialisation ist ein lebenslanger Prozess, der dazu beiträgt, dass Menschen in ihrer jeweiligen Gesellschaft oder Gemeinschaft funktionieren können. Sie prägt nicht nur das individuelle Verhalten, sondern beeinflusst auch die Struktur und Dynamik von Gesellschaften.

Sozialkapital

Soziales Kapital bezieht sich auf die Ressourcen, Möglichkeiten und Vorteile, die sich aus sozialen Netzwerken, sozialen Beziehungen und sozialen Bindungen ergeben. Es ist ein Konzept, das betont, wie soziale Strukturen und Beziehungen positive Auswirkungen auf den Einzelnen und die Gemeinschaft haben können.

Soziale Netzwerke:

- Sozialkapital ist eng mit sozialen Netzwerken verbunden. Es bezieht sich auf die Qualität und Quantität der Beziehungen, die eine Person zu anderen Menschen, Gruppen oder Institutionen hat.

Vertrauen und Zusammenarbeit:

- Vertrauen und Zusammenarbeit sind zentrale Elemente von Sozialkapital. Wenn in einer

Gemeinschaft oder Gesellschaft ein hohes Maß an Vertrauen herrscht, kann dies zu einer verbesserten Zusammenarbeit und Kooperation führen.

Normen und Werte:

- Gemeinsame Normen und Werte innerhalb einer Gruppe oder Gemeinschaft können das Sozialkapital stärken. Das Teilen von Werten fördert das Verständnis und die Zusammenarbeit zwischen Menschen.

Partizipation und Engagement:

- Sozialkapital wird durch die aktive Teilnahme und das Engagement in sozialen Aktivitäten und Gruppen gestärkt. Dies kann sich auf gemeinnützige Organisationen, Bürgerinitiativen, Sportvereine und andere Gruppen beziehen.

Soziales Vertrauen:

- Soziales Vertrauen ist ein entscheidender Bestandteil von Sozialkapital. Menschen, die Vertrauen in ihre Mitmenschen und sozialen Institutionen haben, neigen dazu, ein höheres Sozialkapital zu genießen.

Informationsaustausch:

- Sozialkapital erleichtert den Austausch von Informationen und Ressourcen innerhalb eines sozialen Netzwerks. Dies kann dazu beitragen, den Zugang zu Bildung, Beschäftigungsmöglichkeiten und anderen wichtigen Ressourcen zu verbessern.

Soziale Unterstützung:

- Das Vorhandensein von starkem Sozialkapital bedeutet oft eine erhöhte soziale Unterstützung. In Zeiten von Bedarf können Menschen auf ihre sozialen Netzwerke zählen, um emotionale, finanzielle oder praktische Unterstützung zu erhalten.

Gemeinschaftsbindung:

- Sozialkapital stärkt die Bindung innerhalb einer Gemeinschaft. Menschen fühlen sich stärker mit ihrer Gemeinschaft verbunden, wenn sie in soziale Netzwerke eingebunden sind, was positive Auswirkungen auf das Gemeinschaftsleben haben kann.

Institutionelles Sozialkapital:

- Neben individuellem Sozialkapital gibt es auch institutionelles Sozialkapital, das sich auf die Qualität der Beziehungen und Zusammenarbeit zwischen verschiedenen Organisationen, Institutionen und Gruppen bezieht.

Wirtschaftliche Entwicklung:

- Sozialkapital kann auch einen Einfluss auf die wirtschaftliche Entwicklung haben. Gemeinschaften mit einem hohen Maß an Sozialkapital neigen dazu, wirtschaftliche Aktivitäten und Innovationen zu fördern.

Die Stärkung des Sozialkapitals in einer Gemeinschaft oder Gesellschaft kann eine Reihe von Vorteilen mit sich bringen, einschließlich besserer Gesundheit, höherem Wohlbefinden, besserer Bildung und stärkerer sozialer Integration. Daher wird die Förderung von Sozialkapital oft als eine wichtige Strategie für die Entwicklung von Gemeinschaften und die Verbesserung des allgemeinen Wohlbefindens angesehen.

Sozialkonstruktion

Soziale Konstruktion bezieht sich auf den Prozess, in dem soziale Realitäten, Bedeutungen und Kategorien kollektiv geschaffen und geteilt werden. Es ist ein sozialer und kultureller Prozess, in dem Menschen gemeinsam Bedeutungen und Realitäten schaffen.

Wirklichkeitskonstruktion:
- Sozialkonstruktion betrifft die Konstruktion von Wirklichkeit selbst. Das bedeutet, dass bestimmte Phänomene, Ideen oder Kategorien in einer Gesellschaft nicht als objektive, vorgegebene Realität betrachtet werden, sondern als Produkte sozialer Vereinbarungen und Interpretationen.

Sprache und Symbole:
- Sprache und Symbole spielen eine entscheidende Rolle in der Sozialkonstruktion. Durch die Verwendung von Begriffen, Sprache und symbolischen Handlungen vermitteln Menschen Bedeutungen und schaffen gemeinsame Verständnisse.

Kulturelle Einflüsse:
- Kulturelle Normen, Werte und Überzeugungen beeinflussen die Sozialkonstruktion erheblich. Unterschiedliche Kulturen können unterschiedliche Bedeutungen und Konzepte für dasselbe Phänomen haben.

Geschlecht und Identität:
- Geschlecht und Identität sind häufige Beispiele für sozial konstruierte Konzepte. Geschlechtsrollen, Geschlechtsidentität und andere Aspekte der persönlichen Identität werden nicht nur biologisch

determiniert, sondern auch durch soziale Normen und Erwartungen geformt.

Institutionen und Macht:

- Institutionen und Machtstrukturen spielen eine Rolle bei der Sozialkonstruktion. Mächtige Gruppen in der Gesellschaft haben oft einen Einfluss darauf, welche Vorstellungen als legitim und akzeptabel gelten.

Normalität und Abweichung:

- Die Vorstellungen von Normalität und Abweichung sind sozial konstruiert. Was als normal oder abweichend betrachtet wird, hängt von den sozialen, kulturellen und historischen Kontexten ab.

Rassismus und Ethnizität:

- Rassismus und ethnische Kategorien sind sozial konstruiert. Rassische Klassifikationen und ethnische Identitäten werden durch soziale Konventionen und historische Prozesse geformt.

Gesellschaftliche Erwartungen:

- Gesellschaftliche Erwartungen und Normen beeinflussen die Sozialkonstruktion von Verhalten, Beziehungen und sozialen Kategorien. Menschen passen ihr Verhalten oft an, um den gesellschaftlichen Erwartungen zu entsprechen.

Soziale Probleme:

- Soziale Probleme, wie Armut, Kriminalität oder Gesundheitsprobleme, sind oft Ergebnisse sozialer Konstruktion. Die Art und Weise, wie diese Probleme definiert werden, beeinflusst die Art und Weise, wie sie in der Gesellschaft wahrgenommen und angegangen werden.

Diskurse und Narrative:

- Diskurse und Narrative sind Mittel zur Sozialkonstruktion. Die Art und Weise, wie über

bestimmte Themen gesprochen wird, beeinflusst
die Konstruktion von Bedeutungen und
Wirklichkeiten.

Die Betonung der sozialen Konstruktion betont, dass
Realitäten, Identitäten und Bedeutungen nicht objektiv
oder natürlich sind, sondern das Ergebnis sozialer
Prozesse und Interaktionen. Dieses Konzept hat
weitreichende Auswirkungen auf Bereiche wie Soziologie,
Anthropologie, Psychologie und Gender Studies, da es
dazu beiträgt, die Vielfalt menschlicher Erfahrungen und
Perspektiven zu verstehen.

Sozialmanagement

Sozialmanagement bezieht sich auf die Planung,
Organisation, Umsetzung und Evaluierung von sozialen
Diensten und Programmen. Es ist eine Disziplin der
Sozialarbeit, die sich mit dem effektiven Management von
Organisationen und Ressourcen im sozialen Sektor
befasst.

Organisationsentwicklung:
- Sozialmanagement umfasst die Entwicklung und
  Stärkung von Organisationen im sozialen Bereich.
  Dies beinhaltet die Gestaltung von
  Organisationsstrukturen, Arbeitsprozessen und
  Führungssystemen.

Personalmanagement:
- Die effektive Führung von Mitarbeitern im sozialen
  Sektor ist ein zentraler Aspekt des

Sozialmanagements. Dies umfasst Rekrutierung, Schulung, Motivation und Evaluierung von Mitarbeitern.

Finanzmanagement:

- Finanzmanagement im Sozialbereich bezieht sich auf die Verwaltung von Finanzressourcen, Budgetierung und die Sicherstellung der finanziellen Nachhaltigkeit von sozialen Organisationen.

Qualitätsmanagement:

- Sozialmanagement legt Wert auf die Sicherung und Verbesserung der Qualität von sozialen Dienstleistungen. Dies umfasst die Entwicklung von Qualitätsstandards, -prüfungen und -verbesserungsmaßnahmen.

Strategisches Management:

- Strategisches Management im sozialen Bereich beinhaltet die Entwicklung von langfristigen Zielen, Plänen und Strategien, um die Mission und Vision einer sozialen Organisation zu erreichen.

Projektmanagement:

- Sozialmanagement umfasst auch das effektive Projektmanagement. Dies beinhaltet die Planung, Umsetzung und Überwachung von Projekten im sozialen Sektor.

Kooperation und Vernetzung:

- Sozialmanagement betont die Zusammenarbeit und Vernetzung mit anderen Organisationen, Institutionen und Stakeholdern. Die Schaffung von Partnerschaften trägt dazu bei, Ressourcen zu bündeln und die Wirkung sozialer Programme zu maximieren.

Evaluierung und Wirkungsmessung:

- Die Evaluierung von Programmen und Dienstleistungen ist ein wichtiger Bestandteil des Sozialmanagements. Die Messung der Wirkung sozialer Interventionen hilft dabei, die Effektivität zu beurteilen und notwendige Anpassungen vorzunehmen.

Ethik und Werte:

- Sozialmanagement berücksichtigt ethische Prinzipien und Werte, die für die Arbeit im sozialen Sektor von zentraler Bedeutung sind. Dies umfasst die Berücksichtigung der Rechte und Würde von Klienten, Mitarbeitern und Gemeinschaften.

Politik und Advocacy:

- Sozialmanagement beinhaltet auch politische Aspekte, einschließlich Advocacy und Interessenvertretung. Sozialmanager setzen sich für politische Veränderungen ein, die das Wohl der Menschen im sozialen Bereich fördern.

Sozialmanagement spielt eine entscheidende Rolle bei der effektiven und effizienten Führung sozialer Organisationen, um den Bedürfnissen und Herausforderungen der Gemeinschaften, denen sie dienen, gerecht zu werden. Es integriert Management-, Führungs-, Planungs- und Sozialarbeitskompetenzen, um einen ganzheitlichen Ansatz zur Verbesserung der sozialen Bedingungen zu bieten.

Sozialpädagogik

Sozialpädagogik ist ein pädagogischer Ansatz, der darauf abzielt, Menschen in ihrer sozialen Entwicklung zu unterstützen und ihre individuellen Potenziale zu fördern. Dabei stehen soziale Fragen und Herausforderungen im Mittelpunkt. Sozialpädagogik bezieht sich auf die Gestaltung von Lern- und Entwicklungsprozessen unter Berücksichtigung sozialer Kontexte.

Ganzheitlicher Ansatz:
- Die Sozialpädagogik verfolgt einen ganzheitlichen Ansatz, der nicht nur kognitive, sondern auch emotionale, soziale und körperliche Aspekte der Entwicklung berücksichtigt.

Prävention und Intervention:
- Ein wichtiges Ziel der Sozialpädagogik ist die Prävention sozialer Probleme sowie die Intervention und Unterstützung von Menschen in schwierigen Lebenssituationen.

Soziale Integration:
- Die Sozialpädagogik strebt danach, die soziale Integration von Individuen zu fördern. Das beinhaltet die Stärkung von sozialen Kompetenzen, sozialer Verantwortung und das Empowerment von Menschen.

Partizipation:
- Partizipation, also die Beteiligung und Mitbestimmung von Individuen an Entscheidungsprozessen, ist ein grundlegendes Prinzip der Sozialpädagogik.

Soziales Lernen:
- Sozialpädagogik legt großen Wert auf soziales Lernen, bei dem Individuen durch Interaktionen

mit anderen lernen, soziale Kompetenzen entwickeln und sich in ihrer Identität weiterentwickeln.

Inklusion:

- Inklusion ist ein zentrales Anliegen der Sozialpädagogik. Sie zielt darauf ab, eine Gesellschaft zu schaffen, in der alle Menschen unabhängig von ihren individuellen Merkmalen gleichberechtigt teilhaben können.

Beziehungsgestaltung:

- Die Beziehung zwischen Pädagogen und Lernenden ist in der Sozialpädagogik von großer Bedeutung. Eine positive und unterstützende Beziehung bildet die Grundlage für effektives Lernen und Wachstum.

Krisenintervention:

- Sozialpädagogen sind oft in der Krisenintervention tätig. Sie unterstützen Menschen in akuten Lebenskrisen und helfen ihnen, angemessen mit Herausforderungen umzugehen.

Beratung und Unterstützung:

- Beratung und unterstützende Maßnahmen sind wichtige Instrumente der Sozialpädagogik. Sozialpädagogen bieten Hilfe bei der Bewältigung von Problemen und fördern die Selbstbestimmung der Klienten.

Interkulturelle Arbeit:

- Die Sozialpädagogik berücksichtigt die Vielfalt kultureller Hintergründe und fördert interkulturelle Kompetenzen. Sie setzt sich für die Anerkennung und Wertschätzung von kultureller Diversität ein.

Sozialpädagogik wird in unterschiedlichen Kontexten wie Schule, Jugendhilfe, Familienarbeit, Gemeinwesenarbeit und in sozialen Einrichtungen angewandt. Ziel ist es,

Menschen dabei zu unterstützen, ihre Potenziale zu entfalten, soziale Herausforderungen zu bewältigen und aktiv am gesellschaftlichen Leben teilzunehmen.

Sozialpolitik

Sozialpolitik bezieht sich auf staatliche Maßnahmen und Interventionen, die darauf abzielen, soziale Gerechtigkeit, soziale Sicherheit und das Wohlergehen der Bürger zu fördern. Sie umfasst eine Vielzahl von Politiken, Gesetzen und Programmen, die darauf abzielen, soziale Probleme anzugehen und die Lebensqualität der Bevölkerung zu verbessern.

Soziale Gerechtigkeit:

- Ein zentrales Anliegen der Sozialpolitik ist die Förderung von sozialer Gerechtigkeit. Dies beinhaltet den Zugang zu Ressourcen, Chancengleichheit und die Verringerung sozialer Ungleichheit.

Soziale Sicherungssysteme:

- Sozialpolitik umfasst die Einrichtung und Pflege von sozialen Sicherungssystemen wie Renten, Arbeitslosenversicherung, Krankenversicherung und Sozialhilfe, um Menschen vor existenziellen Risiken zu schützen.

Bildungs- und Gesundheitspolitik:

- Sozialpolitik spielt eine Rolle in der Gestaltung von Bildungs- und Gesundheitssystemen. Maßnahmen können darauf abzielen, den Zugang zu Bildung und Gesundheitsversorgung zu verbessern und

soziale Ungleichheiten in diesen Bereichen zu
verringern.

Arbeitsmarktpolitik:

- Sozialpolitik beinhaltet auch Maßnahmen zur
  Gestaltung des Arbeitsmarktes, um faire
  Arbeitsbedingungen, angemessene Löhne und den
  Schutz von Arbeitnehmerrechten zu gewährleisten.

Wohnungspolitik:

- Die Bereitstellung von bezahlbarem Wohnraum
  und Maßnahmen zur Verhinderung von
  Obdachlosigkeit sind wichtige Aspekte der
  Sozialpolitik.

Familien- und Jugendpolitik:

- Sozialpolitik kann sich auf die Unterstützung von
  Familien durch Elternzeit, finanzielle Leistungen
  und Kinderbetreuung konzentrieren. Jugendpolitik
  kann Programme zur Förderung der
  Jugendbeschäftigung und -bildung umfassen.

Integration von Minderheiten:

- Die Förderung der Integration von Minderheiten
  und die Bekämpfung von Diskriminierung sind
  wichtige Ziele der Sozialpolitik.

Behindertenpolitik:

- Maßnahmen zur Unterstützung von Menschen mit
  Behinderungen, einschließlich barrierefreier
  Zugänge und finanzieller Unterstützung, sind Teil
  der Sozialpolitik.

Altenpolitik:

- Sozialpolitik zielt darauf ab, die Bedürfnisse älterer
  Menschen zu adressieren, einschließlich Renten,
  Pflegeleistungen und altersgerechter
  Wohnmöglichkeiten.

Sozialinvestitionen:

- Die Idee der Sozialinvestitionen betont die
  langfristige Investition in Bildung, Gesundheit und

soziale Dienstleistungen als Mittel zur Förderung der individuellen Entwicklung und gesellschaftlichen Fortschritts.

Die Sozialpolitik wird von politischen, wirtschaftlichen und kulturellen Faktoren beeinflusst. Ziel ist es jedoch immer, eine gerechte und integrative Gesellschaft zu schaffen, in der die Grundbedürfnisse der Bürger befriedigt werden und jeder die Möglichkeit hat, sein volles Potenzial zu entfalten.

Sozialraum/Sozialraumorientierung

Der Begriff "Sozialraum" bezieht sich auf einen geographisch definierten Raum, in dem Menschen leben und soziale Beziehungen pflegen. Sozialraumorientierung ist ein Ansatz in der Sozialen Arbeit, der darauf abzielt, die Lebensbedingungen von Menschen im Kontext ihres unmittelbaren sozialen Umfeldes zu verstehen und zu verbessern.

Definierter geografischer Raum:
- Sozialraum bezieht sich auf einen physischen Raum, der durch geografische Grenzen definiert ist. Dies kann eine Nachbarschaft, ein Stadtviertel oder eine Gemeinde sein.

Lebenswelt der Menschen:
- Im Fokus der Sozialraumorientierung steht die Lebenswelt der Menschen in einem bestimmten geografischen Bereich. Das umfasst Wohnverhältnisse, Arbeitsbedingungen,

Bildungseinrichtungen, Freizeitmöglichkeiten und andere Aspekte des täglichen Lebens.

Partizipation und Beteiligung:

- Ein zentrales Prinzip der Sozialraumorientierung ist die Förderung von Partizipation und Beteiligung der Menschen am sozialen Leben ihres Raums. Es geht darum, die Bewohner in Entscheidungsprozesse einzubeziehen und ihre Interessen zu berücksichtigen.

Ressourcen und Potenziale:

- Die Sozialraumorientierung betont die Identifikation und Stärkung der vorhandenen Ressourcen und Potenziale in einem geografischen Bereich. Dazu gehören individuelle Fähigkeiten genauso wie institutionelle und gemeinschaftliche Ressourcen.

Soziale Netzwerke:

- Die Analyse und Förderung sozialer Netzwerke in einem Sozialraum sind wichtige Elemente. Die Qualität der sozialen Beziehungen und Netzwerke beeinflusst das Wohlbefinden der Menschen.

Lebensqualität und Wohlbefinden:

- Ziel der Sozialraumorientierung ist es, die Lebensqualität und das Wohlbefinden der Bewohner zu verbessern. Das geschieht durch gezielte Maßnahmen, die auf die spezifischen Bedürfnisse und Herausforderungen des Sozialraums abgestimmt sind.

Soziale Problemlagen:

- Die Sozialraumorientierung berücksichtigt auch soziale Problemlagen, die in einem bestimmten geografischen Bereich auftreten können. Dazu gehören Armut, Bildungsungleichheit, Arbeitslosigkeit und andere Herausforderungen.

Interdisziplinäre Zusammenarbeit:

- Die Sozialraumorientierung erfordert eine interdisziplinäre Zusammenarbeit verschiedener Akteure wie Sozialarbeiter, Bildungseinrichtungen, Gesundheitsdienste und lokale Verwaltungen, um eine umfassende Unterstützung zu gewährleisten.

Gemeinwesenarbeit:

- Gemeinwesenarbeit ist eine zentrale Methodik der Sozialraumorientierung. Sie beinhaltet die Zusammenarbeit mit der lokalen Gemeinschaft, um gemeinsam Lösungen für bestehende Herausforderungen zu entwickeln.

Empowerment:

- Durch die Berücksichtigung der Bedürfnisse, Ressourcen und Potenziale im Sozialraum strebt die Sozialraumorientierung das Empowerment der Bewohner an. Menschen sollen in die Lage versetzt werden, ihre Lebenssituation aktiv zu gestalten.

Sozialraumorientierung betont also, dass die Lebenssituation und die Bedürfnisse der Menschen in einem bestimmten geografischen Raum nicht isoliert betrachtet werden dürfen. Vielmehr sollen Lösungen und Hilfen in einem Gesamtzusammenhang entwickelt werden, der die örtlichen Gegebenheiten und Ressourcen berücksichtigt.

Sozialraumanalyse

Die Sozialraumanalyse ist ein methodischer Ansatz in der Sozialen Arbeit, der darauf abzielt, einen umfassenden Einblick in die sozialen, kulturellen, wirtschaftlichen und strukturellen Gegebenheiten eines bestimmten geographischen Raumes zu gewinnen. Sie bildet die Grundlage für die Entwicklung zielgerichteter Interventionen und Maßnahmen zur Verbesserung der Lebensbedingungen in diesem Raum.

Geografische Abgrenzung:

- Die Sozialraumanalyse beginnt mit der klaren Definition und Abgrenzung des zu untersuchenden geografischen Raums, sei es eine Nachbarschaft, ein Stadtviertel oder eine ländliche Gemeinde.

Datenerhebung:

- Die Analyse umfasst die systematische Erhebung von Daten, sowohl quantitativer als auch qualitativer Art. Dabei können verschiedene Methoden wie Befragungen, Beobachtungen, statistische Auswertungen und Experteninterviews zum Einsatz kommen.

Soziale Strukturen:

- Es werden die sozialen Strukturen im Untersuchungsraum analysiert, einschließlich der Altersstruktur, ethnischen Zusammensetzung, Familienstrukturen und sozialen Schichten.

Wirtschaftliche Aspekte:

- Die wirtschaftlichen Gegebenheiten, Arbeitsmöglichkeiten, Einkommensverteilung und Arbeitslosenquote im Sozialraum werden untersucht.

Infrastruktur:

- Die Verfügbarkeit und Qualität der Infrastruktur, dazu gehören Bildungseinrichtungen, Gesundheitsdienste, Verkehrsanbindungen, Freizeiteinrichtungen und Wohnverhältnisse, werden analysiert.

Soziale Netzwerke:

- Die Untersuchung der sozialen Netzwerke und Gemeinschaftsstrukturen spielt eine wichtige Rolle. Das umfasst soziale Beziehungen, Gruppenaktivitäten und den Grad der sozialen Integration.

Gesundheitsindikatoren:

- Gesundheitsrelevante Indikatoren wie Krankheitsraten, Zugang zu Gesundheitsdiensten und Lebenserwartung können in die Analyse einfließen.

Bildungsniveau:

- Das Bildungsniveau der Bewohner, Schulqualität und Zugang zu Weiterbildungsmöglichkeiten sind wichtige Aspekte in der Sozialraumanalyse.

Kulturelle Faktoren:

- Kulturelle Faktoren wie gemeinsame Werte, Traditionen und kulturelle Einrichtungen werden berücksichtigt.

Partizipation und Beteiligung:

- Die Analyse evaluiert die bestehenden Formen der Partizipation und Beteiligung der Bewohner an Entscheidungsprozessen im Sozialraum.

Problemidentifikation:

- Die Sozialraumanalyse hilft bei der Identifikation von sozialen Problemen und Herausforderungen, die im Untersuchungsraum bestehen.

Stakeholder-Analyse:

- Die Interessen und Ressourcen der verschiedenen Akteure und Organisationen im Sozialraum, darunter auch Bewohner, lokale Unternehmen, Vereine und Verwaltungen, werden analysiert.

Die Ergebnisse einer Sozialraumanalyse dienen als Grundlage für die Entwicklung bedarfsgerechter und zielgerichteter Maßnahmen und Interventionen der Sozialen Arbeit. Der partizipative Charakter dieser Analyse ermöglicht es, die Perspektiven und Bedürfnisse der Bewohner angemessen zu berücksichtigen und eine nachhaltige positive Veränderung im Sozialraum zu fördern.

Sozialraumdiagnose

Die Sozialraumdiagnose ist ein weiterer Schritt der Sozialraumanalyse und bezieht sich auf die Auswertung und Interpretation der gesammelten Daten und Informationen. Sie ist ein Instrument der Sozialen Arbeit, um die spezifischen Bedürfnisse, Ressourcen, Potenziale und Herausforderungen in einem bestimmten geographischen Gebiet zu identifizieren.

Dateninterpretation:
- Die Sozialraumdiagnose beinhaltet die sorgfältige Interpretation der gesammelten Daten. Es geht darum, Muster, Trends und Zusammenhänge zwischen verschiedenen Aspekten des Sozialraums zu erkennen.

Bedarfsanalyse:
- Die Diagnose zielt darauf ab, die spezifischen Bedürfnisse der Bewohner im Sozialraum zu identifizieren. Dies kann sich auf Bildung,

Gesundheit, Arbeitsmöglichkeiten,
Wohnverhältnisse und andere Bereiche erstrecken.

Ressourcenanalyse:

- Neben der Identifikation von Bedürfnissen werden auch vorhandene Ressourcen und Potenziale im Sozialraum analysiert. Dazu gehören individuelle Fähigkeiten, soziale Netzwerke, gemeinnützige Organisationen und andere unterstützende Strukturen.

Problemidentifikation:

- Die Sozialraumdiagnose hilft dabei, soziale Probleme und Herausforderungen zu identifizieren, die im Untersuchungsraum existieren. Dies kann soziale Ungleichheit, Arbeitslosigkeit, Bildungsungleichheit und andere Themen umfassen.

Partizipation der Bewohner:

- Die Beteiligung der Bewohner ist ein zentraler Aspekt der Sozialraumdiagnose. Durch partizipative Ansätze werden die Perspektiven und Erfahrungen der Bewohner in die Diagnose einbezogen.

Kontextuelle Analyse:

- Die Sozialraumdiagnose berücksichtigt den sozialen und kulturellen Kontext des untersuchten Raums. Dies ist notwendig, um die Bedeutung und Relevanz von Daten zu verstehen.

Stakeholder-Einbindung:

- Die Analyse bezieht verschiedene Stakeholder, darunter lokale Gemeinschaftsmitglieder, Organisationen, Unternehmen und öffentliche Einrichtungen, mit ein. Ihre Perspektiven und Ressourcen werden in die Diagnose integriert.

Erstellung von Handlungsempfehlungen:
- Auf Grundlage der Diagnose werden konkrete Handlungsempfehlungen entwickelt. Diese können von gezielten Interventionen bis zu langfristigen Entwicklungsplänen reichen.

Monitoring und Evaluation:
- Die Sozialraumdiagnose legt auch den Grundstein für ein Monitoring und eine fortlaufende Evaluation. Dies ermöglicht es, den Fortschritt von Interventionen zu verfolgen und bei Bedarf Anpassungen vorzunehmen.

Kommunikation der Ergebnisse:
- Die Ergebnisse der Sozialraumdiagnose werden transparent und verständlich für die Bewohner sowie für relevante Stakeholder kommuniziert. Dies fördert die Akzeptanz und Unterstützung für mögliche Maßnahmen.

Die Sozialraumdiagnose ist ein dynamischer Prozess, der die Komplexität des Sozialraums berücksichtigt und darauf abzielt, bedarfsgerechte und wirksame Maßnahmen zur Verbesserung der Lebensqualität und der Chancengleichheit zu entwickeln.

Sozialraumgestaltung

Sozialraumgestaltung ist ein aktiver Prozess, bei dem die Ergebnisse der Sozialraumanalyse und -diagnose in konkrete Maßnahmen zur Verbesserung der Lebensqualität und des Wohlbefindens in einem bestimmten geografischen Gebiet umgesetzt werden.

Dieser Ansatz der Sozialarbeit betont die partizipative Zusammenarbeit mit der Gemeinschaft und anderen Akteuren.

Partizipation und Beteiligung:
- Die Bewohner des Sozialraums werden aktiv in den Gestaltungsprozess einbezogen. Ihre Perspektiven, Bedürfnisse und Ideen spielen eine zentrale Rolle bei der Entwicklung von Maßnahmen.

Gemeinwesenarbeit:
- Sozialraumgestaltung beinhaltet Gemeinwesenarbeit, bei der Sozialarbeiter, Gemeindearbeiter und andere Fachkräfte direkt mit der Gemeinschaft zusammenarbeiten, um Bedürfnisse zu identifizieren und Lösungen zu entwickeln.

Entwicklung von Ressourcen:
- Die Gestaltung des Sozialraums zielt darauf ab, vorhandene Ressourcen zu stärken und neue Ressourcen zu entwickeln. Das können sowohl individuelle Fähigkeiten als auch institutionelle Unterstützung und Infrastruktur sein.

Interventionen und Projekte:
- Basierend auf den Ergebnissen der Sozialraumanalyse werden konkrete Interventionen und Projekte entwickelt. Dies können Bildungsprogramme, Gesundheitsinitiativen, Beschäftigungsprojekte oder andere Maßnahmen sein, die auf die identifizierten Bedürfnisse abzielen.

Schaffung von Begegnungsräumen:
- Die Schaffung von Begegnungsräumen und Orten, an denen die Gemeinschaft zusammenkommen kann, fördert den sozialen Zusammenhalt und stärkt die sozialen Netzwerke im Sozialraum.

Kulturelle und soziale Veranstaltungen:

- Die Organisation von kulturellen und sozialen Veranstaltungen trägt dazu bei, die Identität und das Gemeinschaftsgefühl im Sozialraum zu stärken.

Bildungsmaßnahmen:

- Bildungsmaßnahmen, sowohl formelle als auch informelle, sind ein wichtiger Bestandteil der Sozialraumgestaltung. Sie können das Bildungsniveau der Bewohner erhöhen und den Zugang zu Wissen und Fähigkeiten verbessern.

Infrastrukturverbesserungen:

- Bei Bedarf werden Infrastrukturverbesserungen vorgenommen, um den Zugang zu wichtigen Einrichtungen wie Schulen, Gesundheitszentren und Freizeiteinrichtungen zu erleichtern.

Empowerment der Gemeinschaft:

- Die Sozialraumgestaltung strebt das Empowerment der Gemeinschaft an. Menschen sollen befähigt werden, ihre eigenen Angelegenheiten zu gestalten und Veränderungen in ihrem Lebensumfeld voranzutreiben.

Nachhaltigkeit und Evaluation:

- Die Nachhaltigkeit der getroffenen Maßnahmen wird berücksichtigt. Es werden Mechanismen für die fortlaufende Evaluation und Anpassung der Interventionen implementiert.

Kooperation mit lokalen Akteuren:

- Die Sozialraumgestaltung erfordert oft die Zusammenarbeit mit lokalen Organisationen, Unternehmen, Behörden und anderen Akteuren. Diese Kooperationen stärken die Umsetzungsfähigkeit und die Wirkung der Maßnahmen.

Sozialraumgestaltung ist ein dynamischer und partizipativer Prozess, der darauf abzielt, die Lebensbedingungen und Chancen in einem bestimmten geografischen Gebiet nachhaltig zu verbessern. Durch die Zusammenarbeit mit der Gemeinschaft und die Berücksichtigung ihrer Bedürfnisse und Ressourcen trägt die Sozialraumgestaltung dazu bei, ein integratives und lebenswertes Umfeld zu schaffen.

Sozialraumorientierung

Sozialraumorientierung ist ein grundlegender Ansatz in der Sozialen Arbeit, der darauf abzielt, Menschen in ihrem konkreten sozialen Umfeld zu verstehen und zu unterstützen. Dabei stehen nicht nur die individuellen Bedürfnisse und Probleme im Mittelpunkt, sondern auch die sozialen, kulturellen und strukturellen Gegebenheiten des Lebensraumes.

Ganzheitlicher Ansatz:
- Die Sozialraumorientierung verfolgt einen ganzheitlichen Ansatz, der sowohl individuelle als auch kollektive Aspekte der Lebenswelt der Menschen berücksichtigt.

Lebensweltorientierung:
- Der Begriff "Lebenswelt" steht im Zentrum der Sozialraumorientierung. Es geht darum, die Lebensumstände der Menschen im Kontext ihres

Alltags, ihrer Umgebung und ihrer sozialen
Beziehungen zu verstehen.

Partizipation und Beteiligung:

- Ein zentrales Prinzip der Sozialraumorientierung ist
  die aktive Beteiligung der Menschen an
  Entscheidungsprozessen, die ihr unmittelbares
  Lebensumfeld betreffen. Partizipation fördert die
  Selbstbestimmung und Stärkung der
  Gemeinschaft.

Ressourcenorientierung:

- Die Sozialraumorientierung legt einen starken
  Fokus auf vorhandene Ressourcen und Potenziale
  in einem bestimmten Lebensraum. Dies umfasst
  individuelle Fähigkeiten genauso wie
  gemeinschaftliche und institutionelle Ressourcen.

Soziale Netzwerke:

- Die Analyse und Stärkung sozialer Netzwerke und
  Beziehungen innerhalb eines Sozialraums sind von
  großer Bedeutung. Ein unterstützendes soziales
  Umfeld trägt zum Wohlbefinden der Menschen
  bei.

Bedarfsorientierung:

- Interventionen und Unterstützung richten sich
  nach den identifizierten Bedürfnissen der
  Bewohner im Sozialraum. Es geht darum,
  bedarfsgerechte Lösungen zu entwickeln.

Gemeinwesenarbeit:

- Gemeinwesenarbeit ist ein wesentlicher
  Bestandteil der Sozialraumorientierung.
  Sozialarbeiter und andere Fachkräfte arbeiten
  direkt mit der Gemeinschaft zusammen, um deren
  Bedürfnisse zu verstehen und gemeinsam
  Lösungen zu entwickeln.

Kulturelle Sensibilität:

- Die Berücksichtigung der kulturellen Vielfalt im Sozialraum ist wichtig. Die Sozialraumorientierung setzt auf kulturelle Sensibilität und Respekt für unterschiedliche Lebensstile und Werthaltungen.

Interventionen auf verschiedenen Ebenen:

- Die Sozialraumorientierung strebt Interventionen auf verschiedenen Ebenen an, sei es auf individueller, familiärer, gemeindebezogener oder struktureller Ebene.

Kontextuelle Analyse:

- Die Kontextanalyse des Sozialraums ist entscheidend. Die Sozialraumorientierung berücksichtigt lokale Gegebenheiten, soziale Strukturen, historische Entwicklungen und aktuelle Herausforderungen.

Empowerment:

- Das Empowerment der Bewohner steht im Mittelpunkt der Sozialraumorientierung. Menschen sollen befähigt werden, ihre eigenen Lebensumstände zu gestalten und an Entscheidungsprozessen teilzuhaben.

Nachhaltigkeit:

- Die Sozialraumorientierung strebt nachhaltige Veränderungen an. Maßnahmen sollen langfristig wirksam sein und die Lebensqualität der Bewohner nachhaltig verbessern.

Sozialraumorientierung ist somit ein proaktiver Ansatz zur Verbesserung der Lebensbedingungen von Menschen in ihrem unmittelbaren Lebensumfeld. Durch die Einbeziehung der Bewohner, die Betonung der Ressourcen und die Berücksichtigung des sozialen Kontextes trägt die Sozialraumorientierung dazu bei, bedarfsgerechte und nachhaltige Veränderungen herbeizuführen.

Sozialrecht

Das Sozialrecht ist ein Rechtsgebiet, das sich mit den rechtlichen Regelungen im Bereich der sozialen Sicherheit, der sozialen Fürsorge und der sozialen Leistungen befasst. Ziel des Sozialrechts ist es, Menschen in unterschiedlichen Lebenssituationen Schutz und Unterstützung zu gewähren. Es umfasst eine Vielzahl von Gesetzen und Verordnungen, die Regelungen zu Sozialleistungen, Sozialversicherungen und sozialen Diensten enthalten.

Sozialversicherung:
- Das Sozialrecht regelt verschiedene Formen der Sozialversicherung, darunter Krankenversicherung, Rentenversicherung, Unfallversicherung, Arbeitslosenversicherung und Pflegeversicherung. Diese Systeme sollen den Versicherten Schutz und Unterstützung in unterschiedlichen Lebenslagen bieten.

Sozialhilfe:
- Sozialhilferecht regelt Leistungen der staatlichen Fürsorge, insbesondere für Personen, die nicht oder nicht ausreichend in der Lage sind, ihren Lebensunterhalt selbst zu bestreiten. Hierzu gehören beispielsweise Grundsicherung im Alter und bei Erwerbsminderung.

Arbeitslosenrecht:

- Regelungen im Sozialrecht gewährleisten den Schutz von Arbeitnehmern im Falle von Arbeitslosigkeit. Dazu gehören Arbeitslosengeld, Arbeitslosenhilfe und Maßnahmen zur beruflichen Wiedereingliederung.

Rentenrecht:

- Das Rentenrecht regelt die Ansprüche auf Altersrente, Erwerbsminderungsrente und Hinterbliebenenrente. Es stellt sicher, dass Menschen im Alter oder bei gesundheitlichen Beeinträchtigungen finanziell abgesichert sind.

Behindertenrecht:

- Das Sozialrecht enthält Bestimmungen zum Schutz und zur Förderung von Menschen mit Behinderungen. Dazu gehören Regelungen zur Teilhabe am gesellschaftlichen Leben, zum barrierefreien Zugang und zur Unterstützung im Arbeitsleben.

Krankenversicherung:

- Die Krankenversicherung im Sozialrecht stellt sicher, dass Versicherte Zugang zu medizinischer Versorgung haben. Dazu gehören Leistungen wie ärztliche Behandlung, Medikamente, Krankenhausaufenthalte und präventive Maßnahmen.

Familienrecht:

- Bestimmungen im Sozialrecht beziehen sich auf finanzielle Unterstützung für Familien, insbesondere für Kinder und Alleinerziehende. Hierzu gehören beispielsweise das Kindergeld und Leistungen für Bildung und Teilhabe.

Pflegerecht:

- Das Pflegerecht im Sozialrecht regelt Leistungen und Unterstützung für pflegebedürftige Menschen

und deren Angehörige. Hierzu gehören
Pflegegeld, Unterstützung bei der häuslichen
Pflege und Leistungen für stationäre
Pflegeeinrichtungen.

Asyl- und Flüchtlingsrecht:

- Sozialrechtliche Regelungen betreffen auch die
Versorgung und Unterstützung von
Asylsuchenden und Flüchtlingen. Hierzu gehören
Leistungen wie Unterbringung,
Gesundheitsversorgung und soziale Betreuung.

Sozialgerichtsbarkeit:

- Das Sozialrecht ist eng mit der
Sozialgerichtsbarkeit verbunden. Streitigkeiten
über sozialrechtliche Ansprüche werden vor
Sozialgerichten verhandelt, die auf dieses spezielle
Rechtsgebiet spezialisiert sind.

Das Sozialrecht ist stark durch die staatliche Sozialpolitik
geprägt und unterliegt häufig Änderungen und
Anpassungen, um auf gesellschaftliche Entwicklungen zu
reagieren. Es spielt eine entscheidende Rolle bei der
Sicherung des sozialen Netzes und der Förderung der
sozialen Gerechtigkeit.

Sozialunterstützung

Soziale Unterstützung bezieht sich auf verschiedene
Formen der Hilfe, Unterstützung und Pflege, die
Menschen in schwierigen Lebenssituationen erhalten, um
ihre soziale Teilhabe zu fördern und ihre
Lebensbedingungen zu verbessern. Diese Unterstützung

kann auf individueller, familiärer oder gemeinschaftlicher Ebene erfolgen und ist häufig ein integraler Bestandteil der sozialen Dienste und der Sozialpolitik.

Bedarfsorientierung:

- Sozialunterstützung ist bedarfsorientiert und richtet sich nach den individuellen oder familiären Bedürfnissen. Dies kann materielle, finanzielle, gesundheitliche oder emotionale Unterstützung umfassen.

Existenzsicherung:

- Eine grundlegende Funktion der Sozialunterstützung ist die Sicherung des Existenzminimums. Dies kann finanzielle Hilfe in Form von Sozialleistungen, Lebensmittelhilfen oder Unterstützung bei Miet- und Energiekosten umfassen.

Arbeitsmarktintegration:

- Für Menschen, die Schwierigkeiten beim Zugang zum Arbeitsmarkt haben, kann Sozialunterstützung Maßnahmen zur beruflichen Integration und Qualifizierung beinhalten. Dies kann Trainingsprogramme, Arbeitsvermittlung und berufliche Rehabilitation umfassen.

Gesundheitsversorgung:

- Die Sozialunterstützung umfasst auch den Zugang zur Gesundheitsversorgung. Dies kann die Bereitstellung von Krankenversicherung, medizinischer Betreuung und Unterstützung bei der Bewältigung von gesundheitlichen Herausforderungen einschließen.

Bildung und Weiterbildung:

- Die Förderung von Bildung und Weiterbildung ist ein wichtiger Bestandteil der Sozialunterstützung. Dies kann finanzielle Unterstützung für

Bildungsausgaben, Nachhilfeunterricht oder
Zugang zu Fort- und Weiterbildungsmaßnahmen
umfassen.

Familienunterstützung:

- Familien, insbesondere Alleinerziehende und
kinderreiche Familien, erhalten oft spezielle
Unterstützung. Dazu gehören beispielsweise
Kindergeld, familienbezogene Leistungen und
Unterstützung bei der Vereinbarkeit von Familie
und Beruf.

Behindertenunterstützung:

- Menschen mit Behinderungen erhalten
Sozialunterstützung, um ihre Teilhabe am
gesellschaftlichen Leben zu fördern. Dazu gehören
finanzielle Leistungen, barrierefreie Zugänge und
spezielle Unterstützungsdienste.

Seniorenunterstützung:

- Ältere Menschen erhalten Unterstützung, um ein
selbstbestimmtes Leben im Alter zu führen. Dazu
gehören Pflegeleistungen, Altersrente, barrierefreie
Wohnmöglichkeiten und soziale Aktivitäten.

Soziale Beratung:

- Soziale Beratung ist oft ein integraler Bestandteil
der Sozialunterstützung. Beratungsstellen bieten
Unterstützung bei persönlichen, familiären oder
beruflichen Herausforderungen.

Krisenintervention:

- Sozialunterstützung umfasst auch Maßnahmen zur
Krisenintervention. Dies kann Soforthilfe in
Notsituationen, wie beispielsweise bei
Naturkatastrophen oder persönlichen Krisen,
einschließen.

Soziale Integration:

- Die Förderung der sozialen Integration ist ein
übergeordnetes Ziel der Sozialunterstützung. Dies

beinhaltet Maßnahmen zur Teilhabe am sozialen, kulturellen und gesellschaftlichen Leben.

Soziale Unterstützung ist vielfältig und wird von staatlichen Institutionen, gemeinnützigen Organisationen, Wohlfahrtsverbänden und anderen Akteuren geleistet. Sie spielt eine entscheidende Rolle, wenn es darum geht, soziale Ungleichheiten abzubauen und Chancengleichheit für Menschen in unterschiedlichen Lebenslagen zu ermöglichen.

Sozialversicherung

Die soziale Sicherheit ist ein System staatlicher Maßnahmen, die darauf abzielen, die wirtschaftliche Sicherheit und das Wohlergehen der Bürgerinnen und Bürger zu gewährleisten. Diese Sicherheit wird durch die Bereitstellung von finanziellen Leistungen und Unterstützung in bestimmten Lebenssituationen erreicht.

Krankenversicherung:

- Die Krankenversicherung ist ein wesentlicher Bestandteil der Sozialversicherung. Sie deckt die Kosten für medizinische Behandlungen, Arzneimittel, Krankenhausaufenthalte und andere Gesundheitsleistungen ab.

Rentenversicherung:

- Die Rentenversicherung bietet finanzielle Sicherheit im Alter. Arbeitnehmer zahlen während ihrer Erwerbsphase in das System ein und erhalten im Ruhestand regelmäßige Rentenzahlungen.

Arbeitslosenversicherung:

- Die Arbeitslosenversicherung schützt Arbeitnehmer vor finanziellen Einbußen bei Arbeitslosigkeit. Sie gewährt Arbeitslosengeld als Einkommensersatzleistung für einen bestimmten Zeitraum.

Unfallversicherung:

- Die Unfallversicherung bietet Schutz und finanzielle Leistungen im Falle von Arbeitsunfällen oder berufsbedingten Erkrankungen. Dies umfasst medizinische Behandlung, Rehabilitation und gegebenenfalls Rentenzahlungen.

Pflegeversicherung:

- Die Pflegeversicherung unterstützt Personen, die aufgrund von Pflegebedürftigkeit auf Hilfe angewiesen sind. Sie deckt Pflegeleistungen zu Hause oder in Pflegeeinrichtungen ab.

Mutterschaftsversicherung:

- Die Mutterschaftsversicherung gewährt finanzielle Leistungen während der Schwangerschaft und nach der Geburt. Dies kann Mutterschaftsgeld und zusätzliche Unterstützung umfassen.

Familienversicherung:

- Die Familienversicherung gewährt finanzielle Leistungen für Familien mit Kindern. Dazu gehören Kindergeld, familienbezogene Leistungen und Unterstützung bei Kinderbetreuungskosten.

Invalidenversicherung:

- Die Invalidenversicherung bietet finanzielle Unterstützung für Menschen, die aufgrund von Invalidität dauerhaft arbeitsunfähig sind. Dies umfasst Rentenzahlungen und Rehabilitation.

Leistungen bei Todesfall:

- Die Sozialversicherung gewährt Leistungen bei Todesfall, um Hinterbliebene finanziell zu unterstützen. Dies kann Witwen-/Witwerrente, Waisenrente und Bestattungskosten umfassen.

Beitragsfinanzierung:

- Die Sozialversicherung wird oft durch Beiträge finanziert, die von Arbeitgebern, Arbeitnehmern und in einigen Fällen auch vom Staat gezahlt werden. Diese Beiträge bilden den Finanzierungspool für die verschiedenen Leistungen.

Solidarprinzip:

- Viele Sozialversicherungssysteme beruhen auf dem Solidarprinzip. Dies bedeutet, dass diejenigen, die in das System einzahlen, Leistungen für diejenigen erhalten, die sie benötigen, unabhängig von individuellen Einkommens- oder Gesundheitsunterschieden.

Gesetzliche Grundlage:

- Die Sozialversicherung basiert auf gesetzlichen Regelungen und Vorschriften. Diese legen die Bedingungen für den Zugang zu Leistungen, Beitragssätze und andere relevante Aspekte fest.

Die Sozialversicherung spielt eine zentrale Rolle bei der Sicherung des sozialen Netzes und der Unterstützung der Bürgerinnen und Bürger in verschiedenen Lebenslagen. Ihr Ziel ist es, die wirtschaftliche Stabilität und das Wohlergehen der Bevölkerung zu fördern.

Soziale Gruppenarbeit

Soziale Gruppenarbeit ist eine Methode der Sozialen Arbeit, die darauf abzielt, Menschen in Gruppen zu unterstützen, zu stärken und ihre sozialen Fähigkeiten zu fördern. Die Methode basiert auf der Idee, dass Gruppen einen einzigartigen sozialen Kontext bieten, in dem die Mitglieder voneinander lernen, Unterstützung erhalten und soziale Beziehungen entwickeln können.

Gruppenbildung:
- Der Prozess beginnt mit der Bildung einer Gruppe von Menschen mit ähnlichen Bedürfnissen, Interessen oder Herausforderungen. Die Gruppenmitglieder können unterschiedlichen Alters, Hintergründen oder Lebenssituationen angehören.

Zielsetzung:
- Klare Ziele werden für die Gruppenarbeit festgelegt. Diese Ziele können individuelle Entwicklungsziele, die Verbesserung sozialer Fähigkeiten, die Bewältigung bestimmter Probleme oder die Förderung von Gemeinschaft und Zusammenhalt sein.

Gruppendynamik:
- Die Interaktionen innerhalb der Gruppe, auch als Gruppendynamik bekannt, sind von zentraler Bedeutung. Soziale Gruppenarbeit zielt darauf ab, positive Gruppendynamiken zu fördern, die ein unterstützendes und förderliches Umfeld schaffen.

Soziales Lernen:
- Die Gruppenmitglieder lernen voneinander durch den Austausch von Erfahrungen, Perspektiven und Lösungsansätzen. Das soziale Lernen innerhalb der

Gruppe trägt zur persönlichen Entwicklung und zur Erweiterung sozialer Kompetenzen bei.

Selbsthilfe und Unterstützung:

- Soziale Gruppenarbeit fördert den Ansatz der Selbsthilfe. Die Gruppenmitglieder ermutigen sich gegenseitig, teilen Ressourcen und bieten emotionale Unterstützung in einem sicheren Umfeld.

Gruppenleitung:

- Ein qualifizierter Gruppenleiter, oft ein Sozialarbeiter oder ein anderer Fachexperte, spielt eine entscheidende Rolle. Die Gruppenleitung unterstützt den Gruppenprozess, fördert die Kommunikation und trägt zur Erreichung der Gruppenziele bei.

Partizipation:

- Die aktive Beteiligung aller Gruppenmitglieder wird gefördert. Dies beinhaltet das Teilen von eigenen Erfahrungen, das Einbringen von Ideen und das aktive Mitwirken an Gruppenaktivitäten.

Reflexion:

- Reflexion ist ein wichtiger Bestandteil sozialer Gruppenarbeit. Gruppenmitglieder werden ermutigt, über ihre eigenen Fortschritte, Herausforderungen und Erfahrungen nachzudenken.

Vielfalt und Inklusion:

- Die Vielfalt der Gruppenmitglieder wird anerkannt und geschätzt. Soziale Gruppenarbeit strebt Inklusion an, um sicherzustellen, dass alle Mitglieder gehört und respektiert werden.

Interventionen und Aktivitäten:

- Verschiedene Interventionen und Aktivitäten werden eingesetzt, um die Gruppenziele zu erreichen. Dies können kreative Ausdrucksformen, Rollenspiele, Diskussionen, Gruppenübungen und andere interaktive Methoden sein.

Veränderungsfokus:

- Die Gruppenarbeit ist auf Veränderung und positive Entwicklung ausgerichtet. Gruppenmitglieder werden ermutigt, neue Perspektiven zu entwickeln und Strategien für die Bewältigung von Herausforderungen zu finden.

Nachhaltigkeit:

- Die Nachhaltigkeit der Gruppenarbeit wird durch die Förderung von langfristigen sozialen Beziehungen und den Aufbau von unterstützenden Netzwerken innerhalb der Gruppe angestrebt.

Soziale Gruppenarbeit kann in verschiedenen Kontexten eingesetzt werden, darunter Schulen, Gemeinden, Gesundheitseinrichtungen und rehabilitative Programme. Sie bietet eine effektive Methode, um soziale Unterstützung, Lernen und persönliche Entwicklung in einem kollektiven Rahmen zu fördern.

Soziotherapie

Soziotherapie ist eine Form der therapeutischen Intervention, die sich auf die Integration sozialer Faktoren in den Behandlungsprozess konzentriert. Im Allgemeinen bezieht sich der Begriff auf therapeutische Maßnahmen, bei denen soziale Aspekte und Umstände eine wesentliche Rolle spielen.

Definition:

- Die Soziotherapie bezieht sich auf therapeutische Ansätze, bei denen soziale Faktoren und Beziehungen in den Mittelpunkt der Behandlung gestellt werden. Sie zielt darauf ab, psychische Erkrankungen und soziale Schwierigkeiten durch Interventionen im sozialen Kontext zu verbessern.

Ganzheitlicher Ansatz:

- Die Soziotherapie verfolgt einen ganzheitlichen Ansatz, der nicht nur die individuellen psychischen Symptome betrachtet, sondern auch die sozialen, familiären und kulturellen Kontexte berücksichtigt, in denen eine Person lebt.

Integration sozialer Faktoren:

- Soziotherapeutische Ansätze integrieren soziale Faktoren wie Familie, Freunde, Gemeinschaft und berufliche Umstände in die therapeutische Planung. Dies kann die Identifizierung von Unterstützungssystemen, die Bewältigung sozialer Belastungen und die Förderung positiver sozialer Beziehungen umfassen.

Anwendungsgebiete:

- Die Soziotherapie findet Anwendung in verschiedenen Bereichen der Psychiatrie und Psychotherapie, insbesondere bei Menschen mit schweren psychischen Erkrankungen, die von sozialen Schwierigkeiten betroffen sind.

Familientherapie:

- Ein Teilbereich der Soziotherapie kann die Familientherapie sein, bei der die Beziehungen innerhalb einer Familie als Schlüsselkomponente für die psychische Gesundheit betrachtet werden.

Gemeinschaftsbezogene Ansätze:

- Einige soziotherapeutische Interventionen betonen die Stärkung von Gemeinschaftsressourcen und -netzwerken, um die soziale Integration und das Wohlbefinden zu fördern.

Ambulante Versorgung:

- Soziotherapie kann ambulant durchgeführt werden und beinhaltet regelmäßige Treffen mit Therapeuten oder Soziotherapeuten, um an den sozialen Faktoren zu arbeiten, die zur Aufrechterhaltung oder Verschlechterung der psychischen Gesundheit beitragen.

Zusammenarbeit mit anderen Fachkräften:

- In der Soziotherapie arbeiten Therapeuten oft mit anderen Fachleuten zusammen, wie beispielsweise Sozialarbeitern, um eine umfassende Unterstützung für die individuellen Bedürfnisse ihrer Klienten zu gewährleisten.

Langfristige Unterstützung:

- Soziotherapeutische Interventionen können langfristige Unterstützung bieten, da sie darauf abzielen, langfristige Veränderungen im sozialen Umfeld einer Person zu fördern.

Präventiver Ansatz:

- Die Soziotherapie kann auch einen präventiven Ansatz verfolgen, um soziale Schwierigkeiten frühzeitig zu erkennen und zu bewältigen, bevor sie zu schwerwiegenderen psychischen Problemen führen.

Soziotherapie betont die Wechselwirkungen zwischen individuellen psychischen Gesundheitszuständen und sozialen Faktoren. Durch die Integration sozialer Aspekte in die Therapie kann diese Interventionsform zu

umfassenden und nachhaltigen Veränderungen im Leben
der Betroffenen beitragen.

Subsidiarität

Subsidiarität ist ein Prinzip, das in verschiedenen
Zusammenhängen Anwendung findet, unter anderem in
der Politik, der Ethik und den Sozialwissenschaften. Der
Begriff leitet sich vom lateinischen Wort "subsidiarius" ab,
was "hilfreich" oder "unterstützend" bedeutet. Das
Subsidiaritätsprinzip besagt im Allgemeinen, dass
Aufgaben und Zuständigkeiten auf der
niedrigstmöglichen Ebene angesiedelt sein sollten, es sei
denn, es gibt zwingende Gründe dafür, sie auf einer
höheren Ebene anzusiedeln.

Dezentralisierung:

- Subsidiarität fördert die Dezentralisierung von
  Entscheidungen und Aufgaben. Dies bedeutet,
  dass lokale oder kleinere Einheiten bevorzugt
  werden sollten, um Dinge zu regeln, anstatt dass
  dies auf zentraler oder übergeordneter Ebene
  geschieht.

Selbstbestimmung:

- Das Prinzip der Subsidiarität betont die
  Selbstbestimmung und Autonomie von Individuen,
  Gruppen oder Institutionen. Es geht darum, dass
  Menschen in der Lage sein sollten, ihre eigenen
  Angelegenheiten zu regeln, soweit dies möglich
  ist.

Effizienz:

- Subsidiarität trägt zur Effizienz bei, indem es sicherstellt, dass Entscheidungen auf der Ebene getroffen werden, auf der sie am besten umgesetzt werden können. Lokale Kenntnisse und Ressourcen können effektiver genutzt werden.

Verantwortung:

- Das Prinzip der Subsidiarität fördert die Übernahme von Verantwortung auf lokaler Ebene. Es ermutigt dazu, dass Gemeinschaften und Institutionen die Verantwortung für ihre eigenen Angelegenheiten übernehmen, anstatt auf zentralisierte Instanzen zu vertrauen.

Solidarität:

- Subsidiarität steht im Zusammenhang mit Solidarität. Obwohl Aufgaben auf niedrigeren Ebenen angesiedelt sein sollten, bedeutet dies nicht, dass es keine Zusammenarbeit zwischen verschiedenen Ebenen geben kann. Solidarität kann auf breiterer Basis aufgebaut werden.

Schutz der Freiheit:

- Das Prinzip der Subsidiarität schützt die individuelle Freiheit vor übermäßiger staatlicher Einmischung. Es betont die Idee, dass staatliche Autorität begrenzt und restriktiv sein sollte, um individuellen Freiraum zu gewährleisten.

Bürgerbeteiligung:

- Subsidiarität fördert die Beteiligung der Bürger an Entscheidungsprozessen auf lokaler Ebene. Dies stärkt die demokratische Partizipation und gibt den Menschen mehr Einfluss auf Entscheidungen, die ihre Gemeinschaft betreffen.

Rechtssicherheit:

- Das Prinzip der Subsidiarität trägt zur Sicherstellung von Rechtssicherheit bei, indem es

klare Zuständigkeiten und Verantwortlichkeiten
definiert. Dies vermeidet Unklarheiten darüber, wer
für bestimmte Aufgaben oder Probleme zuständig
ist.

Anpassungsfähigkeit:

- Subsidiarität ermöglicht eine bessere Anpassung
  an lokale Bedürfnisse und Gegebenheiten. Lokale
  Einheiten können flexibler auf Veränderungen
  reagieren und Maßnahmen ergreifen, die für ihre
  spezifischen Umstände am besten geeignet sind.

Gerechtigkeit:

- Das Prinzip der Subsidiarität trägt zur Förderung
  von Gerechtigkeit bei, indem es sicherstellt, dass
  Ressourcen und Chancen gerecht auf lokale
  Einheiten verteilt werden und dass niemand
  unnötigerweise auf zentraler Ebene bevormundet
  wird.

Subsidiarität ist ein Grundprinzip, das in vielen politischen
und gesellschaftlichen Diskussionen eine wichtige Rolle
spielt. Es betont die Wichtigkeit, Macht und
Verantwortung auf der niedrigstmöglichen Ebene
anzusiedeln, um individuelle Freiheit, Selbstbestimmung
und Effizienz zu fördern.

Suchtberatung

Suchtberatung ist ein wichtiger Bereich der Sozialen
Arbeit, der sich mit der Prävention, Beratung und
Unterstützung von Menschen mit Suchtproblemen
befasst. Sucht kann verschiedene Formen annehmen, z.B.

Alkohol- und Drogenabhängigkeit, Spielsucht,
Essstörungen etc. Ziel der Suchtberatung ist es, den
Betroffenen zu helfen, ihre Sucht zu überwinden und ein
suchtfreies Leben zu führen.

Beratung und Aufklärung:
- Suchtberatung umfasst Beratungsgespräche, in
  denen Betroffene und ihre Angehörigen
  Informationen über Sucht, deren Auswirkungen
  und Behandlungsoptionen erhalten. Aufklärung
  spielt eine entscheidende Rolle bei der
  Sensibilisierung für das Thema Sucht.

Diagnose und Assessment:
- Suchtberater führen eine umfassende Diagnose
  und Bewertung durch, um den Schweregrad der
  Suchtproblematik zu verstehen. Dies ermöglicht
  die Entwicklung eines individuell angepassten
  Behandlungsplans.

Therapeutische Interventionen:
- Die Suchtberatung umfasst verschiedene
  therapeutische Interventionen, einschließlich
  kognitiver Verhaltenstherapie, Gesprächstherapie,
  Motivationsförderung und anderen Ansätzen, um
  Verhaltensänderungen zu unterstützen.

Einzel- und Gruppenberatung:
- Sowohl Einzelberatung als auch Gruppenberatung
  sind gängige Formen der Suchtberatung.
  Einzelberatung ermöglicht eine individuelle
  Betreuung, während Gruppenberatung den
  Austausch von Erfahrungen und Unterstützung
  unter Gleichgesinnten fördert.

Rückfallprävention:
- Die Suchtberatung beinhaltet die Entwicklung von
  Strategien zur Rückfallprävention. Dies umfasst die
  Identifizierung von Risikosituationen, die

Entwicklung von Bewältigungsstrategien und die Förderung von Lebenskompetenzen.

Angehörigenberatung:

- Die Suchtberatung bezieht oft auch Angehörige mit ein. Die Unterstützung von Familie und Freunden ist wichtig, um das Umfeld des Betroffenen zu stärken und Rückfälle zu verhindern.

Vermittlung in Therapie und Entzug:

- Bei Bedarf erfolgt die Vermittlung in weiterführende Behandlungsmaßnahmen wie stationäre oder ambulante Therapieprogramme und Entzugsbehandlungen.

Prävention und Aufklärung:

- Suchtberatung beinhaltet auch präventive Maßnahmen, um Menschen über die Risiken von Sucht aufzuklären und das Bewusstsein für Suchtprävention zu schärfen.

Sozialarbeit und Unterstützungsdienste:

- Sozialarbeiter in der Suchtberatung können Unterstützungsdienste bereitstellen, um soziale Herausforderungen, die durch Sucht entstehen können, zu bewältigen. Dies kann den Umgang mit rechtlichen Problemen, Wohnungslosigkeit oder Arbeitsplatzproblemen einschließen.

Kooperation mit anderen Einrichtungen:

- Suchtberater arbeiten oft eng mit anderen Einrichtungen zusammen, darunter Krankenhäuser, Kliniken, Selbsthilfegruppen, Arbeitsvermittlung und juristische Dienste, um umfassende Unterstützung anzubieten.

Kulturelle Sensibilität:

- Die Suchtberatung muss kulturell sensibel sein und die vielfältigen Bedürfnisse unterschiedlicher Bevölkerungsgruppen berücksichtigen.

Ethik und Vertraulichkeit:
- Ethik und Vertraulichkeit sind in der Suchtberatung von höchster Bedeutung. Berater müssen ethische Standards einhalten und sicherstellen, dass die Privatsphäre der Betroffenen geschützt wird.

Suchtberatung spielt eine entscheidende Rolle bei der Unterstützung von Menschen auf dem Weg zur Genesung und bei der Prävention von Rückfällen. Entscheidend für den Erfolg der Suchtberatung ist ein integrativer Ansatz, der die individuellen Bedürfnisse berücksichtigt.

Supervision

Supervision ist eine professionelle Praxis, die in verschiedenen Berufsfeldern, einschließlich Sozialarbeit, Gesundheitswesen, Bildung und Psychologie, angewandt wird. Sie bezieht sich auf einen strukturierten Prozess, in dem ein erfahrener Supervisor oder eine erfahrene Supervisorin eine Person oder eine Gruppe von Fachleuten begleitet und unterstützt, um deren berufliche Entwicklung, Fähigkeiten und Leistung zu verbessern.

Berufliche Entwicklung:
- Supervision zielt darauf ab, die berufliche Entwicklung und das berufliche Wachstum von Fachleuten zu fördern. Dies kann die Weiterentwicklung von Fähigkeiten, Wissen und persönlicher Wirksamkeit umfassen.

Reflexion:

- Ein zentraler Aspekt der Supervision ist die Reflexion über berufliche Praxis. Fachleute haben die Möglichkeit, ihre Entscheidungen, Handlungen und Reaktionen zu reflektieren und dabei unterstützende, kritische und konstruktive Rückmeldungen zu erhalten.

Qualitätssicherung:

- Supervision dient der Qualitätssicherung in beruflichen Kontexten. Durch die regelmäßige Überprüfung und Reflexion von Arbeitspraktiken können Standards eingehalten und verbessert werden.

Unterstützung in schwierigen Situationen:

- Fachleute können in ihrer Arbeit auf Herausforderungen und schwierige Situationen stoßen. Supervision bietet einen sicheren Raum, um diese Herausforderungen zu besprechen, Lösungsstrategien zu entwickeln und emotionale Unterstützung zu erhalten.

Feedback und Evaluierung:

- Supervision beinhaltet die Bereitstellung von konstruktivem Feedback zu beruflichen Leistungen. Dies kann die Identifizierung von Stärken, Entwicklungsbereichen und konkreten Maßnahmen zur Verbesserung umfassen.

Selbstreflexion:

- Selbstreflexion ist ein wesentlicher Bestandteil der Supervision. Fachleute werden ermutigt, ihre eigenen Werte, Haltungen und Annahmen zu überdenken und ihre berufliche Identität zu klären.

Vertraulichkeit:

- Die Vertraulichkeit ist ein grundlegendes Prinzip der Supervision. Fachleute können offen über ihre Herausforderungen sprechen, ohne dass diese

Informationen außerhalb des Supervisionskontexts
weitergegeben werden.

Beziehung zwischen Supervisor und Supervisand:

- Die Beziehung zwischen Supervisor und
  demjenigen, der supervidiert wird (Supervisand),
  ist von großer Bedeutung. Ein unterstützendes und
  vertrauensvolles Arbeitsbündnis fördert eine
  effektive Supervision.

Multidisziplinäre Zusammenarbeit:

- Supervision kann in verschiedenen beruflichen
  Kontexten eingesetzt werden und fördert die
  multidisziplinäre Zusammenarbeit. Fachleute aus
  verschiedenen Disziplinen können voneinander
  lernen und vernetzt arbeiten.

Normen und Ethik:

- Supervision hilft, professionelle Normen und
  ethische Grundsätze aufrechtzuerhalten. Dies kann
  die Diskussion ethischer Dilemmata, die Einhaltung
  beruflicher Standards und die Förderung von
  ethischem Verhalten umfassen.

Gruppensupervision:

- Neben Einzelsupervision gibt es auch
  Gruppensupervision, bei der mehrere Fachleute
  gemeinsam von einem Supervisor begleitet
  werden. Gruppensupervision ermöglicht den
  Austausch von Perspektiven und Erfahrungen.

Weiterbildung:

- Supervision trägt zur kontinuierlichen beruflichen
  Weiterbildung bei. Durch die Reflexion über
  aktuelle Forschung, bewährte Praktiken und neue
  Ansätze können Fachleute ihre Kenntnisse und
  Fähigkeiten aktualisieren.

Supervision ist eine dynamische und anpassungsfähige
Praxis, die dazu beiträgt, die Qualität der beruflichen

Leistung zu verbessern und Fachkräfte dabei zu unterstützen, ihr volles Potenzial zu entfalten.

Systemisch

Der Begriff "systemisch" bezieht sich auf eine Herangehensweise oder Perspektive, die auf den Prinzipien der Systemtheorie basiert. Die Systemtheorie betrachtet Phänomene als Teil eines größeren Ganzen, in dem einzelne Elemente miteinander interagieren und sich gegenseitig beeinflussen. Die systemische Perspektive findet Anwendung in verschiedenen Disziplinen wie Psychologie, Psychotherapie, Sozialarbeit, Organisationsentwicklung und anderen.

Ganzheitliche Betrachtung:
- Der systemische Ansatz betrachtet Probleme und Phänomene als Teil eines größeren Systems. Er legt Wert auf eine ganzheitliche Betrachtung, bei der nicht nur einzelne Teile isoliert betrachtet werden, sondern auch die Wechselwirkungen zwischen den Teilen und dem Gesamtsystem berücksichtigt werden.

Interaktion und Beziehung:
- Die Systemtheorie betont die Bedeutung von Interaktionen und Beziehungen zwischen den Elementen eines Systems. Es wird angenommen, dass Veränderungen in einem Teil des Systems Auswirkungen auf das gesamte System haben können.

Zirkularität statt Linearität:

- Im systemischen Denken wird Verhalten oder Kommunikation oft als zirkulär und nicht linear betrachtet. Das bedeutet, dass Aktionen und Reaktionen in einem System in einem ständigen Wechselspiel stehen.

Selbstorganisation und Autonomie:

- Systeme haben oft die Fähigkeit zur Selbstorganisation und Autonomie. Dies bedeutet, dass innerhalb eines Systems Prozesse auftreten können, die nicht zentral gesteuert werden, sondern durch die Interaktion der Systemelemente entstehen.

Feedback-Schleifen:

- Feedback-Schleifen sind ein zentrales Konzept in der Systemtheorie. Sie repräsentieren den Prozess, bei dem Auswirkungen von Handlungen auf das System zurückgegeben und in weiteren Handlungen berücksichtigt werden.

Mehrdeutigkeit und Vielfalt:

- Systeme können mehrdeutig und vielfältig sein. Dies bedeutet, dass verschiedene Perspektiven und Interpretationen existieren können, und dass Vielfalt in einem System eine Ressource sein kann.

Anwendung in Psychotherapie:

- In der systemischen Psychotherapie wird der systemische Ansatz angewendet, um nicht nur individuelle psychische Gesundheitsprobleme, sondern auch die Dynamiken und Muster in familiären, sozialen oder organisatorischen Systemen zu verstehen.

Organisationale Anwendung:

- In der Organisationsentwicklung wird der systemische Ansatz genutzt, um die Dynamiken und Interaktionen in Organisationen zu analysieren. Veränderungen werden oft nicht isoliert auf individueller Ebene betrachtet, sondern als Teil organisationaler Systeme angegangen.

Familientherapie:

- Systemische Ansätze werden häufig in der Familientherapie angewendet, um familiäre Dynamiken und Wechselwirkungen zu verstehen. Die Betrachtung des gesamten Familiensystems ist zentral für die Arbeit mit einzelnen Familienmitgliedern.

Sozialarbeit:

- In der Sozialarbeit kann der systemische Ansatz dazu verwendet werden, die Wechselwirkungen zwischen individuellen Bedürfnissen und sozialen Strukturen zu analysieren. Hierbei steht die Kontextualisierung von individuellen Herausforderungen im Vordergrund.

Die systemische Perspektive betont die Vernetzung, Interaktion und Komplexität von Systemen, sei es auf individueller, familiärer, organisationaler oder gesellschaftlicher Ebene. Der Ansatz wird in verschiedenen Disziplinen angewandt, um eine umfassendere und kontextualisierte Sichtweise von Problemen und Herausforderungen zu ermöglichen.

Teilhabe

Teilhabe bezeichnet die umfassende Einbeziehung von Menschen in alle Bereiche des gesellschaftlichen Lebens, unabhängig von individuellen Fähigkeiten, Herkunft, Alter,

Geschlecht, ethnischer Zugehörigkeit oder anderen
Merkmalen. Sie ist ein zentrales Prinzip in der Sozialen
Arbeit und in den gesellschaftlichen Debatten um
Inklusion und Gerechtigkeit.

Gesellschaftliche Teilhabe:
- Gesellschaftliche Teilhabe bedeutet, dass
  Menschen die Möglichkeit haben, aktiv am
  sozialen, kulturellen, politischen und
  wirtschaftlichen Leben ihrer Gemeinschaft
  teilzunehmen.

Inklusion:
- Inklusion strebt danach, Barrieren zu beseitigen,
  die die volle Teilhabe von Menschen verhindern
  könnten. Dies schließt physische, soziale,
  wirtschaftliche und kulturelle Barrieren ein.

Partizipation:
- Teilhabe beinhaltet die aktive Teilnahme an
  Entscheidungsprozessen und gesellschaftlichen
  Aktivitäten. Partizipation fördert die
  Mitbestimmung und den Einfluss der Betroffenen
  auf sie betreffende Angelegenheiten.

Chancengleichheit:
- Das Prinzip der Teilhabe strebt nach
  Chancengleichheit, unabhängig von individuellen
  Merkmalen. Es fordert gleiche Möglichkeiten und
  Ressourcen für alle Menschen, um ihre Potenziale
  zu entfalten.

Selbstbestimmung:
- Teilhabe betont die Selbstbestimmung der
  Menschen. Individuen sollten die Möglichkeit
  haben, ihre eigenen Entscheidungen zu treffen
  und Einfluss auf ihre Lebensgestaltung zu nehmen.

Barrierefreiheit:

- Barrierefreiheit ist ein entscheidendes Element der
  Teilhabe. Es bezieht sich nicht nur auf physische
  Zugänglichkeit, sondern auch auf sprachliche,
  kulturelle und technologische Barrieren.

Vielfalt schätzen:

- Teilhabe erkennt die Vielfalt der Menschen an und
  schätzt diese. Unterschiede in Hintergrund,
  Fähigkeiten und Perspektiven werden als
  Bereicherung betrachtet.

Bildung und Beruf:

- Teilhabe umfasst den Zugang zu Bildung und
  beruflichen Möglichkeiten. Jeder sollte die
  Möglichkeit haben, sich in Bildungseinrichtungen
  einzubringen und in einer beruflichen Tätigkeit
  teilzuhaben.

Gesundheit und soziale Dienste:

- Teilhabe im Gesundheitswesen bedeutet den
  Zugang zu angemessenen Gesundheits- und
  sozialen Diensten, unabhängig von
  gesundheitlichem Status oder sozialen
  Umständen.

Kulturelle Teilhabe:

- Kulturelle Teilhabe beinhaltet die Einbindung in
  kulturelle Aktivitäten, Kunst und das kulturelle Erbe
  einer Gesellschaft.

Altersgerechte Teilhabe:

- Unabhängig vom Alter sollten Menschen die
  Möglichkeit haben, in jeder Phase ihres Lebens
  aktiv teilzunehmen und an der Gesellschaft
  teilzuhaben.

Rechte von Menschen mit Behinderungen:

- Teilhabe ist ein grundlegendes Prinzip in den
  Rechten von Menschen mit Behinderungen. Es
  umfasst die Gewährleistung, dass Menschen mit

Behinderungen uneingeschränkt an allen Aspekten des Lebens teilhaben können.

Partizipation ist ein Schlüsselelement einer gerechten und integrativen Gesellschaft. Sie erfordert die Anerkennung der Würde und der Rechte jedes Einzelnen und die Schaffung von Bedingungen, die allen eine aktive Teilhabe an der Gesellschaft ermöglichen.

Teilhabe am kulturellen Leben

Teilhabe am kulturellen Leben bezieht sich auf das Recht und die Möglichkeit jedes Einzelnen, aktiv an kulturellen Aktivitäten teilzunehmen und kulturelle Ressourcen zu nutzen. Kulturelle Teilhabe ist ein zentraler Aspekt der sozialen Eingliederung und fördert die Integration von Menschen in die kulturelle Vielfalt einer Gesellschaft.

Zugang zu Kultur:
- Kulturelle Teilhabe setzt voraus, dass Menschen Zugang zu verschiedenen kulturellen Angeboten haben, sei es in den Bereichen Kunst, Musik, Theater, Literatur, Film oder anderen Ausdrucksformen.

Kulturelle Bildung:
- Die Möglichkeit zur Teilhabe am kulturellen Leben beinhaltet auch kulturelle Bildung. Dies umfasst den Zugang zu Bildungseinrichtungen, die kulturelle Kompetenzen vermitteln, sowie die Förderung lebenslangen Lernens.

Vielfalt schätzen:

- Kulturelle Teilhabe erkennt die Vielfalt der kulturellen Ausdrucksformen an und schätzt diese. Dies beinhaltet die Wertschätzung unterschiedlicher kultureller Hintergründe, Traditionen und kreativer Ausdrucksformen.

Kulturelle Integration:

- Die Teilhabe am kulturellen Leben fördert die kulturelle Integration von Menschen in einer Gesellschaft. Sie ermöglicht es Einzelpersonen, sich mit der kulturellen Identität ihres Umfelds auseinanderzusetzen und daran teilzuhaben.

Barrierefreiheit in Kultur:

- Kulturelle Teilhabe erfordert Barrierefreiheit, nicht nur physisch, sondern auch in Bezug auf Sprache, Information und Technologie. Alle Menschen sollten gleichen Zugang zu kulturellen Veranstaltungen und Informationen haben.

Kulturelle Identität:

- Die Teilhabe am kulturellen Leben ermöglicht es Menschen, ihre eigene kulturelle Identität zu pflegen und auszudrücken. Dies kann durch die Beteiligung an kulturellen Veranstaltungen, Traditionen und Ritualen geschehen.

Freie Meinungsäußerung:

- Kulturelle Teilhabe steht in Verbindung mit dem Recht auf freie Meinungsäußerung. Kulturelle Ausdrucksformen, sei es durch Kunst, Musik oder Literatur, bieten Menschen die Möglichkeit, ihre Ideen und Perspektiven zu teilen.

Kulturelle Gemeinschaften:

- Teilhabe am kulturellen Leben umfasst die Beteiligung an kulturellen Gemeinschaften. Dies kann bedeuten, in lokalen Kunst- oder

Kulturorganisationen aktiv zu sein oder an
kulturellen Veranstaltungen teilzunehmen.

Kulturelle Gerechtigkeit:

- Kulturelle Teilhabe ist auch mit kultureller
  Gerechtigkeit verbunden. Dies bedeutet,
  sicherzustellen, dass alle Menschen, unabhängig
  von ihrem Hintergrund, gleiche Chancen haben, an
  kulturellen Aktivitäten teilzuhaben.

Förderung kultureller Vielfalt:

- Kulturelle Teilhabe fördert die Anerkennung und
  Wertschätzung kultureller Vielfalt. Dies trägt dazu
  bei, Vorurteile abzubauen und Verständnis
  zwischen verschiedenen kulturellen Gruppen zu
  fördern.

Kulturelles Erbe:

- Die Teilhabe am kulturellen Leben ermöglicht es
  Menschen, ihr kulturelles Erbe zu bewahren und
  weiterzugeben. Dies kann durch die Teilnahme an
  kulturellen Festivals, Veranstaltungen und
  Traditionen geschehen.

Kulturelle Teilhabe für alle Altersgruppen:

- Kulturelle Teilhabe sollte für Menschen aller
  Altersgruppen zugänglich sein, einschließlich
  Kinder, Jugendliche, Erwachsene und ältere
  Menschen. Kulturelle Aktivitäten sollten
  generationenübergreifend gestaltet sein.

Kulturelle Teilhabe ist nicht nur ein individuelles Recht,
sondern auch ein wesentliches Element einer integrativen
und vielfältigen Gesellschaft. Sie fördert den kreativen
Austausch, stärkt den sozialen Zusammenhalt und trägt
zur Entwicklung einer lebendigen und dynamischen
Kulturlandschaft bei.

Teilhabeplanung

Teilhabeplanung ist ein strategischer Prozess, der darauf abzielt, die volle Einbeziehung und aktive Beteiligung von Menschen in verschiedenen Lebensbereichen sicherzustellen. Teilhabeplanung findet häufig im Kontext von Sozialarbeit und sozialer Unterstützung für Menschen mit besonderen Bedürfnissen statt, wie z.B. Menschen mit Behinderungen oder Menschen, die von sozialer Ausgrenzung bedroht sind.

Bedarfsanalyse:
- Die Teilhabeplanung beginnt oft mit einer gründlichen Bedarfsanalyse. Es wird ermittelt, welche Unterstützung und Ressourcen eine Person benötigt, um aktiv am gesellschaftlichen Leben teilzunehmen.

Individuelle Zielsetzung:
- Die Planung konzentriert sich auf individuelle Ziele und Bedürfnisse. Dies können Bildungsziele, berufliche Ziele, soziale Ziele oder andere Aspekte des Lebens sein, die die Teilnahme und Einbindung fördern.

Personenzentrierter Ansatz:
- Teilhabeplanung verfolgt einen personenzentrierten Ansatz, bei dem die Wünsche, Präferenzen und Stärken der betroffenen Person im Mittelpunkt stehen. Der individuelle Beitrag zur Planung ist wichtig.

Interdisziplinäre Zusammenarbeit:
- Oft erfordert die Teilhabeplanung die Zusammenarbeit verschiedener Fachkräfte, darunter Sozialarbeiter, Gesundheitsdienstleister, Bildungsexperten und andere, um ein

umfassendes Bild der Bedürfnisse einer Person zu erhalten.

Ressourcenmobilisierung:

- Teilhabeplanung beinhaltet die Identifizierung und Mobilisierung von Ressourcen, die die individuellen Ziele unterstützen können. Dies können finanzielle Mittel, soziale Unterstützung, Bildungsressourcen und mehr umfassen.

Partizipation der betroffenen Person:

- Die betroffene Person oder die Personengruppe, für die die Teilhabeplanung durchgeführt wird, sollte aktiv in den Planungsprozess einbezogen werden. Dies schließt die Art der Unterstützung, die Präferenzen und die Festlegung von Zielen mit ein.

Umsetzungsstrategien:

- Die Teilhabeplanung entwickelt konkrete Umsetzungsstrategien, um die identifizierten Ziele zu erreichen. Dies kann die Bereitstellung spezifischer Dienstleistungen, Schulungen oder anderer unterstützender Maßnahmen umfassen.

Monitoring und Evaluierung:

- Der Fortschritt wird regelmäßig überwacht und evaluiert, um sicherzustellen, dass die geplanten Maßnahmen effektiv sind und den individuellen Bedürfnissen entsprechen. Anpassungen werden bei Bedarf vorgenommen.

Langfristige Perspektive:

- Teilhabeplanung hat oft eine langfristige Perspektive. Es geht darum, nicht nur kurzfristige Bedürfnisse zu erfüllen, sondern auch langfristige Ziele zu definieren, um die langfristige Teilhabe sicherzustellen.

Rechte und Selbstbestimmung:
- Die Planung berücksichtigt die Rechte der betroffenen Person und strebt nach Selbstbestimmung. Dies bedeutet, dass die Person so viel Kontrolle wie möglich über ihre eigenen Lebensentscheidungen hat.

Kooperation mit Gemeinschaft und Institutionen:
- Die Teilhabeplanung erfordert oft die Zusammenarbeit mit Gemeinschaften und Institutionen, um eine inklusive Umgebung zu schaffen und Hindernisse für die Teilnahme zu beseitigen.

Krisenmanagement und Notfallplanung:
- Teilhabeplanung kann auch Aspekte des Krisenmanagements und der Notfallplanung einschließen, um sicherzustellen, dass auch in schwierigen Situationen die Teilhabe am gesellschaftlichen Leben unterstützt wird.

Teilhabeplanung ist ein dynamischer und flexibler Prozess, der darauf abzielt, individuelle Bedürfnisse und Ziele zu erfüllen und sicherzustellen, dass alle Menschen gleichberechtigt am gesellschaftlichen Leben teilhaben können.

Transkulturalität

Transkulturalität bezieht sich auf das Phänomen, dass verschiedene Kulturen miteinander in Kontakt treten, interagieren und sich gegenseitig beeinflussen. Sie geht über die Vorstellung von Kultur als klar abgegrenzten,

homogenen Einheiten hinaus und erkennt die Vielfalt,
Dynamik und Durchlässigkeit kultureller Grenzen an.

Kultureller Austausch:
- Transkulturalität beinhaltet einen regen kulturellen
  Austausch zwischen verschiedenen Gruppen und
  Gemeinschaften. Dies kann durch Migration,
  Handel, Medien oder andere Formen der
  Interaktion erfolgen.

Hybridität:
- Ein zentrales Konzept in der Transkulturalität ist
  die Hybridität. Das bedeutet, dass Kulturen nicht
  starr und unveränderlich sind, sondern sich ständig
  vermischen und neue Ausdrucksformen und
  Identitäten hervorbringen.

Kulturelle Vielfalt:
- Transkulturalität betont die kulturelle Vielfalt und
  die Existenz von mehreren kulturellen Einflüssen
  innerhalb einer Gemeinschaft oder einer einzelnen
  Person.

Interkulturelle Kompetenz:
- In einer transkulturellen Umgebung ist die
  Entwicklung interkultureller Kompetenz
  entscheidend. Dies beinhaltet das Verständnis und
  die Fähigkeit, effektiv mit Menschen aus
  verschiedenen kulturellen Hintergründen zu
  interagieren.

Kulturelle Identität:
- Transkulturalität beeinflusst die Konstruktion
  kultureller Identität. Menschen können sich in
  einer transkulturellen Umgebung mit
  verschiedenen kulturellen Einflüssen
  auseinandersetzen und ihre eigene Identität auf
  hybride Weise gestalten.

Multikulturalismus:

- Der Multikulturalismus ist eng mit der Idee der Transkulturalität verbunden. Er setzt voraus, dass verschiedene Kulturen gleichzeitig existieren und respektiert werden können, ohne dass eine die Dominante ist.

Kulturelle Resilienz:

- In transkulturellen Situationen zeigt sich oft kulturelle Resilienz, die Fähigkeit von Kulturen und Individuen, sich an neue Kontexte anzupassen und ihre Identität trotz kultureller Vielfalt zu bewahren.

Transnationale Gemeinschaften:

- Transkulturalität betrifft nicht nur den Austausch innerhalb nationaler Grenzen, sondern auch den transnationalen Austausch von Ideen, Praktiken und Identitäten.

Kulturelle Globalisierung:

- Transkulturalität ist eng mit der kulturellen Globalisierung verbunden, bei der kulturelle Produkte, Ideen und Werte über nationale Grenzen hinweg verbreitet werden.

Kulturelle Konflikte und Harmonie:

- In transkulturellen Kontexten können sowohl kulturelle Konflikte als auch kulturelle Harmonie auftreten. Es erfordert ein sensibles Verständnis, um positive Interaktionen zu fördern und Konflikte zu bewältigen.

Kulturelle Aneignung:

- Ein kritisches Thema in der Transkulturalität ist die kulturelle Aneignung, bei der Elemente einer Kultur von einer anderen übernommen werden. Es erfordert eine Reflexion über Machtverhältnisse und Respekt vor kultureller Authentizität.

Kulturelle Sensibilität:
- Transkulturalität erfordert kulturelle Sensibilität, um Vorurteile zu vermeiden, die Vielfalt zu schätzen und die Notwendigkeit von Inklusion und Gerechtigkeit zu erkennen.

Das Konzept der Transkulturalität betont die Notwendigkeit eines offenen Dialogs über kulturelle Vielfalt und den Einfluss verschiedener Kulturen auf Individuen und Gesellschaften. Es fördert die Wertschätzung kultureller Vielfalt und die Schaffung inklusiver, respektvoller und gerechter Gemeinschaften.

Trauma

Trauma bezieht sich auf eine extrem belastende oder schädigende Erfahrung, die dauerhafte emotionale, psychologische oder physische Auswirkungen auf eine Person haben kann. Traumatische Erfahrungen können verschiedene Formen annehmen, einschließlich körperlicher Gewalt, sexuellem Missbrauch, Naturkatastrophen, Unfällen, Krieg, Vernachlässigung, Verlust von Angehörigen und anderen lebensbedrohlichen oder einschneidenden Situationen.

Arten von Trauma:
- Trauma kann in verschiedenen Formen auftreten, darunter akutes Trauma (einzeln auftretende Ereignisse), chronisches Trauma (wiederholte oder langfristige Exposition gegenüber belastenden

Situationen) und komplexe Traumatisierung
(kombiniert verschiedene Formen von Trauma).

Psychologische Auswirkungen:
- Trauma kann eine breite Palette von
  psychologischen Auswirkungen haben, darunter
  Posttraumatische Belastungsstörung (PTBS),
  Angststörungen, Depressionen, Dissoziation,
  Schlafstörungen und andere psychische
  Gesundheitsprobleme.

Physiologische Reaktionen:
- Trauma kann auch zu physiologischen Reaktionen
  führen, wie erhöhtem Stress, neurobiologischen
  Veränderungen im Gehirn, einem gestörten
  Hormonhaushalt und anderen körperlichen
  Manifestationen von Stress.

Entwicklungstrauma:
- Frühkindliche Traumatisierung oder
  Entwicklungstrauma bezieht sich auf belastende
  Erfahrungen in der Kindheit, die die normale
  Entwicklung und das emotionale Wohlbefinden
  beeinträchtigen können.

Traumabewältigung:
- Menschen entwickeln unterschiedliche
  Bewältigungsmechanismen, um mit Trauma
  umzugehen. Dazu gehören Strategien wie
  Vermeidung, Hypervigilanz, Dissoziation oder auch
  gesunde Bewältigungsmechanismen wie soziale
  Unterstützung, Psychotherapie und Selbstfürsorge.

Posttraumatische Belastungsstörung (PTBS):
- PTBS ist eine häufige psychische
  Gesundheitsstörung, die nach dem Erleben von
  oder der Konfrontation mit extrem belastenden
  Ereignissen auftreten kann. Zu den Symptomen
  gehören Flashbacks, Albträume, erhöhte
  Reizbarkeit und Übererregung.

Traumafokussierte Therapie:

- Es gibt verschiedene Therapieansätze, die speziell darauf abzielen, traumatische Erfahrungen zu behandeln. Dazu gehören kognitive Verhaltenstherapie (CBT), EMDR (Eye Movement Desensitization and Reprocessing), traumafokussierte kognitive Verhaltenstherapie (TF-CBT) und andere.

Kulturelle Sensibilität:

- Kulturelle Sensibilität ist wichtig, wenn es um die Behandlung von Trauma geht. Unterschiedliche Kulturen können unterschiedliche Vorstellungen von Trauma haben, und es ist wichtig, dies bei der Unterstützung von Menschen zu berücksichtigen.

Trauma-informierte Ansätze:

- Trauma-informierte Ansätze in verschiedenen Bereichen, einschließlich Bildung, Gesundheitswesen und Sozialarbeit, berücksichtigen die Auswirkungen von Trauma und integrieren Praktiken, die die Sicherheit, Stabilität und Empowerment fördern.

Primäre und sekundäre Traumatisierung:

- Primäre Traumatisierung bezieht sich auf das direkte Erleben von traumatischen Ereignissen, während sekundäre Traumatisierung die Auswirkungen sein können, die sich aus der Unterstützung von Menschen ergeben, die selbst traumatisiert sind.

Resilienz:

- Resilienz bezieht sich auf die Fähigkeit, nach traumatischen Erfahrungen widerstandsfähig zu sein und sich zu erholen. Resiliente Menschen können sich anpassen und trotz schwieriger Umstände gedeihen.

Gesellschaftliche Auswirkungen:
- Trauma kann nicht nur individuelle, sondern auch gesellschaftliche Auswirkungen haben. Gesellschaften können durch kulturelle Traumata, wie beispielsweise historische Ungerechtigkeiten und kollektive Traumata, beeinflusst werden.

Die Arbeit mit traumatisierten Menschen erfordert ein einfühlsames Verständnis der komplexen Auswirkungen von Trauma sowie einen unterstützenden und respektvollen Ansatz, der auf den individuellen Bedürfnissen basiert.

Traumapädagogik

Traumapädagogik bezieht sich auf einen pädagogischen Ansatz, der darauf abzielt, die Bedürfnisse und Herausforderungen von Menschen, die ein Trauma erlebt haben, in Bildungskontexten zu verstehen und angemessen darauf zu reagieren. Der Schwerpunkt liegt auf der Schaffung einer sicheren und ressourcenorientierten Lernumgebung, die die individuellen Bedürfnisse der Betroffenen berücksichtigt.

Sensibilisierung und Verständnis:
- Traumapädagogik beginnt mit der Sensibilisierung von Pädagogen und Bildungseinrichtungen für die Auswirkungen von Trauma. Ein Verständnis für die Komplexität von Trauma und seine möglichen Auswirkungen auf Lernen und Verhalten ist entscheidend.

Sicherheitsorientierter Ansatz:

- Ein zentraler Grundsatz der Traumapädagogik ist ein sicherheitsorientierter Ansatz. Dies bedeutet, ein Umfeld zu schaffen, das Sicherheit und Stabilität bietet, um den Betroffenen ein Gefühl von Vertrauen und Wohlbefinden zu vermitteln.

Ressourcenorientierung:

- Traumapädagogik legt einen starken Fokus auf Ressourcenorientierung. Dabei werden die individuellen Stärken und Fähigkeiten der Betroffenen hervorgehoben, um ihre Resilienz zu fördern.

Beziehungsgestaltung:

- Die Qualität der Beziehung zwischen Pädagogen und Lernenden spielt eine entscheidende Rolle. Traumapädagogik betont die Bedeutung sicherer und unterstützender Beziehungen, um Vertrauen aufzubauen und die emotionale Bindung zu fördern.

Selbstregulierungsfähigkeiten:

- Menschen, die Traumata erlebt haben, können Schwierigkeiten bei der Selbstregulierung haben. Traumapädagogik unterstützt die Entwicklung von Selbstregulierungsfähigkeiten durch gezielte Interventionen und Techniken.

Differenzierte Unterrichtsgestaltung:

- Die Anpassung des Unterrichts an unterschiedliche Lernstile und Bedürfnisse ist in der Traumapädagogik von Bedeutung. Dies kann bedeuten, dass auf unterschiedliche Geschwindigkeiten, Lernmodalitäten und Bedürfnisse eingegangen wird.

Empowerment:

- Empowerment ist ein zentrales Prinzip der Traumapädagogik. Dies beinhaltet die Stärkung

der Betroffen, damit sie eine aktivere Rolle in
ihrem eigenen Lernprozess übernehmen können.

Traumasensibles Klassenmanagement:

- Klassenmanagement in traumapädagogischen
  Kontexten berücksichtigt die Bedürfnisse von
  traumatisierten Lernenden. Dies kann Strategien
  wie klare Strukturen, vorhersehbare Abläufe und
  klare Kommunikation einschließen.

Traumainformierte Methoden:

- Die Verwendung von traumainformierten
  Methoden und Techniken ist ein wesentlicher
  Bestandteil der Traumapädagogik. Dazu gehören
  möglicherweise achtsamkeitsbasierte Praktiken,
  künstlerische Ausdrucksformen und andere
  ressourcenorientierte Ansätze.

Kollektive Verantwortung:

- Traumapädagogik betrachtet die Förderung eines
  umfassenden Verständnisses und einer kollektiven
  Verantwortung für traumasensible Praktiken in der
  gesamten Bildungseinrichtung als wichtig.

Fortbildung für Pädagogen:

- Die Weiterbildung von Pädagogen in
  traumasensiblen Praktiken und Traumapädagogik
  ist entscheidend, um eine qualitativ hochwertige
  Unterstützung für traumatisierte Lernende zu
  gewährleisten.

Kooperation mit Fachleuten:

- Die Zusammenarbeit mit Fachleuten im Bereich
  Trauma, wie Traumatherapeuten oder
  Sozialarbeitern, kann in der Traumapädagogik eine
  wichtige Rolle spielen, um umfassende
  Unterstützung zu gewährleisten.

Traumapädagogik zielt darauf ab, Bildungseinrichtungen zu sicheren und unterstützenden Orten zu machen, an denen traumatisierte Lernende ihr volles Potenzial entfalten können. Ein solcher Ansatz berücksichtigt die Vielfalt der Erfahrungen und unterstützt die individuelle Entwicklung jedes Lernenden.

Übergangsgeld

Übergangsgeld bezieht sich auf eine finanzielle
Unterstützung, die in bestimmten Situationen gezahlt
wird, um einer Person den Übergang von einer Situation
in eine andere zu erleichtern. Dies kann verschiedene
Kontexte umfassen, darunter berufliche Übergänge,
Rehabilitation, Krankheit oder andere Lebenssituationen.

Rehabilitationsmaßnahmen:
- Übergangsgeld wird häufig im Zusammenhang mit
  Rehabilitationsmaßnahmen gezahlt, insbesondere
  wenn jemand aufgrund von Krankheit oder
  Verletzung nicht in der Lage ist, seine reguläre
  Arbeit auszuüben.

Berufliche Rehabilitation:
- Personen, die aufgrund von gesundheitlichen
  Problemen ihren bisherigen Beruf nicht mehr
  ausüben können, können Übergangsgeld erhalten,
  um sie während einer beruflichen Rehabilitation
  oder Umschulung zu unterstützen.

Wiedereingliederung in den Arbeitsmarkt:
- Menschen, die arbeitslos waren oder sich in einer
  Übergangsphase befinden, um wieder in den
  Arbeitsmarkt einzusteigen, können Übergangsgeld
  erhalten, um ihren Lebensunterhalt während dieser
  Zeit zu sichern.

Arbeitslosigkeit:
- In einigen Ländern kann Übergangsgeld als
  finanzielle Unterstützung während der
  Arbeitslosigkeit gezahlt werden, um den Übergang
  zu einer neuen Beschäftigung zu erleichtern.

Krankengeld:

- Bei längerfristiger Krankheit kann Übergangsgeld als eine Form des Krankengeldes dienen, um den Übergang von einer krankheitsbedingten Arbeitsunfähigkeit zur Rehabilitation oder Rückkehr in den Beruf zu unterstützen.

Voraussetzungen und Dauer:

- Die Voraussetzungen für den Erhalt von Übergangsgeld können je nach Land und Programm variieren. Die Dauer der Zahlung hängt oft von den individuellen Umständen und dem Zweck der Zahlung ab.

Höhe der Zahlungen:

- Die Höhe des Übergangsgeldes kann von verschiedenen Faktoren abhängen, einschließlich des individuellen Einkommens vor dem Übergang, der Art der Übergangsmaßnahmen und der Gesetzgebung des jeweiligen Landes.

Integration von Sozialleistungen:

- Übergangsgeld kann in einigen Fällen mit anderen Sozialleistungen, wie Arbeitslosengeld oder Krankengeld, kombiniert werden, um einen nahtlosen Übergang zu gewährleisten.

Beratung und Unterstützung:

- Im Rahmen von Übergangsprogrammen wird oft auch Beratung und Unterstützung angeboten, um die Person bei der Planung und Umsetzung ihres Übergangs zu unterstützen.

Berufliche Wiedereingliederung:

- Übergangsgeld kann dazu dienen, Menschen bei der beruflichen Wiedereingliederung nach einer Krankheit oder Verletzung zu unterstützen. Dies kann auch die Finanzierung von Umschulungsmaßnahmen oder anderen Qualifizierungsmaßnahmen umfassen.

Arbeitgeberbeteiligung:

- In einigen Fällen kann Übergangsgeld auch eine Beteiligung des Arbeitgebers beinhalten, insbesondere wenn die Unterstützung aufgrund von beruflichen Veränderungen oder Reorganisationen gewährt wird.

Überbrückungsgeld soll Menschen in Übergangsphasen finanziell unterstützen und den Übergang zu neuen Lebens- oder Arbeitsbedingungen erleichtern. Die genauen Bedingungen und Regelungen sind jedoch je nach Land und Kontext sehr unterschiedlich.

Unterstützte Beschäftigung

Unterstützte Beschäftigung ist ein Ansatz der beruflichen Rehabilitation, der Menschen mit Behinderungen den Zugang zum allgemeinen Arbeitsmarkt erleichtern soll. Dieser Ansatz stellt die individuellen Fähigkeiten, Interessen und Bedürfnisse des Einzelnen in den Mittelpunkt und zielt darauf ab, unterstützende Maßnahmen bereitzustellen, um eine erfolgreiche Integration in den Arbeitsmarkt zu ermöglichen.

Zielgruppe:

- Unterstützte Beschäftigung richtet sich in erster Linie an Menschen mit unterschiedlichen Arten von Behinderungen, die Schwierigkeiten haben, eine Beschäftigung auf dem allgemeinen Arbeitsmarkt zu finden und zu halten.

Individuelle Planung:

- Ein zentraler Grundsatz der unterstützten Beschäftigung ist die individuelle Planung. Es werden Pläne erstellt, die die Fähigkeiten, Interessen und Bedürfnisse der einzelnen Person berücksichtigen.

Integration in den Arbeitsmarkt:

- Das Hauptziel besteht darin, Menschen mit Behinderungen in den allgemeinen Arbeitsmarkt zu integrieren, anstatt sie in spezialisierten Einrichtungen oder Werkstätten zu beschäftigen.

Arbeitgeberbeteiligung:

- Arbeitgeber spielen eine entscheidende Rolle in der unterstützten Beschäftigung. Das Konzept beinhaltet die Zusammenarbeit mit Arbeitgebern, um Arbeitsplätze zu schaffen, die den Bedürfnissen von Menschen mit Behinderungen gerecht werden.

Jobcoaching:

- Jobcoaching ist ein wichtiger Bestandteil der unterstützten Beschäftigung. Jobcoaches unterstützen die Mitarbeiter vor Ort, um eine reibungslose Integration und erfolgreiche Arbeitsleistung sicherzustellen.

Arbeitsplatzanpassungen:

- Je nach Bedarf können Arbeitsplatzanpassungen vorgenommen werden, um sicherzustellen, dass die Arbeitsumgebung den Bedürfnissen der Mitarbeiter mit Behinderungen entspricht.

Flexibilität:

- Unterstützte Beschäftigung zeichnet sich durch Flexibilität aus. Die Arbeitszeit, die Art der Arbeit und die Unterstützungsmaßnahmen werden an die individuellen Anforderungen angepasst.

Inklusion und Diversität:

- Das Konzept der unterstützten Beschäftigung fördert Inklusion und Diversität am Arbeitsplatz. Es trägt dazu bei, dass Menschen mit Behinderungen als gleichberechtigte Mitglieder des Arbeitsumfelds anerkannt werden.

Langfristige Unterstützung:

- Die Unterstützung endet nicht mit der Einstellung. Langfristige Unterstützung und Nachbetreuung sind oft Teil des unterstützten Beschäftigungsmodells, um die nachhaltige Integration in den Arbeitsmarkt sicherzustellen.

Erfolgsmessung:

- Der Erfolg der unterstützten Beschäftigung wird anhand der langfristigen Integration in den Arbeitsmarkt und der individuellen Zielerreichung gemessen.

Partnerschaften mit Dienstleistern:

- Zusammenarbeit mit verschiedenen Dienstleistern, darunter Berufsbildungseinrichtungen, Rehabilitationseinrichtungen und gemeinnützige Organisationen, kann Teil des unterstützten Beschäftigungsmodells sein.

Gesetzliche Grundlagen:

- In vielen Ländern gibt es gesetzliche Regelungen und Programme, die die unterstützte Beschäftigung fördern und unterstützen. Diese können Steuervergünstigungen, Fördermittel oder andere Anreize umfassen.

Unterstützte Beschäftigung ist ein wichtiger Ansatz zur Förderung der Inklusion von Menschen mit Behinderungen in den Arbeitsmarkt und trägt dazu bei, dass sie ihre beruflichen Ziele erreichen und ihr Potenzial ausschöpfen können.

Versorgungsamt

Das Versorgungsamt ist eine Einrichtung, die für die Durchführung von Leistungen und Hilfen für Menschen mit Behinderungen zuständig ist. Sie können unterschiedliche Bezeichnungen haben, wie z.B. "Versorgungsamt", "Versorgungsbehörde" oder ähnliche Bezeichnungen.

Feststellung der Behinderung:
- Das Versorgungsamt ist oft zuständig für die Feststellung des Grades der Behinderung (GdB). Der GdB gibt Auskunft über den Schweregrad der Beeinträchtigung und kann die Grundlage für verschiedene Leistungen bilden.

Schwerbehindertenausweis:
- Auf Grundlage der Feststellung der Behinderung stellt das Versorgungsamt in der Regel den Schwerbehindertenausweis aus. Dieser Ausweis gewährt bestimmte Rechte und Vergünstigungen, wie zum Beispiel Steuererleichterungen, Parkausweise oder Vorrang bei der Arbeitsvermittlung.

Feststellung von Merkzeichen:
- Neben dem GdB kann das Versorgungsamt auch Merkzeichen feststellen, die im Schwerbehindertenausweis eingetragen werden. Diese können zusätzliche Ansprüche und Vergünstigungen bedeuten, beispielsweise die Berechtigung zur Mitnahme einer Begleitperson.

Eingliederungshilfe:
- In einigen Ländern und Regionen ist das Versorgungsamt auch für die Bewilligung von Eingliederungshilfen zuständig. Dies können

beispielsweise finanzielle Unterstützungen für
behindertengerechte Umbauten oder
Assistenzleistungen sein.

Beratung und Information:

- Das Versorgungsamt bietet oft Beratung und
  Information zu verschiedenen Leistungen und
  Hilfen für Menschen mit Behinderungen. Dies kann
  auch die Klärung von Fragen zu rechtlichen
  Ansprüchen umfassen.

Feststellung von Erwerbsminderung:

- In einigen Ländern kann das Versorgungsamt auch
  für die Feststellung von Erwerbsminderung
  zuständig sein. Dies hat Auswirkungen auf
  Leistungen der Rentenversicherung.

Teilhabeleistungen:

- Das Versorgungsamt kann Leistungen zur Teilhabe
  am Arbeitsleben oder zur Teilhabe am Leben in
  der Gemeinschaft bewilligen. Dies kann
  Rehabilitation, technische Hilfsmittel oder andere
  Maßnahmen umfassen.

Pflegegrade:

- In einigen Ländern hat das Versorgungsamt auch
  eine Rolle bei der Feststellung von Pflegegraden
  und der damit verbundenen Unterstützung,
  insbesondere im Bereich der Pflegeversicherung.

Die genaue Struktur und die Zuständigkeiten der
Versorgungsämter können unterschiedlich sein. Menschen
mit Behinderungen und ihre Angehörigen können sich an
das örtliche Versorgungsamt wenden, um Informationen
über die verfügbaren Leistungen und Hilfen zu erhalten,
die ihren individuellen Bedürfnissen entsprechen.

Werkstatt für behinderte Menschen (WfbM)

Die Werkstatt für behinderte Menschen (WfbM) ist eine Einrichtung, die Menschen mit Behinderungen einen geschützten Arbeitsplatz bietet, um ihre beruflichen Fähigkeiten zu entwickeln, zu trainieren und einer sinnvollen Beschäftigung nachzugehen. Diese Werkstätten sind Teil der beruflichen Rehabilitation und sollen Menschen mit Behinderungen die Möglichkeit geben, ihre individuellen Potenziale zu entwickeln und ihre beruflichen Fähigkeiten zu stärken.

Geschützter Arbeitsplatz:
- Die WfbM bietet einen geschützten Arbeitsplatz für Menschen mit unterschiedlichen Arten von Behinderungen. Dies ermöglicht eine angepasste Umgebung, die auf die Bedürfnisse der Mitarbeiter abgestimmt ist.

Berufliche Bildung und Qualifizierung:
- Innerhalb der WfbM erhalten die Teilnehmer berufliche Bildung und Qualifizierung in verschiedenen Arbeitsbereichen. Dies kann sowohl handwerkliche als auch industrielle Tätigkeiten umfassen.

Individuelle Förderung:
- Die Programme in der Werkstatt sind darauf ausgerichtet, die individuellen Fähigkeiten und Potenziale der Teilnehmer zu fördern. Dies beinhaltet oft die Erstellung von individuellen Förderplänen.

Arbeitsbereiche und Projekte:
- In WfbM können verschiedene Arbeitsbereiche existieren, je nach den Fähigkeiten und Interessen der Teilnehmer. Dazu gehören handwerkliche

Arbeiten, Montage- und Verpackungsaufgaben,
Gartenbau, hauswirtschaftliche Tätigkeiten und
mehr.

Arbeitsanleitung und Betreuung:

- Die Teilnehmer erhalten Anleitung und Betreuung
durch Fachkräfte, um sicherzustellen, dass die
Arbeitsaufgaben den individuellen Fähigkeiten und
Bedürfnissen entsprechen.

Teilhabe am Arbeitsleben:

- Die Werkstatt ermöglicht Menschen mit
Behinderungen die Teilhabe am Arbeitsleben und
trägt dazu bei, ihre Selbstständigkeit und
Selbstwertgefühl zu stärken.

Arbeitsentgelt:

- In einigen Ländern erhalten die Teilnehmer der
WfbM ein Arbeitsentgelt. Dieses kann sich nach
der individuellen Leistung oder einer Pauschale
richten. In anderen Fällen liegt der Schwerpunkt
auf der Rehabilitation und beruflichen
Qualifizierung, und es wird kein reguläres
Arbeitsentgelt gezahlt.

Vorbereitung auf den allgemeinen Arbeitsmarkt:

- Einige WfbM-Programme haben das Ziel, die
Teilnehmer auf eine mögliche Integration in den
allgemeinen Arbeitsmarkt vorzubereiten. Dies kann
durch Praktika, Berufsorientierung oder spezielle
Förderprogramme erfolgen.

Soziale Integration:

- Die Teilnehmer haben auch die Möglichkeit zur
sozialen Integration und Teilnahme an
gemeinschaftlichen Aktivitäten innerhalb der
Werkstatt und darüber hinaus.

Die Konzeption und Ausgestaltung von Werkstätten für
behinderte Menschen können je nach Aufenthaltsort

unterschiedlich sein, da dies von den jeweiligen rechtlichen und sozialen Rahmenbedingungen abhängt. In vielen Fällen steht jedoch die Förderung von Selbstbestimmung, Teilhabe und beruflichen Kompetenzen im Mittelpunkt der Programme.

Vielen Dank für Ihr Interesse an diesem Buch

Die Zufriedenheit unserer Leser liegt uns am Herzen, und wir würden uns sehr darüber freuen, wenn Sie uns Ihre Rückmeldung zum Buch zukommen lassen könnten.

Wir möchten Sie bitten, sich einen Moment Zeit zu nehmen, um eine Kundenrezension auf Amazon zu verfassen. Auf diese Weise unterstützen Sie andere Leser dabei, Kaufentscheidungen zu treffen und tragen dazu bei, unser Angebot stetig zu verbessern.

IMPRESSUM
Angaben gemäß § 5 TMG:
Markus Gohlke
c/o IP-Management #16265
Ludwig-Erhard-Str. 18
20459 Hamburg
Kontakt:
E-Mail: elcamondobeach@gmail.com
Telefon: +491751555847
Imprint: Independently published